❖ GIORGIO AGAMBEN ❖

La Follia Di Hölderlin

Cronaca di una vita abitante
1806~1843

La follia di Hölderlin
by Giorgio Agamben

First Published in Italy © 2021 Giulio Einaudi editore s.p.a., Torino
Korean translation copyright © 2025 by HYUNDAE MUNHAK PUBLISHING CO., LTD.

이 책의 한국어판 저작권은 Giulio Einaudi editore s.p.a.사와의 독점 계약으로 ㈜현대문학에 있습니다. 저작권법에 의해 한국 내에서 보호를 받는 저작물이므로 무단전재와 무단복제를 금합니다.

◈ GIORGIO AGAMBEN ◈

횔덜린의 광기
거주하는 삶의 연대기 1806-1843

La Follia Di Hölderlin

조르조 아감벤 지음
박문정 옮김

CRONACA DI UNA VITA ABITANTE
1806~1843

1.
학창시절 16세의 횔덜린
(1786년)

차 례

들어가는 글 · 9

프롤로그 · 21

연대기 1806~1843 · 83

에필로그 · 309

옮긴이의 글 · 345

주 · 353

참고 문헌 · 356

인물 설명 · 358

도판 출처 · 367

2.
〈튀빙엔 전경〉, 작가 미상(수채화 및 템페라, 18세기 중반).
왼쪽에 횔덜린 탑이 있다.

"40세가 되던 해에 횔덜린은
인간으로서 이성을 잃는 것이 현명하다고,
그러니까 재치 있다고 생각했다."

—로베르트 발저

"그의 집은 신성한 광기이다."
—횔덜린이 번역한 소포클레스의 『아이아스』

"인간의 거주하는 삶이 저 멀리 사라져버리고……."
—횔덜린, 「전망」

온다면,
한 사람이 온다면,
세상에 한 사람이 오늘 온다면,
족장들의
빛나는 수염을 지닌 채,
그가 이 시대에 대해
말해야
한다면,
그저 더듬거리고 더듬거릴 수밖에 없을 것이다.
언제나 영원히 아 아
(팔락쉬. 팔락쉬)

—파울 첼란, 「튀빙엔, 1월」

이탈리아어판 일러두기

1. 횔덜린의 생애를 기록한 문서는 주로 다음 자료를 참고했다.

    - *F. Hölderlin, Sämtliche Werke, Grosse Stuttgarter Ausgabe*, a cura di F. Beissner e A. Beck, Cotta-Kohlhammer, vol. VII, *Briefe-Dokumente, t. 1~3*, Stuttgart 1968~1974.
    - *F. Hölderlin, Sämtliche Werke, Kritische Textausgabe*, a cura di D. E. Sattler, Luchterhand, vol. IX, *Dichtungen nach 1806. Mündliches*, Darmstadt e Neuwied 1984.
    - A. Beck e P. Raabe (a cura di), *Hölderlin. Eine Chronik in Text und Bild*, Insel, Frankfurt am Main 1970.
    - Gregor Wittkopp (a cura di), *Hölderlin der Pflegsohn, Texte und Dokumente 1806~1843*, J. B. Metzler, Stuttgart 1993.

2. 횔덜린의 삶과 병치된 역사 연표 가운데, 특히 1806~1809년 괴테의 삶에 관한 부분(이 책 84~134쪽 원 면)은 주로 『괴테의 삶, 하루하루: 문서에 기초한 연대기*Goethes Leben von Tag zu Tag, Eine dokumentarische Chronik*』, 전8권(Zürich: Artemis Verlag, 1982~1996)을 바탕으로 구성되었다. 그리고 1810년부터는 역사 연표를 생략했는데, 그것만으로 횔덜린의 거주하는 삶의 의미가 충분히 제시되었다고 판단하였기 때문이다. 그 이후의 연표를 계속 보고 싶은 독자는 위에서 언급한 『괴테의 삶, 하루하루』나 다른 역사 연대표를 참고해보시기를 바란다.

한국어판 일러두기

1. 번역 대본으로 사용한 이탈리아어판은 다음과 같다. Giorgio Agamben, *La follia di Hölderlin*(Torino: Giulio Einaudi editore s.p.a., 2021).
2. 맞춤법과 외래어 표기는 국립국어원의 현행 규정과 표기법을 따랐다. 단, 튀빙엔Tübingen, 뉘르팅엔Nürtingen, 네카Neckar, 발터 벤야민Walter Benjamin 등의 일부는 현지어 발음에 가깝게 표기하며 관용에 따랐다.
3. 원서에서 이탤릭체로 강조한 부분은 고딕체로 표기했다.
4. 본문에서 저자가 덧붙인 말은 대괄호 [ ]로 처리했고, 옮긴이의 주는 각주로 처리했다.
5. '인물 설명'은 독자의 이해를 돕기 위해 옮긴이가 추가한 것이다.
6. 단행본 및 정기간행물 등은 『 』로, 시, 희곡, 단편, 논문 등은 「 」로, 회화, 음악, 영화, 공연 등은 〈 〉로 구분했다.

들어가는 글

발터 벤야민Walter Benjamin은 '이야기꾼'에 관한 에세이에서 역사를 쓰는 역사가와 역사를 이야기하는 연대기 작가의 차이를 다음과 같이 정의한다. "역사가는 자신이 다루는 사건을 어떤 식으로든 설명할 의무가 있다. 어떤 경우에도 그것을 흘러가는 세상의 한 사례로서 제시하는 것에 머물러서는 안 된다. 거기에만 머물고 그에 만족하는 것은 연대기 작가들이고, 그중에서도 현대 역사가들의 선구자격이라 할 수 있는 고전적 의미의 연대기 작가들, 즉 중세 연대기 작가들에게서 이런 면이 두드러지게 나타난다. 그들은 그 자체로 이해할 수 없는, 신성한 구원이라는 구상을 역사 서술의 토대로 놓음으로써 그것을 설명하고 입증해야 하는 부담에서 벗어날 수 있었다. 여기서 역사적 사건의 입증을 대신하는 것은 해석이다. 특정 사건의 정확한 연결성이 아니라, 그 사건들이 어떻게 이해할 수 없는 거대한 세상의 흐름 안에 놓이는지를 다루는 것이다." 세상의 흐름이 구원의 역사에서 결정되든, 혹은 온전히 자연적인 역사에서 결정되든 연대기 작가에게는 그리 중요하지 않다.

중세 말부터 '연대기'라는 이름으로 우리에게 전해져온 수많은 책을 읽어보면—그중 일부는 당연히 역사적 성격을 띠고 있음에도—앞서의 고찰이 적절하다는 것을 확인할 수 있을 뿐만 아니라 동시에 몇 가지 설명을 덧붙일 필요를 느낀다. 첫 번째는, 연대기 또한 사건에 관한 설명을 포함할 수 있지만, 일반적인 해설과는 명확하게 분리되어 있다는 점이다. 15세기 중반 마테오 빌라니Matteo Villani의 『연대기 Cronica』처럼 확실히 역사적인 텍스트에서는 서술과 사실이 긴밀히 연결되어 있지만, 동시대의 익명 연대기 작가가 로마 방언*으로 작성한 것 같은 사건의 연대기에는 이 둘이 명백하게 분리되어 있다. 바로 이 분리가 서술에 보다 생동감 넘치고 뚜렷한 연대기적 특징을 부여한다.

---

* 고대 라틴어가 아닌 고대 로마인들의 생활언어를 말한다.

그날은 1353년 사순절 2월의 토요일이었다. 로마의 어느 시장에서 갑자기 "민중, 민중!" 하는 사람들의 외침이 들려왔다. 이 구호에 여기저기 흩어져 있던 로마 시민들이 마치 악마처럼 분노에 휩싸여 모여들었다. 그들은 성직자들을 건물 안으로 몰아넣고 돌을 던져 저택을 부수고 물건을 약탈하였다. 특히 원로원 의원이 소유하던 말을 노렸다. 베르톨로 델 오르시니 백작은 이 폭도들의 소리에 집으로 도망쳐 몸을 숨길 생각이었다. 백작은 머리에 투구를 쓰고 굽이 있는 귀족 장화를 신고 갖고 있는 무기로 완전무장을 하더니 계단을 내려와 말을 탔다. 시민들의 고함과 분노가 불운한 원로원 의원에게 쏟아졌다. 수많은 성직자와 돌들이 나뭇잎처럼 쏟아져 내려왔다. 누군가는 그들을 때리고 누군가는 위협적인 말을 했다. 엄청난 공격에 놀란 의원은 자신의 무기로도 그들을 막지 못했다. 그래도 산타 마리아 동상이 있는 궁전으로 갈 힘은 남아 있었다. 하지만 빗발치는 돌 세례에 기력을 잃고, 결국 그곳의 잔인한 사람들에 의해 그 자리에서 무자비하게 죽임을 당했다. 마치 성 스테파노에게 했듯이 머리에 돌을 던지며 개처럼 죽였다. 백작은 아무 말도 못 하고 그곳에서 파문을 당한 채 생을 마감했다. 그가 죽자 사람들은 그를 버려두고 집으로 돌아갔다.[*1]

이 지점에서 연대기 작가는 이야기를 끊고 맥락과 전혀 어울리지 않는 라틴어 문장으로 냉철하면서도 논리적인 설명을 시작한다. "이토록 가혹했던 이유는 원로원 의원과 백작 이 둘이 폭군처럼 살았기 때문이었다. 그들은 악명 높기로 유명했는데, 항구를 통해 곡식을 로마 외곽으로 빼돌리곤 했다." 그러나 이 설명은 너무 설득력이 약해서 연대기 작가는 바로 다른 설명을 추가한다. 민중의 폭력은 "교회의 일"을 위반한 것에 대한 처벌이라는 것이다.[2] 역사가의 시각에서는 모든 사건이 그 자체로 역사적 과정의 지표가 되고, 그 과정에서만 의미를 지닌다. 그러나 연대기 작가가 이야기를 멈추고 설명을 시작한 이유는 단지 그가 다시 이야기를 시작하기 전에 숨을 고르는 역할일 뿐, 애초에 그 이야기 자체에는 설명이 별 필요가 없다.

 두 번째로 짚고 넘어가야 할 점은 사건 간의 정확한 '연쇄', 즉 연대기적 '연결'에 관한 것이다. 연대기 작가는 실제로 이 연결성을 무시하지는 않지만, 그렇다고 단순히 자연

---

* 14세기 익명의 작가가 기록한 『콜라 디 리엔초의 생애 연대기』의 26장. 콜라 디 리엔초Cola di Rienzo(1313~1354)는 중세 이탈리아의 지휘관이자 호민관이자 학자로, 민중과 귀족 간의 갈등으로 분열된 중세 말 일종의 코뮌, 즉 주민자치제를 설립하려고 했다. 그는 로마 제국 시대와 중세 도시국가 형태로 존재하던 당시 이탈리아를 연결하기 위해 노력했고, 스스로를 '민중의 마지막 호민관'이라고 불렀다.

사의 맥락 안에 끼워 넣는 것에도 머무르지 않는다. 예컨대 벤야민이 헤벨Johann Peter Hebel의 『이야기 보석상자*Schatzkästlein des rheinischen Hausfreundes*』에서 인용한 놀라운 이야기 — 세월이 흘러 노파가 된 여인과 얼음 속에 온전하게 보존되었던 젊은 약혼자의 만남을 다룬 이야기 — 는 하나의 시간적 연속성 안에 배치된다. 이 연속성 속에서 역사적 사건과 자연적 사건이 나란히 놓인다. 리스본의 지진, 마리아 테레지아 황후의 죽음, 나폴레옹 전쟁, 코펜하겐의 폭격과 같은 역사적 사건과 농민들의 파종, 방앗간의 맷돌이 돌아가는 소리 같은 자연적 사건이 동등한 위상으로 서술된다. 이와 마찬가지로 중세 연대기들 역시 사건의 전개를 단지 예수 탄생에서 시작하는 '서기'로만이 아니라 "날이 밝는다", "해가 질 무렵에", "그때는 포도 수확기였다. 포도가 익었다. 사람들이 포도를 발로 으깼다" 등과 함께 하루의 리듬과 계절의 순환에 따라 기록한다. 우리가 역사적이라 여기며 특별한 지위를 부여하는 사건들이 연대기 속에서는 사적이고 하찮은 삶의 영역에 속한 사건들과 아무런 위계적 차이 없이 기록된다. 그러나 차이를 이루는 것은, 사건들이 배치되는 시간의 성격이다. 연대기가 사건들을 놓는 시간은, 역사학이 그렇듯 연대 측정법에 따라 자연의 시간에서 완전히 분리되어 구축된 시간이 아니다. 오히려 그것은 강물이 흐르고 계절이 바뀌는 바로 그 시간이다.

그렇다고 해서 연대기 작가가 이야기하는 것들이 자연적인 사건이라는 뜻은 아니다. 오히려 그들이 이야기하는 것은 역사와 자연의 대립에 의문을 제기하는 것처럼 보인다. 연대기 작가들은 정치사와 자연사 사이에서, 천상도 지상도 아닌, 그러나 이것들과 매우 밀접한 관련이 있는 제3의 역사를 암시한다. 사실, 연대기 작가는 '인간의 행위res gestae'와 '그것을 서술하는 이야기historia rerum gestarum' 사이에 차이를 두지 않는다. 마치 이야기하는 자신의 행위 자체가 인간의 행위인 것처럼 말이다. 따라서 그의 글을 읽거나 듣는 사람은 연대기가 거짓인지 진실인지 따질 필요조차 느끼지 못한다. 연대기 작가는 아무것도 창조하지 않는다. 그렇다고 해서 사료의 진위 여부를 검증해야 하는 것도 아니다. 반면 역사가는 이를 생략할 수 없다. 연대기 작가의 유일한 사료는 목소리이다. 그러니까 슬프거나 즐거운 모험을 우연히 들었던 바로 그 목소리뿐인 것이다.

연대기라는 문학적 형식의 사용은 우리에게 또 다른 의미가 있다. 「생의 절반Hälfte des Lebens」이라는 시 제목에서 드러나듯 횔덜린의 삶은 정확히 반으로 나뉜다. 절반은 1770년부터 1806년까지 36년이고, 나머지 절반은 목수 치머의 집에서 미치광이처럼 보낸 1807년부터 1843년까지 36년이다. 전반기의 삶에서, 시인은 평범한 삶과 동떨어지는 것을 두려워하며 세상 속에서 그의 시대의 사건에 최선을 다해 참여하며 살았다면, 인생 후반기에는 이따금 찾아오는 사람은 만나지만 마치 자기와 세계 사이를 단절하는 벽이 존재하는 것처럼 세상 밖으로 완전히 자신을 밀어버렸다. 이는 한 방문객이 그에게 그리스에서 벌어지는 일련의 사건들이 반갑냐고 묻자 그는 짜놓은 대본처럼 "각하, 그에 대해서는 제가 답할 수도, 답해서도 안 됩니다"라고만 했던 것에서도 드러난다. 횔덜린은—이 글을 읽는 독자에게도 언젠가는 분명해질 여러 연유로 인해—스스로 자기 삶의 행적과 몸짓 하나하나에서 모든 역사적 요소를 제거하기로 결정했다. 횔덜린에 관한 가장 오래된 전기 작가의 증언에 따르면, 그는 완강하게 "에스 게쉬트 미어 니히츠Es geschieht mir nichts", 문자 그대로 "나에게는 아무 일도 일어나지 않아"라는 말을 반복했다고 한다.* 그러니까 그의 삶은 연대기의 대상이 될 수 있을 뿐, 역사적 연구 대상도 임상적 혹은 심리적 분석 대상도 될 수 없었다. 따라서 1991년에 뉘르팅엔 아카이브에서 중요

---

* 이 책의 1822년 연대기에 나오는 「바이블링거의 일기」에 기록된 에피소드 참조.

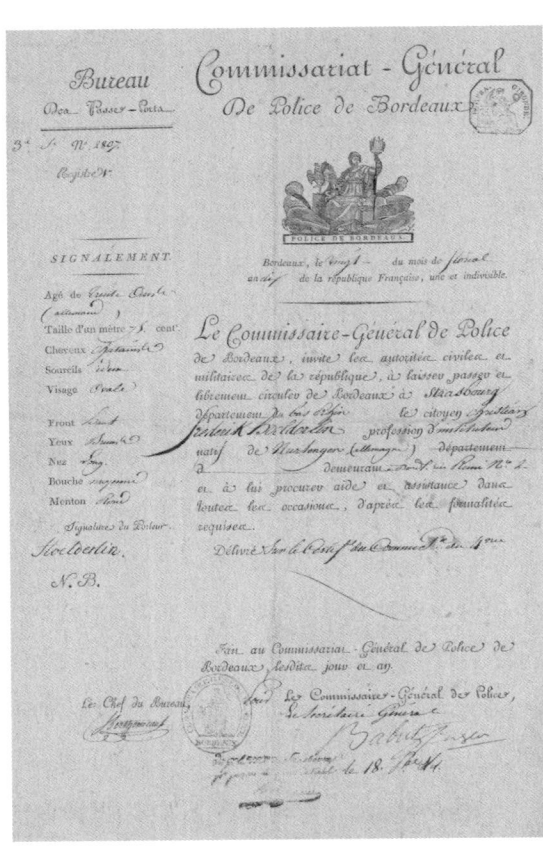

3.
보르도에서 스트라스부르로 향하는
횔덜린의 여행증명서(1802년)

한 기록이 발견된 것을 포함하여 횔덜린 시기에 대한 새로운 문서들이 계속해서 발표되고 있지만, 위와 같은 맥락에서 큰 의미가 없고, 우리가 이미 가진 지식에 아무것도 더하지 않는 것 같다.

여기서 확인되는 것은 한 인간의 삶에 담긴 진실은 언어로 온전히 정의될 수 없고, 어떤 방식으로든 감추어져 있을 수밖에 없다는 방법론적 원칙이다. 삶의 진실은 오히려 전기傳記에서 담론적으로 표현 가능한 수많은 사건과 사실이 수렴하는 무한한 소실점처럼 나타난다. 존재의 진실은 비록 명확하게 형상화될 수 없지만, 존재를 하나의 '형상figura'으로, 즉 실재하지만 숨겨진 의미를 암시하는 것으로 구성함으로써 드러난다. 그런 의미에서 우리가 삶을 하나의 형상으로 인식하는 지점에서만 그 삶을 구성하는 모든 사건이 우연적인 그럴 듯함 속에 자리를 잡는다. 즉, 삶에서 일어난 모든 사건이 삶의 진실에 접근할 수 있다는 모든 환상을 내려놓게 되는 것이다. 이 사건들은 "길이 아님" 즉, "아–메토도스a-methodos"*의 방법론으로 자신을 드러내면서 연구자의

---

* 그리스어에서 유래한 용어로 '방법이 없는', '길이 없는'을 의미한다. 즉, 전통적인 방법론, 정형적 접근이 아닌 직관적인 탐구 방식을 뜻한다.

시선이 따라야 할 방향을 정확하게 제시한다. 이런 식으로 삶의 진실은 우리 눈에 드러나는 사건과 사물로 환원될 수 없음을 스스로 증명한다. 따라서 우리의 시선은 그것들을 완전히 외면하지 않으면서도 그 존재 속에 오직 형상으로만 존재하는 것을 응시해야 한다. 횔덜린이 탑에서 보낸 삶은 이 형상적 진실에 대한 끊임없는 검증이다. 그의 삶은 방문객들이 세세히 기술하려 한 일련의 크고 작은 사건과 습관의 연속처럼 보이지만, 사실은 횔덜린이 "나에게는 아무 일도 일어나지 않아"라고 말한 것처럼 아무 일도 일어나지 않았다. 형상 안에서의 삶은 순수하게 인식 가능하지만, 그렇기 때문에 결코 그 자체로 앎의 대상이 될 수 없다. 이 책에서 시도하려는 바처럼, 삶을 형상으로 드러낸다는 것은 삶을 앎의 대상으로 삼는 것을 포기하고 그의 삶을 훼손되지 않은 인식 가능성 자체로 지켜내는 것을 의미한다.

따라서 이 책에서는 작가의 광기의 세월을 기록한 '연대기'를 동시대 유럽 '역사'의 연대기와 병치하기로 선택했다. 적어도 1826년에 루트비히 울란트Ludwig Uhland와 구스타프 슈바프Gustav Schwab가 편집한 『횔덜린 시집』이 출판되기 전까지 횔덜린이 문화적 측면에서도 완전히 배제되어 있었던 시기의 유럽사도 포함한다. 이 경우, 이 연대기가 역사보다 더 진실된 것인지 여부는 독자가 판단할 문제이다. 어쨌든 그 진실성은 연대기가 역사적 연표로부터 분리됨으로써 발생하는 긴장감에 본질적으로 의존하며, 바로 이 긴장이 그 연대기를 기록 보관소에 영구히 귀속되지 않게 할 것이다.

프롤로그

1802년 5월 중순, 횔덜린은 우리에게 알려지지 않은 그 어떤 연유로 보르도의 마이어 영사 가문의 가정교사직을 3개월 만에 그만두고 서둘러 독일로 돌아온다. 여권을 신청한 후 걸어서 앙굴렘, 파리, 스트라스부르를 거쳐 독일로 향했다. 스트라스부르 경찰국이 횔덜린에게 통행증을 발급해준 것은 6월 7일이다. 6월 말에서 7월 초 사이, "시체처럼 창백하고 쇠약하며 움푹 파인 눈에 눈빛은 거칠고 길게 자란 수염과 머리에 거지 같은 옷차림을 한 남자"가 슈투트가르트에 있는 프리드리히 마티손Friedrich von Matthisson 집 앞에 나타나 "동굴에서 날 법한 목소리로" 단 한마디를 내뱉었다. "횔덜린." 그로부터 얼마 지나지 않아 그는 뉘르팅엔에 있는 어머니의 집에 도착했다. 그리고 약 40년 후에 쓰인 전기에 당시 그의 모습이 다음과 같이 묘사된다. "그는 괴로운 표정과 격렬한 몸짓을 보이며 가장 절망적인 광기에 사로잡혀 있었다. 그의 옷차림은 여행 중 강도를 당했다는 그의 주장을 뒷받침할 만했다."

1861년, 작가 모리츠 하르트만Moritz Hartmann은 풍부한 삽화로 유명한 문예지 『프레야Freya』에 「가설Vermutung」이라는 제목으로 프랑스 블루아성에서 신원을 알 수 없는 '마담 s…y'가 자신에게 들려준 이야기를 실었다. 약 50여 년 전인 1810년경 당시 14~15세였던 그 여인은 발코니에서 본인이 직접 목격한 광경을 또렷이 기억하고 있었다. "정처 없이 들판을 헤매는 듯한 한 남자의 모습이 보였어요. 뭔가를 찾는 것도 아니고 다른 목적이 있어 보이는 것도 아니었어요. 그는 계속 같은 자리를 맴돌았지만 그조차 모르는 것 같았어요. 그날 정오에 우연히 그와 마주쳤는데 그는 자기 생각에 몰두하느라 저를 보지 못하고 지나쳤어요. 몇 분 후 그가 모퉁이를 돌아 다시 제 앞에 나타났을 때, 그는 말로 다 표현할 수 없는 그리움 가득한 얼굴로 먼 곳을 응시하고 있었어요. 그 순간 당시 어리숙한 어린 소녀였던 저는 겁에 질려 아버지 뒤로 숨기 위해 집으로 도망쳤지요. 하지만 그 낯선 남자의 모습은 저를 설명할 수 없는, 일종의 연민 같은 마음으로 가득 채웠습니다. 옷이 엉망이고 여기저기 찢기고 더러워진, 도움이 절실한 불쌍한 사람처럼 보이긴 했지만, 제가 느낀 연민은 그런 것이 아니었지요. 어린 소녀의 마음을 연민과 동정으로 가득 채운 것은 고귀하면서도 깊은 아픔이 배어 있는 표정이었어요. 동시에 사랑하는 이들로부터 멀리 떨어져서 길을 잃은 것처럼 보이는 모습이었지요. 저녁에 저는 아버지에게 그 낯선 사람에 대해 말씀드렸고, 아버지는 그가 프랑스 내륙 지방에서 가석방되어 자유를 얻은 수많은 전쟁 포로 또는 정치적 망명자 중 한 명일 것이라고 말씀해주셨어요."

여인은 이야기를 계속해나갔다. 며칠 후 소녀는 공원에서 다시 그를 보았다고 한다. 공원 안에는 약 20개의 조각상으로 둘레를 장식한 커다란 분수대가 하나 있는데, 그 조각상 모두 그리스 신들을 형상화한 것이었다. "그 낯선 자는 그것을 보자마자 성큼성큼 달려갔어요. 마치 열광에 사로잡힌 듯 보였어요. 그리고 두 팔을 높이 들어 올리며 경배하듯 그 앞에 섰어요. 우리는 발코니에서 그를 바라보고 있었는데, 정말로 신에게 영감을 받아 그런 몸짓과 그 비슷한 말을 하는 내뱉는 것 같았어요." 다른 어느 날 아버지는 그가 그 공원을 마음껏 산책할 수 있게 해주었고, 아버지와의 대화 도중에 그 이방인이 미소를 지으며 이렇게 외쳤다고 한다. "신들은 인간의 소유물이 아니라 세상의 일부이며, 그들이 우

4.
화재 이전의 횔덜린 탑과 새로 설치된 가스 가로등이 보이는 네카 강변.
파울 지너Paul Sinner 촬영 사진(1868년)

리를 향해 미소 지을 때 우리가 그들에게 속하게 되는 것입니다." 그리스인이냐고 묻는 아버지에게 이방인은 한숨을 쉬며 "아니요! 반대로 저는 독일인입니다!"라고 답했다. "반대라고요?" 독일인이 그리스인과 반대라고요?" 그래서 아버지가 이렇게 되물었다고 한다. "네." 이 이방인이 이렇게 단언하더니 잠시 후 덧붙였다. "우리 모두가 그렇습니다! 당신들 프랑스인도, 심지어 당신의 적인 영국인도, 우리 모두 그렇습니다!"

이야기에서 내내 그를 이방인이라고 부르는 여인은 이후 이어지는 묘사에서도 그가 어떻게 고귀함과 광기의 경계를 넘나들었는지 잘 표현한다. "생긴 건 그저 그렇고 나이는 서른이 좀 안 된 거 같은데 그보다는 좀 늙어 보였어요. 눈빛은 강렬하면서도 온화했고 입매는 활기차면서도 다정했으며 남루한 옷차림은 그의 신분과 교육 수준에 분명히 걸맞지 않게 보였어요. 저는 아버지가 그를 집으로 초대해주셔서 기뻤죠. 그는 별 주저함 없이 초대를 받아들였고 우리와 동행하면서 계속 이야기를 나누었죠. 때때로 제 머리에 손을 얹었는데 그 순간마다 저는 묘하게도 두려움과 기쁨을 동시에 느꼈어요. 아버지는 분명히 그 이방인에게 관심이 있었고 그의 특별한 이야기를 더 듣고 싶어 하셨지만, 집 안에 들어서자마자 아버지는 실망하셨어요. 그 이방인이 곧바로 소파로 가 앉더니 '피곤합니다'라고 말하더라고요. 그러더니 알아들을 수 없는 말을 몇 마디 더 하더니 곧바로 잠들어버렸죠. 우리는 깜짝 놀라 서로를 바라보았어요. '정신 나간 거 아니에요?' 고모가 이렇게 말했지만 아버지는 고개를 저으며 '독일인이잖아. 그저 괴짜일 뿐이야'라고 말씀하셨지요."

이후 그의 행동은 더욱 기이해졌다고 한다. 이방인은 불멸에 대해 말했다. "우리가 생각하는 모든 선善은 일종의 천재 같은 것이 되어 결코 우리를 떠나지 않고, 평생을 눈에 보이지 않게 우리 곁을 따라다닙니다. 가장 아름다운 영감*의 형상으로요…… 이 영감은 우리 영혼의 탄생, 아니 우리 영혼의 일부라고도 할 수 있어요. 영감을 통해서만 영혼은 불멸하죠. 위대한 예술가들은 그들의 작품에 영감의 형상을 남겼지만, 그것이 영감 그 자체는 아닙니다." 그 말을 듣던 고모가 "그런 의미에서 당신도 불멸의 존재인가요?" 하고 물었고, 고모에게 그는 이렇게 대답했다고 한다. "저요? 지금

---

* 아감벤이 여기서 사용한 이탈리아어는 'Genio'이다. Genio는 일반적으로 '천재'를 의미하나, 창의적인 생각이나 예술적 원천이란 뜻에서 '영감'으로도 사용된다. 또한 고대 로마 신화에서 사람이나 장소, 사물 등을 수호하는 영혼을 'genius'라고 불렀던 흔적으로 가끔 '정령'이라는 뜻으로도 사용된다. 본문에서는 횔덜린이 불멸에 대해 이야기하며 영혼의 일부로서 인간에게 영원히 남는 존재로 설명하였으므로, '영감'으로 번역했다.

여러분 앞에 앉아 있는 저 말인가요? 아니죠! 저는 더 이상 아름다움을 생각하는 방법을 모릅니다. 하지만 10년 전에 '나'는 확실히 불멸의 존재죠!" 그때 아버지가 그의 이름을 묻자 그 이방인은 "내일 말씀드리겠습니다. 믿으실지는 모르겠지만 가끔 제 이름을 기억하기 어려울 때가 있습니다"라고 답했다고 한다. 그의 행동은 점점 더 불안해졌는데, 공원 숲에서 길을 잃을 뻔한 모습이 그의 마지막 모습이었다고 한다. "그 사람이 벤치에 앉아 있는 것을 봤다는 작업꾼이 있었어요. 몇 시간이 지나도 그가 다시 나타나지 않자 아버지가 그를 찾아 나섰어요. 그는 더 이상 공원에 없었죠. 아버지는 말을 타고 동네 전체를 뒤졌어요. 그는 그렇게 사라졌고 우리는 다시는 그를 보지 못했죠."

이 대목에서 이야기를 전하는 화자는 자신이 짐작한 것을 전달한다. "가설일 뿐이지만…… 그때 프리드리히 횔덜린이라는 비범하고 고귀한 독일 시인을 만난 것 같습니다."

노르베르트 폰 헬링라트 Friedrich Norbert Theodor von Hellingrath가 『횔덜린의 광기 Hölderlins Wahnsinn』에서 이 일화를 재현했지만, 이 "가설"은 앞서 여인의 이야기를 서술한 하르트만이 만들어낸 발명품일 가능성이 높다. 이 무렵 이 '미친 시인'에 대한 소문은 전설로 굳어진 상태였고, 이러한 이야기는 독자들의 주목을 끌기에 충분했기 때문이다.

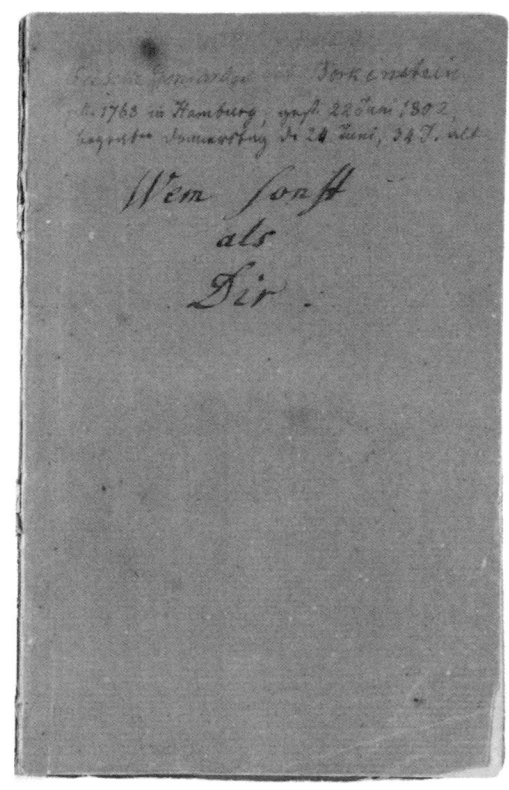

5.
주제테 공타르에게 바친 소설 『히페리온』의 횔덜린 헌사(1799년).
"그대가 아니면 누구에게Wem Sonst als Dir."

크리스토프 테오도어 슈바프Christoph Theodor Schwab가 너무 성급하게 내린 임상 진단은 아마도 1846년—횔덜린 전기가 출간된 당시—에는 이미 아무도 의심하지 않았던 시인의 치매 증상을 사후적으로 투영한 해석일 가능성이 크다. 실제로 보르도에서 슈투트가르트까지의 먼 도보 여행 중에 겪은 도난과 탈진과 영양실조는 혼란스럽고 기진맥진한 그의 모습을 설명하기에 충분했다. 횔덜린은 빠르게 회복되어 슈투트가르트의 친구들에게 돌아왔지만, 며칠 후 친구 징클레어Isaac von Sinclair로부터 사랑하는 주제테 공타르Susette Gontard의 부고 소식을 듣고 깊은 절망에 빠졌다. 그러나 그는 슬픔을 이겨내고 1802년 9월 말 징클레어의 초대를 받아 레겐스부르크로 향했다. 훗날 징클레어는 그때처럼 횔덜린이 지적이고 활력이 넘쳤던 적은 없었다고 회고한다. 작은 공국의 외교관으로 활동하던 징클레어를 통해 횔덜린은 홈부르크의 방백* 프리드리히 5세를 만났다. 횔덜린은 소포클레스를 번역하기 시작했고, 이듬해 1월 13일 프리드리히 5세에게 헌정할 「파트모스Patmos」를 썼다. 횔덜린은 다시 뉘르팅엔에 머물며 11월에 친구 뵐렌도르프Casimir Ulrich Boehlendorff에게 "조국의 자연은 더 깊이 이해하면 할수록 더욱더 강렬하게 나

---

* 방백(方伯, Landgraf)은 봉건 제후에게 주어진 칭호 중 하나이다.

를 사로잡는다"라고 편지를 쓴다. 그리고 이러한 깨달음이 시인의 노래에 새로움을 가져올 것이라고 보았다. 이제 "고대 그리스의 정신을 이어받아 **조국적**이고 자연스럽고 진정으로 독창적인 방식으로 노래하기 시작할 것"이라고 전망한 것이다.

이는 이미 횔덜린이 1801년 12월 4일 보르도로 떠나기 직전에 뵐렌도르프에게 보낸 편지의 내용과도 닿아 있다.

"조국적이고 자연스럽게 노래 부르는 것만큼 배우기 어려운 것은 없어. 여기서 조국적인 것은 이후 'National(민족적)'이라는 형태로 점점 정치적 의미를 갖게 되었지만 말이야. 그리고 내 생각에, 그리스인들에게 천상의 불꽃이 그랬던 것처럼 우리에게는 서술의 명징성이 본질적으로 자연스러워…… 역설적으로 들리겠지만 다시 한번 강조하며, 너도 한번 생각해보길 바란다. 조국적인 것은 문화가 발전하는 과정에서 보여줄 수 있는 우수성 중에 가장 낮은 수준의 것에 해당해. 그래서 그리스인들은 신성한 파토스를 덜 다루었는데, 이미 그들은 선천적으로 이 파토스를 갖고 태어났기 때문이지. 반면 그들의 표현 능력은 탁월하지. 우리는 그 반대에 해당해. 따라서 예술의 규칙을 오직 그리스의 우수성에서만 끌어오려는 것이 매우 위험한 이유이기도 한 거야. 나는 이 문제로 오랫동안 고

민했고 이제야 깨달았어. 그리스인과 우리가 모두 가장 중요하게 여기는 것은 사람들 사이에 살아 있는 관계와 운명뿐이라는 것을, 그것 말고는 우리가 그리스인들과 동등하게 가질 수 있는 게 없다는 것을 말이야. 하지만 우리의 고유한 것도 그들의 것만큼이나 배우고 익혀야 해. 그렇기 때문에 그리스인은 우리에게 없어서는 안 될 존재야. 하지만 바로 우리 고유의 것, 즉 조국적인 것에서 우리는 그들을 모방할 수 없어. 말했듯이 '자기 고유의 것'을 사용하는 게 가장 어려운 일이기 때문이야. 바로 이 점에서 너의 훌륭한 천재성이 네가 희곡을 서사시적으로 쓸 수 있도록 영감을 준 것 같아. 너의 희곡은 전체적으로 진정한 현대 비극이지. 현재 우리에게 비극은, 뜨거운 불꽃에 휩싸여 감당하지 못했던 격정을 속죄하는 것이 아니라 그저 어떤 상자 속에 갇힌 듯이 조용히 삶의 무대에서 사라져가는 우리네 모습이니까."

이후 전개되는 횔덜린 사상과 그의 광기를 이해하려면, 여기에서 예고된 '조국적' 격변과 그리스 비극적 모델을 횔덜린이 포기했다는 사실을 잊어서는 안 된다.

몇 달간의 격렬한 작업 끝에 횔덜린은 송가 「회상Andenken」을 쓰고 소포클레스의 번역을 마친다. 친구 란다우어Christian Landauer의 편지에 따르면 시인은 이 당시 "친구들의 존재도 망각한 것처럼" "하루 종일 밤새도록" 글을 썼다고 한다. 1803년 6월 초, 횔덜린은 "본능에 이끌리듯" 걸어서 무르하르트 수도원에 도착했는데, 때마침 셸링Friedrich Wilhelm Joseph von Schelling이 아내 카롤리네와 함께 자신의 아버지를 만나기 위해 수도원을 방문하고 있었다. (셸링의 아버지는 무르하르트 수도원의 고위 성직자였다.) 횔덜린과는 튀빙엔 신학교 재학 시절부터 알고 지냈던 셸링이 며칠 후 헤겔에게 보낸 편지는 당시 횔덜린이 이미 광기의 상태였다는 것을 보여주는 신뢰할 만한 증거 중 하나로 여겨진다.

"그곳에 머무는 동안 내가 본 가장 슬픈 광경은 횔덜린이었어. 슈트롤린 교수의 권유로 프랑스로 가긴 했는데, 그곳에서 자신을 기다리고 있을 것이라 기대했던 것과는 완전히 다른 현실을 맞닥뜨리게 되고, 그래서 바로 다시 돌아온 거 같아. 그때 횔덜린은 만족스럽지도 않을뿐더러 자신의 감성과 타협되지 않는 일들을 겪은 건 아닐까 싶어. 그 결정적인 여행 이후 그의 정신은 완전히 **산산조각 난**zerrüttet[이 단어는 이후 시인의 상태를 설명하는 데 자주 쓰인다] 것처럼 보였어. 그리스어 번역을 하는 동안에는 어느 정도 괜찮았지만, 그 외에는 완전히 **정신이 부재한 상태**volkommene Geistesabwesenheit[이 표현 역시 횔덜린의 광기를 설명할 때 자주 등장한다]에 있었지. 횔덜린의 몰골은 정말이지 충격적이었어. 혐오감이 들 정도로 자신을 방치했지만 말투에서는 크게 광기가 드러나지 않아 그나마 사람들은 **형식적인 매너로 그를 받아들였어**. 여기서는 횔덜린이 회복할 가망이 보이질 않아. 그가 예나에 가면, 네가 그를 돌봐주었으면 해. 횔덜린도 그러길 바라고."

프랑스 레지스탕스의 주역 중 한 명이자 특히 횔덜린에 대해 날카로운 연구를 한 독일학자 피에르 베르토Pierre Bertaux는 셸링의 증언이 주목할 만하지만 어느 정도 모순이 있다는 점을 지적했다. 셸링에 따르면 횔덜린은 '완전한 정신적 부재 상태'였지만 그리스어 번역은 가능한 상태였는데, 이는 마치 소포클레스 번역 작업이 대단한 지적 능력을 요하지 않는 일처럼 들리게 한다. 또한 횔덜린의 말투에서는 광기를 느끼지 못했다는 진술까지 감안한다면 셸링은 횔덜린의 광기를 오직 외형에서만 찾은 것은 아닐까 의심이 든다. 만약에 그렇다면 횔덜린은 미치지 않은 것이다.

같은 모순이 40여 년 후, 그러니까 횔덜린이 세상을 떠난 지 4년이 지난 시점에서 셸링이 구스타프 슈바프에게 보낸 편지에 다시 등장한다. 그는 무르하르트에서 횔덜린과 만났던 당시를 회상하며 이렇게 쓴다. "나에게는 슬픈 재회였어.

그토록 섬세하게 조율된 악기가 영원히 파괴되었다는 것을 확인하는 자리였으니까. 내가 횔덜린에게 어떤 생각을 물으면, 첫 번째 대답은 항상 옳고 적절했지만, 그다음부터는 맥락을 잃고 횡설수설이었어. 하지만 나는 횔덜린에게서 타고난 우아함이 얼마나 큰 힘을 발휘하는지 실감했어. 우리와 함께한 36시간 동안 그의 말과 행동에는 어떤 부적절함도 없었고, 예전 그의 고귀하고 흠결 없는 존재와 모순되는 어떤 모습도 보이지 않았어. 술츠바흐로 가는 길은 고통스러운 작별이었어. 그 이후로 난 횔덜린을 보지 못했어."

그토록 '섬세하게 조율된 악기'가 파괴됐다고는 하지만 그 이유에 대한 설명은 없다. 횔덜린의 말과 외모에는 셸링이 이해할 수 없는 무언가가 있었던 듯하다. 이따금 저자 이름 없이 남겨진 텍스트가 발견되어 횔덜린과 셸링 둘 중 누구의 작품인지 역사가들도 헷갈릴 정도로, 셸링은 횔덜린과 철학에 대한 깊은 열정을 공유하던 사이다. 우리가 짐작해 볼 수 있는 유일한 설명은, 그 시절 횔덜린의 사유가 자신의 것과 너무 멀어져버렸기에 셸링은 차라리 횔덜린을 부정하기로 한 것은 아닐까 한다.

횔덜린의 어머니가 징클레어에게 보낸 편지에서도 셸링에서와 같은 모호성이 드러난다. 마치 그의 광기를 어떻게

든 증명해내야 하는 것처럼, 심지어 그의 광기를 반박할 때 조차도 말이다. 징클레어는 어머니의 태도가 오히려 위험할 수 있다는 것을 인식했다. 횔덜린에게서 진정한 의미의 정신착란을 보지 못한 징클레어는 1803년 6월 17일 횔덜린의 어머니에게 그가 다른 사람들로부터 그런 낙인을 받는 게 얼마나 고통스러운 일인지 전하며 다음과 같이 편지를 썼다. "그는 너무 예민한 존재라서 남들이 자신에게 내리는 매우 사소한 판단조차도 마음 깊은 곳에서 읽을 수 있습니다." 프랑크푸르트의 출판업자 빌만스Friedrich Wilmans가 횔덜린이 몇 달간 몰두해온 소포클레스 번역본 출간을 수락한 상황이었고, 징클레어는 횔덜린의 어머니에게 "횔덜린과 그의 운명을 잘 알고 있고, 숨길 것이 없는" 친구들이 만날 수 있도록 횔덜린을 홈부르크로 보내달라고 부탁한다. 그녀는 늘 부르던 대로 사랑하는 나의 가여운 아들이 혼자 여행할 형편이 못 된다며 "그의 슬픈 정신 상태를 고려할 때" 친구들에게 짐만 될 거라고 답한다. 이어서 그녀는 그의 상태가 "크게 호전되지는 않았지만…… 악화되지도 않았다"고 덧붙인다. 어머니가 아들의 정신이상 징후로 여긴 건 그가 끊임없이 작품 활동에 몰두한다는 점이다. "가여운 아들이 작년 한 해처럼 힘들게 일하지 않아도 되는 날이 오면 그의 내면 상태도 나아질 거라 기대했습니다만, 우리의 기도조차 그가 과도한 몰두에서 벗어나는 데 도움이 되지 않았습니다." 이후 편지에서도 그녀는 씁쓸하게 말한다. "불행히도 그의 상태는 나아지지 않았습니다." 그러나 거의 마지못해 인정하듯 "그를 자주 괴롭히던 충동이, 하나님께 감사하게도, 거의 사라진 것 같습니다." 1804년 5월, 징클레어가 방백을 통해 도서관 사서 자리를 횔덜린에게 구해주고 횔덜린이 이를 기꺼이 받아들이자, 그의 어머니는 강하게 반대한다. "그는 아직 이 직책을 맡을 수 있는 상태가 아닙니다. 제 짧은 생각으로 이 일은 어떤 정신적 질서가 필요한 일인데, 불행히도 내 사랑하는 아들의 이성적 사고 능력은 매우 저하된 상태입니다…… 아마도 이 불행한 아이는 당신과 같은 훌륭한 분이 자신과 함께해준다는 기쁨에 그리고 당신이 그에게 보여주신 존경심에 보답하고자 자신의 모든 사고력을 총동원했을 테고, 그래서 그의 정신이 얼마나 피폐한지를 전혀 알아차리지 못했을 겁니다."

어머니의 걱정은 결국 2년 후 아들을 아우텐리트Johann Heinrich Ferdinand Autenrieth 교수가 운영하는 슈투트가르트 정신병원에 입원하게 했고, 이후 목수 치머Ernst Zimmer의 집에 완전히 정착한 후에나 횔덜린의 상태는 진정되었다. 그러나 어머니는 단 한 번도 횔덜린을 찾아가지 않았다. "횔덜린이 그의 가족들을 못 견뎌 했다"는 치머의 증언은 이 시점에서 그리 놀라운 일이 아니다.

  문제는 횔덜린이 미쳤는지 안 미쳤는지가 아니다. 그가 스스로를 미쳤다고 믿었는지 그렇지 않은지도 아니다. 결정적인 것은 그가 미치기를 자발적으로 선택했거나, 오히려 어느 순간 광기가 그에게는 피할 수 없는 운명처럼, 비겁하게 회피할 수 없는 필연으로 다가왔다는 점이다. "옛 탄탈로스*처럼…… 자신이 감당할 수 있는 것보다 더 많은 것을 신으로부터 받았기 때문에" 말이다. 조너선 스위프트Jonathan Swift와 고골Nikolai Gogol을 두고 그들이 온갖 방법을 동원해 미치려 했고, 결국 그렇게 되었다는 설이 있다. 횔덜린은 광기를 추구한 것이 아니라 받아들일 수밖에 없었다. 베르토가 지적했듯이 횔덜린의 광기는 현대의 우리가 이해하는 정신질환과는 아무 관련이 없다. 오히려 이 광기는 사람이 거주할 수 있거나 혹은 거주해야 하는 어떤 장소 같은 것이다. 그래서 횔덜린은 소포클레스의 『아이아스Aias』를 번역하면서 "theiai maniai xynaulos(신성한 광기와 함께 거주하는)"이라는 구절을 문자 그대로 "Sein Haus ist göttiche

---

* 그리스 신화에 나오는 인물로 제우스와 플루토의 아들이다. 신들의 총애를 받았으나 오만하여 함부로 총기를 누설하다 저승 타르타로스에서 영원한 형벌을 받게 된다.

Wahnsinn", 즉 "그의 집은 신성한 광기이다"라고 옮겼다.

    1804년 4월, 빌만스 출판사에서 소포클레스의 『오이디푸스』와 『안티고네』 번역본이 출간되었다. 여기에는 횔덜린 사상의 궁극적 성취를 압축적으로 보여주는 두 개의 긴 주석이 함께 실렸다. 이 책은 횔덜린이 직접 출간한 마지막 책으로, 시인을 괴롭힌 인쇄상의 오류에도 불구하고, 이 작품이 없었다면, '자신의 것'의 자유로운 사용과 '고유한 것(민족적인 것)'과 '낯선 것' 사이의 대립에 대해 이야기할 때 그가 무엇을 염두에 두었는지 이해하기 불가능했을 것이다. 횔덜린은 이러한 대립을 통해 그리스 모델과의 관계를 재고하고 있었다. 1803년 9월에 편집자에게 보낸 서신에 이런 시인의 의도가 잘 드러나 있다. "저는 조국적인 편의와 그것이 항상 타협해온 수많은 오류로 인해 우리에게 낯설어진 그리스 예술을 이제 최대한 생생하게 표현하고 싶었습니다. 그러기 위해 저는 지금까지 그리스 예술이 거부해온 오리엔탈적인 요소das Orientalische를 더욱 부각하고 그 예술적 오류가 드러나는 곳을 바로잡아 재해석하고자 합니다."

    중요한 점은 횔덜린이 이 문제를 번역을 통해 예시하기로 선택했다는 점이다. 그의 번역은 수십 년 후 벤야민에 의해 번역의 "원형적 형태"로 정의되었고, "모든 번역의 참혹하고 근원적인 위험, 즉 이렇게 광범위하고 지배적인 언어의 문이 닫히고 번역가를 침묵 속에 가두는 위험"**³**을 담고 있다고 보았다. 이 번역본이 나왔을 때 당대 문화계 평가와 반응도 적지 않게 의미 있다. 1804년 10월 하인리히 포스Johann Heinrich Voss의 보낸 편지가 이를 잘 보여준다. "휠덜린의 소포클레스에 대해 어떻게 생각하십니까? 우리 친구는 정말로 정신이 나간 걸까요, 아니면 그런 척 연기하는 걸까요. 혹은 본인의 소포클레스를 통해 형편없는 번역가들을 은근히 풍자하려는 건 아닐까요? 며칠 전 저녁에 저는 실러, 괴테와 함께 있었는데 이 번역으로 두 사람을 즐겁게 해주었네요. 『안티고네』의 4번째 후렴만 읽어보셔도 알 겁니다. 실러가 얼마나 웃었는지 직접 보셨어야 했는데!" 같은 해 7월 괴테에게 보낸 편지에서 셸링이 내린 판단 역시 가혹하다. "휠덜린은 작년보다는 상태가 나아지긴 했지만 여전히 눈에 띄게 **혼란스러운 상태입니다. 그의 소포클레스 번역은 그의 악화된 정신 상태를** 그대로 보여주고 있어요." 이런 피상적인 판단과 실러와 괴테의 비웃음을 용인해주긴 어렵지만, 이들의 반응은 당대 문화와 휠덜린 사상 사이에 얼마나 큰 간극이 있었는지를 보여주는 명백한 증거가 된다. 마치 주조하듯이 번역을 하며 동시에 원본을 수정한다는 휠덜린의 시도는 너무 전례가 없던 일이라 광기와 혼란으로밖에 이해될 수 없었다. (1797년, 괴테는 횔덜린의 시 「에테르 An den Aether」와 「방랑자 Der Wanderer」를 읽고 비웃지는 않았다. 다만 "전적으로 나쁘지는 않다"고 평하며 젊은 시인에게 "짧은 시를 쓰고 인간적으로 흥미로운 주제에 전념하라"고 조언한 바 있다.)

소포클레스와 핀다로스를 번역한 횔덜린의 작업은 일반적으로 그리고 오늘날에도 대부분 통용되는 번역의 개념, 즉 외국어의 의미적 등가물을 번역어에서 찾는 일을 따르지 않는다. 오히려 앞에서 설명한 것처럼, 원본 형식의 '모방', 즉 미메시스를 목표로 하는 것처럼 보인다.[4] 키케로가 이미 적절하지 않다고 했던 방식으로, 즉 횔덜린은 단어 대 단어를 번역하는 것에 그치지 않고 그리스어 구문론적 조음 하나하나에 부합되는 독일어 단어를 선택한다. 문자 그대로의 번역을 강박적으로 추구하기 때문에 번역자는 원문의 단어와 구조적으로 일치하는 신조어를 만드는 것도 주저하지 않았다. 예를 들어 그리스어 'siderocharmes(사전에는 보통 '호전적'이란 뜻으로 번역됨)'를 횔덜린은 단어의 어원과 유래를 분석해 'eisenerfreuten(쇠처럼 기쁜)'으로 번역했다. 이렇게 강박적으로 추구한 '하이퍼 리터러리티 Hyperliterality'[5], 즉 과도한 직역은 상대적으로 그리스어에 제한된 지식이나 2차 문헌의 부족 때문으로 설명되기도 하는데, 이러한 번역은 원문의 의미에서 너무 벗어나 번역 오류로까지 이어질 수 있다. 당연하게도 지적 수준이 높고 횔덜린에 호의적이었던 슈바프조차 이렇게 "완전히 문자적인" 번역은 원문 없이는 이해할 수 없다고 비판했다.[6]

1910년 헬링라트의 「횔덜린의 핀다로스 번역에 관한 논문Pindarübertragungen von Hölderlin」을 시작으로 횔덜린식의 그리스어 번역에 대한 평가가 점차 바뀌기 시작한다. 헬링라트는 그리스 수사학에서 문맥 속 단어들이 조화를 이루는 두 방식을 인용하면서 개별 어휘들이 문장 구조에 엄격하게 종속되는 매끄러운 연결과 횔덜린이 사용하는 거친 연결을 대비시킨다. '거친 연결'은 각 단어가 문맥에서 분리되며 독립적인 경향을 보임에 따라 전체 의미가 다의적으로 열리게 되고 이는 독자에게 "낯선 이질적인 언어"라는 인상을 준다.[7] 헬링라트의 주장을 이어받아 벤야민은 「번역가의 과제Die Aufgabe des Übersetzers」에서 단순히 의미의 재현만을 목표로 하는 번역과 "에올리언 하프처럼 바람에 닿아 스스로 소리를 내는" 것과 같은 번역을 구별한다.[8] 이는 횔덜린처럼 번역가가 언어로 전달 불가능한 것을 추구한다는 점을 의미한다. 그 뒤로 벤야민의 발자취를 따라 전통적인 편견을 뒤집고 횔덜린의 번역에서 진정한 시학적 패러다임을 발견하려는 연구가 늘어났다. 이는 번역의 여부가 드러나지 않는 '친

6.
횔덜린이 번역하고 빌만스가 출간한
『소포클레스 비극』 초판본 표지(1804년)

화적' 번역보다 '이질적' 번역을 선호하는 경향으로 이어졌다. 오류로 간주된 횔덜린의 번역이 이제 오히려 **창조적 오류**[9] 또는 **예술적 창작 의지**[10]의 결과로 수용된 것이다.

그러나 횔덜린이 추구하고자 한 번역의 목적이 과연 무엇인가에 대한 정의가 제대로 이뤄지지 않고서는 횔덜린 번역의 본질과 원문 모방 방식을 제대로 이해하기 어렵다. 횔덜린 연구가인 볼프강 빈더Wolfgang Binder의 지적처럼, 횔덜린은 독일 문학의 번역 자산을 풍부하게 하려는 의도는 아니었다. 오히려 개인적이면서 역사철학적인 문제와 정면으로 마주하고자 했다. 그의 목표는 그리스적 시적 방식을 독일적 방식, 혹은 『소포클레스』의 주석에서 '경험적' 방식이라고 하는 것과 극단적으로 대비하여 그리스 시의 본질을 드러내고 동시에 오류를 '수정'하고자 한 것 그 이상도 이하도 아니었다.[11]

횔덜린이 뵐렌도르프에게 보낸 편지의 내용을 좀더 살펴보자. 편지에서 횔덜린은 자신의 고유한 것을 자유롭게 사용하는 것이 가장 어려운 일이라 했다. 이는 그리스인들에게는 '천상의 불꽃'과 '열정'이 그들 고유의, 민족적인 요소이며 따라서 그것이 그들의 약점이기도 하다는 점을 암시한다. 그렇기 때문에 그리스인들은 자신들에게 낯선 것, 곧 서술의 명징성(그는 이를 '유노적*절제'라 부른다)에서 탁월함을 드러낸다. 반면, 절제와 명료한 표현이 근본적으로 자연스러운 독일인들은 천상의 불꽃과 열정에서 더욱 뛰어나지만, 정작 자신들의 고유한 영역인 서술의 명징성에서는 서툴고 어색하다.

이로부터 번역 과정에서 발생하는 이중 작용의 복잡성이 드러난다. 한편으로 그리스인들은 자신들의 고유함을 포기하고 명징한 서술에서 탁월함을 발휘하려 했지만, 횔덜린은 오리엔탈적 요소를 부각함으로써 그리스인들을 천상의 불꽃, 즉 그들 고유의 영역이자 약점으로 되돌린다. 반대로, (자신들에게는 낯선 요소인) 천상의 불꽃과 열정에서 탁월함을 보이는 독일인들은 그리스적 표현의 오류를 바로잡는 과정에서 그들 고유의 요소이자 약점인 '서술의 명징성'으로 되돌아가는 것이다.

이 어렵고 이중적인 과업을 이해해야 횔덜린 번역을 특징짓는 문자에 대한 강박적 고집과 난해함의 의미에 가깝게 다가갈 수 있다. 고대 그리스 시인이 달성했던 '유노적 절제', 다시 말해 절제된 아름다움은 독일의 번역자가 자기 고

---

* 유노Juno는 고대 로마의 수호신으로, 그리스 신화의 헤라와 유사한 의미를 지닌 신이다. 혼인과 출산을 관장하며 6월June의 어원이다.

유의 요소인 서술의 명징함을 낯선 열정과 오류 수정에 맞추려 하는 만큼, 불투명하고 해독하기 어려운 것으로 변형된다. 동시에 그것은 그가 놓쳤던 조국적인 요소를 지시하는 것이기도 하다. 즉, 자신의 고유한 것을 자유롭게 사용하는 것은 조국적인 것과 외래적인 것, 타고난 재능과 그에 맞서는 타자성이 발산하면서 결합되는 양극적인 작업이다. 그리고 이러한 양극적인 긴장 속에서 번역을 통해 자신의 언어를 위험에 빠뜨릴 수 있는 시인만이 그 임무를 완수할 수 있다. 따라서 번역은 단순한 문학적 작업이 아니라 시인에게나 각 민족에게나 가장 어려운 과제인 자신의 고유한 것을 자유롭게 사용할 특권이 있는 시적 공간인 것이다.

그러므로 평범한 합리성의 잣대를 고스란히 유지하는 시인이라면 감히 이처럼 벅찬 과업에 도전할 수 없음을 이해할 수 있다. 벤야민이 통찰했듯이, 언어의 두 극단적 요소를 대담하게 가로지르는 이 작업은 의미를 심연에서 심연으로 추락시켜 끝없는 언어의 심층 속으로 파묻게 할 위험을 무릅쓰는 것이다.[12] 하지만 여기서 논쟁의 핵심은 광기나 정신 이상이 아니다. 오히려 예술 형식의 탁월함마저 기꺼이 희생시키며 파멸적이고 해체적인, 심지어는 난해하기 짝이 없는 시적 방식을 추구할 만큼 자신의 과업에 극도로 헌신하는 데 있다. 소포클레스 번역 이후, 횔덜린은 이 역설적인 과업을 두 가지 방식으로 수행한다. 첫 번째는 그리스 전통에서 가장 고귀한 시 형식인 찬가를 선택하여—소위 홈부르크 2절판Homburger Folioheft이라고 불리는 홈부르크 시기의 작품들에서 명확히 보여주듯이—극단적인 병렬 구문과 '거친 연결'을 통해 그 형식을 철저히 파괴하고 해체하는 것이다. 두 번째는 소위 탑에서 쓴 횔덜린 후기 작품에서 드러나듯 고국의 전통에서 가장 소박하고 순수한 시 형식을 선택하여 단순한 운율 구조를 단조롭고 반복적으로 따르는 방식이다.

철학은 일부 사람들이 더는 자신을 조국의 일원으로 느끼지 못하게 되는 순간 탄생한다. 그러니까 시인들이 기대했던 조국이 더 이상 존재하지 않거나, 낯설고 적대적인 존재가 되었음을 인식하는 순간 탄생하는 것이다. 철학은 무엇보다 한 개인이 개인들 사이에서 느끼는 소외다. 즉 철학자가 자신이 살고 있는 도시에 거주하면서 여전히 이방인인 채로, 여전히 부재하는 조국에게 집요하게 말을 거는 존재 방식이다. 소크라테스는 이러한 철학적 조건의 역설을 극적으로 보여준 인물이다. 그는 자신의 조국에게 너무나 낯선 존재가 되어 결국 사형 선고를 받았지만, 그 선고를 받아들임으로써 자기를 추방한 바로 그 조국에 여전히 구속되어 있음을 천명한다.

근래의 문턱에 이르러 시인들조차도 더 이상 조국에게 말을 걸 수 없다는 것을 깨닫게 된다. 시인은 더 이상 존재하지 않거나, 존재하더라도 들을 수 없고 들으려 하지 않는 조국에게 이야기하고 있다는 것을 깨닫게 된다. 이러한 모순이 폭발하는 지점에 바로 횔덜린이 있다. 이 순간, 시인 횔덜린은 철학자 속에서 자신의 모습을 발견하며, 노이퍼Christian Ludwig Neuffer에게 보낸 편지에서 말하듯 "철학이라는 병원"에서 피난처를 찾을 수밖에 없다. 그는 이제 '조국적'이라고 불렀던, 민중과의 공동체적 연대감이야말로 바로 자신에게 결핍이자 결코 시적으로 뛰어넘을 수 없는 약점임을 깨닫는다. 이에 시적 형식을 파괴하고, 찬가를 단편적이고 병렬적인 구조로 해체하며, 또 횔덜린이 마지막 시기에 썼던 4행시*에서 그 기계적인 반복을 보여준다. 그리고 결국 시인은 자신의 조국이 그를 정신병자로 진단한 것을 무조건적으로 받아들인다. 그럼에도 그는 마지막까지 글쓰기를 멈추지 않고, 어두운 밤 속에서 '독일의 노래'를 끈질기게 찾아 헤맸다.

자신의 고유한 것을 자유롭게 사용하는 원리는 추상적인

---

* 소위 '탑의 4행시Türmergedichte'라고 불리는 횔덜린 생의 마지막에 쓰인 4행시를 말한다. 초기의 웅장하고 열정적인 주제와 달리 단조롭고 반복적이며 간결하다.

사유의 산물이 아니다. 자세히 살펴보면 오늘날에 시사점이 있는 몇 가지 문제들과 연결되어 있다. 이 문제는 모든 개인뿐만 아니라 모든 문화의 역사적 발전을 이해하는 데 유용한 두 가지 범주와 연관된다. 철학자 잔니 카르치아Gianni Carchia가 직관적으로 포착했듯이, 횔덜린은 비극이라는 시적 문제를 역사철학의 문제로 전환한다.[13] 그는 조국적인 것—자기 안에 머물게 하는 힘—과 외래적인 것—자신을 넘어 외부로 확장해가는 힘—사이에 서구 문명의 근본적인 긴장이 있다고 주장한다. 횔덜린이 독일과 그리스를 비교하며 예시했듯이 조국적인 것과 외래적인 것은 본래 모든 개인과 문화(횔덜린의 표현에 따르면 '민족')에 내재해 있는 것이다. 이런 맥락에서 서구가 근대에 이룬 엄청난 성공은 횔덜린의 관점에서 볼 때, 자신의 고유한 요소(종교적, 정신적 전통) 대부분을 조건 없이 포기하는 태도를 취함으로써 근본적으로 외래적 영역인 경제·정신적 차원에서 우위를 점할 수 있었던 것이 명백해 보인다. 이러한 상황에서는 '외래적인 것'을 민족적 전통의 친숙한 언어로 '번역'하려는 시도, 즉 고유한 요소를 되찾으려는 반발적 움직임은 자연스러운 현상이다. 하지만 이러한 시도는 횔덜린이 예견했듯이 극복하기 어려운 난제와 모순에 직면하게 될 가능성이 크다. '자신의 고유한 것을 자유롭게 사용하는 것'은 분명 매우 어려운 일이기 때문이다. 어쨌든 횔덜린은 자신의 삶과 시 속에서 이 두 가지 근본적인 긴장의 대립과 화해를, 그에 따른 대가가 무엇이든지 간에 실험해보고자 했다.

이 시기 횔덜린이 보여준 왕성한 시적, 철학적 활동뿐만 아니라 정치에 대한 깊은 관심은 당시 그의 정신 상태가 본래 그의 명석함을 손상시킬 정도가 아니었음을 입증해준다. 오히려 당시 그의 정치적 참여로 인해 광기 문제가 처음으로 사적인 영역을 넘어 폭발했고, 결국 1805년 4월 5일 의학적 진단이라는 공적 형태를 띠게 된다.

그의 정치 참여는 이작 폰 징클레어와의 우정에서 비롯되었다. 그런 만큼 횔덜린의 삶에 결정적인 영향을 미친 인물에 대해 자세히 살펴볼 필요가 있다. 징클레어는 1775년 홈부르크에서 태어났다. 헤센-홈부르크라는 작은 공국의 방백을 섬기는 정치적 운명이 지어진 가문의 출신이었고, 횔덜린보다 다섯 살이 어렸다. 실제로 그의 아버지는 방백의 개인 교사였으며 어린 징클레어는 왕세자와 함께 교육받았다. 튀빙엔 대학교에서 2년간 법학을 공부한 후 철학에 전념하기 위해 예나 대학교로 간다. 횔덜린과는 1795년 3월 예나에서 이뤄졌다. 1794~95년 겨울 학기 동안 피히테의 지식학 강의를 들었다. 1795년 3월 친구에게 보내는 편지에서 그는

"그 누구와도 바꿀 수 없는 마음의 친구" 횔덜린 선생*과의 만남에 대해 다음과 같이 전했다. "젊고 다정한 사람이야. 그의 교양은 나를 부끄럽게 하고 본받고 싶게 해. 나는 이 빛나고 사랑스러운 모범과 함께 다가오는 여름을 정원이 있는 외딴집에서 보낼 계획이야. 이곳에서 이 친구와 함께 보낼 시간, 또 나 혼자만의 시간들이 기대돼. 나는 그를 위해 왕자들의 가정교사 자리도 알아봐줄 생각이야. 앞으로 무슨 일이 있더라도 이 친구를 가까이 두고 싶어."[14]

예나 시절에 이 둘이 이룬 일종의 사상 공동체는 1971년에야 출판된 『철학적 추론Philosophische Raisonnements』에서 증명된다. 이 책은 횔덜린이 1795년 초에 쓴 「판단과 존재Urteil und Sein」와 함께 읽어야 한다. 횔덜린은 어느 한 책의 표지를 찢어서 그 위에 이 글을 썼는데, 바이스너Friedrich Beißner에 따르면 이 책은 피히테의 『전체 지식학의 기초Die Grundlage der gesamten Wissenschaftslehre』**였을 가능성이 높으며, 「판단과 존재」에서 횔덜린은 이 책을 강하게 비판한다.

---

* 횔덜린이 1793년 튀빙엔 대학교에서 신학 석사학위를 받은 이후에 동시대인들은 횔덜린을 '마기스터Magister'라고 존칭해 불렀다. 정확하게 마기스터는 석사학위 수여자를 뜻하지만 한국어로는 다소 부자연스러워 '선생'이라고 옮겼다.
** 독일의 철학자 피히테가 1794년과 1795년에 출간한 책이다.

횔덜린의 이 글은 실제로 피히테의 절대적 자아에 대한 근본적인 비판으로 시작한다. 피히테에 따르면 주체와 객체는 자기인식 안에서 동일한 것으로 간주되지만, 횔덜린은 그 기저에 실은 '원초적 분리die ursprüngliche Trennung'가 있다고 보았다. 즉 "지성적 직관에서 밀접하게 하나로 결합되어 있는" 주체와 객체가 분리됨으로써 비로소 주체와 객체로서 가능하게 된다는 것이다. 하지만 주체와 객체는 단지 서로 관계를 맺고 있는 원초적 분리 속에서만 존재하기 때문에 주체와 객체는 전체를 구성하기 위한 필연적 전제가 된다. 피히테의 "나는 나다"라는 명제는 횔덜린이 문제 삼고자 하는 이러한 이론적 분리의 "가장 적절한 예"이다. 횔덜린이 피히테의 자아에 맞서 제시하는 존재 개념은 주체와 객체 사이의 어떤 분리도 불가능한 결합을 전제로 한다. 다음은 횔덜린은 『엠페도클레스의 죽음Der Tod des Empedokles』이다.

"주체와 객체가 단지 부분적이 아니라 절대적으로 하나로 결합되어 있기에, 그것들을 분리하려는 어떤 시도도, 곧 그 통일성을 훼손하게 되는 경우에만, 비로소 우리는 '절대적인 존재Sein schlechtin'에 대해 말할 수 있다. 이는 마치 지성적 직관에서 발생하는 것과 같다."[15]

7.
⟨징클레어의 초상⟩,
파브린 레르부르Favorin Lerebours(캔버스에 유화, 1808년)

이 절대적 존재를 피히테의 자아 동일성과 혼동되어서는 안 된다. "내가 '나는 나다'라고 말할 때 주체로서의 '나'와 객체로서의 '나'는 서로 분리될 수 없는 완전한 하나가 아니다. 둘을 분리한다고 해서 각각의 본질이 훼손되는 것도 아니다. 오히려 '나'는 '나'의 분리를 통해서만 가능하다." 이 지점에서 횔덜린은 그가 다루는 또 다른 비판 대상인 자기인식Selbstbewusstsein을 언급한다. "자기인식 없이 어떻게 나를 '나'라고 말할 수 있겠는가? 그것은 내가 나를 나 자신과 대립시킴으로써, 다시 말해 나 자신으로부터 분리함으로써 가능하지만, 그럼에도 나는 그 대립 속에서도 나 자신을 동일한 존재로 인식한다." 피히테 지식학의 기초가 되는 동일성은 주체와 객체의 실제적 통합을 내포하지 않기 때문에 "그렇다면, 이 글은 단호하게 결론을 내린다. 동일성은 절대적 존재와 동일하지 않다".[16]

징클레어의 『철학적 추론』은 횔덜린의 생각과도 꽤 일치하기 때문에 둘 사이의 공통된 논의가 반영된 저작임을 유추할 수 있다. 횔덜린이 피히테의 자아 개념에서 찾아낸 '분리' 개념이 이 책에서는 '성찰'로 정의된다. "성찰에서 무슨 일이 벌어지고 또 무엇이 존재하는가? 분리가 일어나고 통일성은 당위로 설정된다…… 분리한다는 것은 실제로 성찰하고 설정한다는 것을 의미한다. 자아는 실체가 아니라 오직 성찰 속에서만 존재한다."**17** 피히테에 대한 비판, 더 나아가 모든 관념론에 대한 비판은 명확하다. "지식학에서 나는 오직 성찰을 통해 드러나는 방식으로만 나의 정신의 작용을 설명할 수 있다."**18** 실제로 성찰은 모든 지식과 학문의 형식과 일치하며, 따라서 성찰에 대한 비판은 지식에 대한 비판을 의미한다. "지식의 과제는 지식의 형식을 넘어선다. 지식은 나라는 자아인식에서만 가능하며, 지식의 한계는 나라는 자아인식의 한계이다. 모든 지식의 형식은 성찰이다. 성찰 너머에 있는 것은 내 지식의 한계를 인정함으로써만 경험할 수 있다. 즉, 나는 나의 지식이 불완전하며, '나는 모른다'라는 것을 드러내고, 지식의 형식에 다가서지 못했다는 것을 인정함으로써 말이다. 신(능동적 원리), 자아 그리고 물질(수동적 원리)을 결합하여 이상적인 산물 너머의 어떤 것을 상정하는 것은 포기할 수 없는 과제이다."**19**

횔덜린의 글에서 불가분의 존재는 징클레어의 평화Friede 또는 아테시스athesis, 즉 비-정립non-position 개념에 해당한다. "원래 존재했던 것은 평화, 비-정립이었다. 성찰이 생겨나면서 아직 실천적 영역에서 분리되지 않은 일방적인 관점들 사이의 조화로운 혼란이 등장했다." 성찰이 이 비-정립적 존재를 인식하려고 하면 그것은 자아로 전락한다. "테오스theos*, 즉 신을 인식하려고 하자마자, 그것은 자아, 그러니까 피히테의 절대적 자아로 변형된다. 최고 본질을 성찰하고 그것을 정립하는 한, 그것은 분리되고, 해체된 후 다시 통일됨으로써 비-분리의 성격이 부여된다. 따라서 이는 어떤 식으로든 분리의 존재가 전제되는 것이다. 즉, 불완전한 개념이다."[20]

횔덜린이 『시적 정신의 작동 방식에 대하여*Über die Verfahrensweise des poetischen Geistes*』라는 글(1799년 가을에 집필된 것으로 추정되며, 원고에는 제목이 없고 후대 독문학자인 징커나겔Franz Zinkernagel이 붙였다)에서 언급한 **초월적 감각**transzendentale Empfindung이라는 이미지에서 착안해 징클레어는 언어유희를 통해 에스테시스aesthesis, 즉 **영원한 감각**을 테제thesis와 안티테제athesis, 정립과 비정립 사이의 대립이 극복되는 원리로 제시한다.

이 간략한 설명만으로도 횔덜린과 징클레어가 사유하려 했던 바가 피히테가 관념론을 위해 열어둔 길과는 전혀 다른 가능성의 길이었음이 드러난다. 따라서 셸링과 헤겔이 튀빙엔 시절 동료였던 횔덜린의 정신적 여정과 거리를

---

* 고대 그리스어로 '신'을 의미한다. 횔덜린과 징클레어는 모든 분리와 대립 이전의 원초적 통일성, 존재의 근본적인 본질이라는 의미로 이 용어를 사용한다.

둘 수밖에 없었다는 것은 놀라운 일이 아니다. 횔덜린은 이후 저작들에서 성찰이 결코 포착할 수 없는 아테시스적 존재를 이해하는 임무를 지식이 아닌 시에 맡긴다. 「시적 정신의 작동 방식에 대하여」에서 명확하게 언급했듯이, 시적 자아는 오직 자기 자신을 포착할 수 있을 때에만, 성찰이 무無로밖에 인식할 수 없는 "무한히 결합되고 살아 있는 통일체"를 파악할 수 있다. "이는 모든 과장 중의 과장이며, 시적 정신이—만일 그것이 자신의 절차 속에서 이를 완수해낼 수 있다면—감행하는 가장 대담하고 탁월한 시도이다. 이 시도를 통해 시적 정신은 시의 원초적 통일체, 즉 시적 자아를 포착하려 하며, 이를 통해 개별성과 그 순수한 대상, 즉 결합된 것, 살아 있는 것, 조화롭게 상호작용하는 삶을 폐기하면서도 고양하는 것이 가능해진다."[21] 바로 이 모든 과장의 과장과 불가능해 보이는 시도를 횔덜린은 1800년에서 1805년 사이에 완성하려 했다.

이러한 관점에서 횔덜린이 뵐렌도르프에게 보낸 편지의 한 구절은 특별히 인상적이다. 횔덜린은 친구에게 자신의 『페르난도 혹은 예술 헌납 Fernando oder die Kunstweihe: Eine dramatische Idylle』*

---

* 횔덜린의 미완성 희곡. 이 작품은 예술과 삶, 이상과 현실 사이의 갈등을 다룬다.

을 두고 서구적인 요소에 가까워졌다고 말하며 그 자체로 진정한 현대 비극이라고 소개한다. 흥미로운 점은 그가 이 작품을 '현대 비극'이라고 정의하면서도 작품의 부제를 희곡적 목가시라고 붙이며 형식적으로는 비극이 아닌 목가, 본질적으로는 반反비극적 시 장르임을 선언한다는 점이다. 실제로 헤겔은 그의 『미학강의 Vorlesungen über die Ästhetik』에서 목가시를 "정신적, 윤리적 삶의 가장 보편적이고 심오한 관심사를 추상화하여 인간을 순수한 상태로 묘사하는 시적 장르"[22]라고 정의한다. 즉, 헤겔이 죄와 무죄 사이의 해결 불가능한 갈등을 중심에 두었던 비극과는 반대되는 것이다. 헤겔은 목가를 황금시대와 마찬가지로 "자연이 인간의 모든 욕구를 쉽게 충족시켜 주는 것처럼 보이는" 장르로 취급하며, 목가 작가 중 "가장 지루한 작가는 게스너 Salomon Gessner이며, 오늘날에는 아무도 그의 작품을 읽지 않는다"고까지 말한다. 그럼에도 이 시기의 목가는 여전히 중요한 문학 장르였다. 괴테는 『헤르만과 도로테아 Hermann und Dorothea』를 시민적 목가라 지칭하며, 자랑스럽게 자신의 목가적 서사시라 불렀을 정도다. 같은 의미에서 슐레겔 K. W. F. von Schlegel은 「아테네움 단장 Athenäums-Fragmente」에서 목가시를 "이상과 현실의 절대적 일체성"이라고 정의한다.[23] 그러나 이 문학 장르의 특별한 지위는 실러의 「소박문학과 감상문학에 대하여 Über naive und sentimentalische Dichtung」에서 온전히 드러난다. 이 글에 목가시에 대한 별도의 장이 할애되어 있는데, 실러는 목가시를 가리켜 "현실과 이상 사이의 모든 대립이 제거되고 개인과 사회의 모든 갈등이 완전히 해소되는" 시적 형식이라고 정의한다.[24] 실러는 목가시가 "인간을 순수한 상태, 즉 외부 세계와 조화를 이루며 평화를 누리는 상태로 묘사"[25]하기 때문에, 실러는 목가시를 희극에 가깝다고 본다. 희극에서는 "인간이 항상 자신과 주변을 평화롭고 명료하게 바라"보기 때문이다. 따라서 1795년 11월 30일 훔볼트에게 보낸 편지에서 실러는 "완벽한 목가가 불가능하다면 희극이야말로 가장 고귀한 시적 작품이 될 것"이라고 썼다.[26]

그렇다면 왜 횔덜린은 반비극적이면서 심지어 희극에 가까운 형식을 취하는 목가를 현대 비극이라고 했을까? 횔덜린 사상의 전개는 그가 1798년 봄부터 1800년 초까지 몰두한 비극 『엠페도클레스의 죽음』의 세 번에 걸친 초안 작업과 함께한 성찰들로 극대화된다. 매번 기존의 초안을 포기하고 본질적으로 전혀 다른 버전을 시작하는 이러한 고통스러운 과정은 '비극'이라는 개념 자체의 점진적 해체에 해당하며, 궁극적으로 그의 비극을 "미완성 몸체"로 축소하는 결과를 낳았다.[27] 이러한 맥락에서 「엠페도클레스에 대한 근거Grund zum Empedokles」라는 제목의 긴 단편은 결정적인 역할을 한다. 『엠페도클레스의 죽음』을 집필하는 데 기여한 습작 「엠페도클레스에 대한 근거」에서 휠덜린은 비극이 개인의 죽음을 통해 해소하려 한다면 이는 궁극적으로 부적절하고 환상적이라는 것을 보여준다. 여기서 비극은 유기적인 것(예술을 대표하는 유한하고 제한적이며 의식적인 개별성)과 비유기적인 것(무한하고 이해할 수 없는 자연) 사이의 대비를 통해 정의된다. 비극적 행위의 전개에서 이 두 요소는 각각 반대편으로 넘어가며 분리되었던 것은 본래의 통일성으로 회복된다. 비극적 감정이 절정에 달하는 이 순간은 개인의 죽음과 일치한다. "중심에는 개인의 투쟁과 죽음이 있다. 유기적인 것이 극단으로 치달았던 자아성, 그 특별한 존재성을 내려놓는 순간이 있으며, 비유기적인 것이 그 보편성을 내려놓는 순간이 있다. 이는 처음처럼 이상적인 혼합이 아니라 극단적이고 실제적인 투쟁 속에서 이뤄진다."[28]

극단이 서로 반대편으로 넘어가는 이 투쟁의 결과는 그러므로 화해이다. "극단적인 적대는 실제로 극단적인 화해처럼 보인다."[29] 그러나 중요한 것은 이 화해가 곧바로 겉보기에 불과하고, 심지어 거짓인 것으로 드러난다는 점이다. 화해는 갈등의 산물이었기 때문에 두 요소는 다시금 자신의 성향을 극단적으로 밀어붙이게 되고 "통합의 순간은 점점 더 환각처럼 사라지며…… 화해라는 행복한 기만은 끝이 난다."[30] 이런 의미에서 엠페도클레스가 당대의 희생양이라면, 그의 죽음으로 이루어지는 화해는 환상이며, 이 환상은 비극이라는 형식 자체에까지 영향을 미친다.

> "따라서 엠페도클레스는 자기 시대의 희생양이 되어야 했고, 그가 성장하며 만난 운명의 문제는 **겉보기에는** 그 안에서 해결되는 듯하다. 그러나 이 해결은 겉보기일 뿐만 아니라 일시적인 것으로 드러나야 했다. 이는 모든 비극적 인물에게도 일면 해당되는 것으로, 그들 모두는 각자의 성격과 표현을 통해 운명의 문제를 해결하려 하지만 모두가 보편적 진리에 도달하지 못한 만큼 스스로를 부정하게 된다…… 따라서 겉보기에 운명을 가장 완벽하게 해결하는 듯 보이는 인물일수록 특히 그의 **덧없음**Vergänglichkeit과 끊임없는 노력 과정에서 가장 비극적인 희생양으로 나타난다."[31]

횔덜린은 희생양의 죽음이 표면적인 화해만 될 뿐, '현대 비극'은 희생적인 죽음이라는 개념 자체를 포기할 때에만 가능하다는 것을 깨닫고, 『엠페도클레스의 죽음』의 마지막 개정판도 포기한다. 이런 맥락에서 뵐렌도르프에게 보낸 편지 속 당혹스런 내용들이 비로소 명확해진다. 이 편지의 문장에서는 거의 희극적인 어조가 느껴지기까지 한다. "우리에게 비극적인 것이란 우리가 이 생의 세계를 떠나는 방식이다. 우리가 길들이지 못한 불꽃 속에서 불타오르며 속죄하는 것이 아니라, 그저 조용히, 어떤 용기 속에 포장되어 완전한 침묵 속에서 사라지는 것이다."

어쨌든 현대 비극, 혹은 반비극에서 결정적인 것은 희생제물이 사라지는 점이다. 횔덜린은 『안티고네에 대한 주석 Anmerkungen zur Antigone』 안에서도 특별히 집중 분석이 돋보이는 단락에서 비극적 언어의 두 가지 양식을 구분한다. '그리스적 양식'과 '경험적 양식'이 바로 그것이다. 모든 비극적 재현이 실제적 언어로 이뤄져 있다면, 고대 그리스 비극의 언어는 감각적인 육체를 붙잡아 "그 붙잡은 육체를 실제로 죽인다"는 점에서 매개된 방식으로 작용한다. 반면 경험적 언어는 매개 없이 작동하고 "더 영적인 육체를 붙잡기" 때문에 물리적으로 죽일 필요가 없다. 이어지는 단락에서는 이 대비의 의미를 좀더 명확히 한다. 여기서 횔덜린은 겉보기에는 명확하지 않지만 의미상으로는 분명한 두 형용사를 사용해 언어의 두 가지 성격을 구별한다.

"**사실상 치명적인 것**das tödlichfaktische, 즉 **말에 의한 실제적 살해**

*der wirkliche Mord aus Worten*는 그리스적 예술 형식으로, 더 넓게는 민족적 예술 형식으로 간주되어야 한다. 민족적 예술 형식은, 쉽게 증명할 수 있듯이, '사실상 치명적인 말'이라기보다 오히려 '실제 살해하는 언어'일 수 있다. 그러나 그것이 반드시 살해나 죽음으로 끝나는 것은 아니다. 비극이란 바로 이러한 방식으로 포착되어야 하기 때문에, 오히려『콜로노스의 오이디푸스』*처럼, 영감을 받은 입에서 나오는 말이 끔찍하며 죽음을 불러올 수는 있어도, 그것이 그리스적으로 이해되는 방식, 다시 말해 역동적이고 구체적인 정신 속에서 언어가 육체를 장악해 그 자체로 죽음에 이르게 하는 방식은 아니다."**32**

그리스 비극을 규정짓는 희생 제물은 여기서 사라진다. 그 이유는 이제 언어는 "더 영적인 육체"**33**를 향해, 즉 육체적 죽음의 매개 없이, 언어 그 자체로서, 언어를 통해, 언어 안에서 직접 작용하기 때문이다. 이 언어가 붙잡는 "더 영적인 육체"란 결국 언어 자체이며, 이후 다시 설명하겠지만, "지적으로 이해되고 생생하게 전유되어야 하는 것"이다.**34**

---

* 소포클레스의 아테네 비극이다.『오이디푸스 왕』,『안티고네』와 함께 소포클레스의 테베 3부작으로 가장 마지막에 쓰인 작품이다.

『안티고네에 대한 주석』 앞단의 한 구절에서 횔덜린이 언급한 비극의 불가능성은 '숭고한 조롱'의 형태를 띠며 광기와 겹쳐진다. "숭고한 조롱der erhabene Spott은, 신성한 광기der heilige Wahnsinn가 가장 고귀한 인간적 표현이라는 측면에서 그리고 언어보다는 더 영혼에 가까운 것으로서, 다른 모든 표현을 초월한다……."**35** 주목할 점은 이 구절이 위치한 비극의 국면에서 바로 그리스적 양식에서 **경험적인 양식**으로의 전환이 문제시된다는 점이다. 이 지점에서 광기는 가장 고귀한 인간의 표현으로 나타나고 동시에 숭고한 조롱으로 정의된다. 이는 마치 비극이 반비극적 전환을 통해 그 자체를 초월하는 것처럼, 어떤 면에서는 희극을 암시하기도 한다.

　횔덜린은 특히 「문학 양식의 혼합Mischung der Dichtarten」과 「음조의 변화Wechsel der Tone」라는 짧은 논고에서 서사시, 서정시, 비극을 언급하며 각 장르의 특성뿐만 아니라 그들 간의 상호 관계를 규명하고자 했다. 그리고 에밀 슈타이거Emil Staiger가 제안하듯이 시적 장르가 단순히 문학 이론의 영역에만 속하는 것이 아니라 '인간 존재의 근본적인 가능성'을 아우르는 지칭임을 잊지 말아야 한다.**36** 이러한 논의에서 눈에 띄는 것은 희극 장르에 대한 언급이 전혀 없다는 점이다. 그러나 1806년 9월 20일 클레멘스 브렌타노Clemens Brentano에게 보낸 편지에서 징클레어는 목가시와 희극을 두고 횔덜린과 열띤 토론을 펼쳤다고 전한다. 여기서 목가시는 희극 장르의 전형적인 형식으로, 비극 및 낭만주의 시와 대비된다. 징클레어는 브렌타노의 시에 대해 다음과 같이 말한다.

"이 시는 진정한 목가시입니다. 즉 **순수하게 희극적인 시**이지요. 반면, 낭만주의 시에서는 감정이 훨씬 더 격정적으로 표현되며 시인은 비겁해서가 아니라 어떤 내면의 충동에 따라 표현으로 나아갑니다…… 아마 당신은 내가 당신의 시를 장르로 구분하는 것에 큰 관심이 없을지도 모릅니다. 하지만 저의 사고방식은 항상 철학에 바탕을 두고 있어서 목가시의 순수한 예와 일반 원칙을 인식해야 한다고 생각합니다……. 목가시는 간접적으로 저에게 늘 희극처럼 보입니다. 가장 고귀하고 숭고한 희극 장르에 속한다고 보지요. 반면 낭만주의는 단지 비극적인 것으로만 보이며, 심지어 비극에서 가장 많이 벗어난 우리 비非독일적 소설에서도, 비극과 희극 사이의 깊은 균형에까지는 결코 도달하지 못한 듯합니다."[37]

횔덜린의 마음속에 분명 자리하고 있었을 또 다른 글은, 실러가 비극과 희극을 대비한 뒤 희극에 더 높은 지위를 부여했던 그 유명한 문장이었을 것이다. "희극이 자기 목적을 달성한다면, 모든 비극은 불필요하고 불가능하게 될 것이다."[38]

따라서 횔덜린이 희극적인 것에 대해 침묵하고 있는 듯 보이는 점은 더욱 설명하기 어렵다. 시인은 비극이 더는 가능하지 않음을 이해했지만, 광기를 통해서가 아니면 비극 너머로 나아갈 다른 출구를 아직 보지 못했던 것 같다. 그러나 그 광기는 그때의 희극, 그러니까 '숭고한 조롱'의 형태를 띠어야만 했다. 그래서 그는 방문객을 맞이할 때도 "폐하, 성하, 남작님, 우리의 무슈……"라 부르며 거리를 두고 과장된 예의를 갖추거나 "팔락쉬, 팔락쉬, 와리 와리"*와 같은 엉뚱한 말로 사람들을 놀라게 했다. 시를 요청하는 사람에게는 "그리스에 관해 써드릴까요, 봄에 관해 써드릴까요, 아니면 시대정신에 관해 써드릴까요?"라고 되물은 것도 모두 같은 맥락이다. 그리고 '히페리온'**을 낭독하던 손님에게 갑자기 "보세요, 전하, 쉼표입니다!"라고 말하기도 했다.[39] 이런 관점에서 보면 스카르다넬리라는 이름으로 서명했던 횔덜린 말년의 운문 4행시는 징클레어가 말하는 의미에서 목가시이며 "가장 고귀하고 고상한 희극 장르"에 속한다고 볼

---

* '팔락쉬Pallaksch'와 '와리 와리Wariwari'는 횔덜린이 말년에 자주 사용한 단어로 정확한 의미가 불분명한데, 횔덜린이 정신질환을 앓으면서 만들어낸 언어유희 혹은 암호와 같은 표현으로 해석하기도 한다. 후대 시인들은 '팔락쉬'와 '와리 와리'를 횔덜린의 정신적 고통, 예술적 고뇌를 상징하는 단어로 사용한다.

** 히페리온은 그리스 신화에 등장하는 인물로, 대지의 여신 가이아와 하늘의 신 우라노스 사이에서 태어난 거대한 12신 티탄족의 하나이다. 여기서는 횔덜린의 유일한 소설인 『히페리온』을 말한다.

수 있다.

예나 시절과 프랑크푸르트의 공타르가에서 가정교사로 지낸 2년(1796~98) 이후 홈부르크는 횔덜린의 피난처였다. 그곳에서 징클레어와의 우정은 계속되었다. 1804년 8월 6일, 징클레어는 횔덜린의 어머니에게 다음과 같은 편지를 보낸다. "아드님은 평온하게 잘 지내고 있습니다. 저뿐만 아니라 그를 만난 일고여덟의 친구들 역시 그의 상태가 겉보기에 **정신적 혼란**처럼 보여도 실제로 전혀 그렇지 않으며, 오히려 그가 **의도적으로 취한 표현** 방식이라고 확신하고 있습니다. 우리는 횔덜린과 함께 즐겁게 많은 것을 배우고 있습니다. 그는 '칼라메'라는 프랑스 시계공의 집에 살고 있는데, 그가 원하던 바로 그 동네입니다."

앞의 증언에서처럼 겉보기에 횔덜린의 기이한 모습은 '광기'가 아니라 '의도적으로 취한' 태도로 묘사된다. 횔덜린의 외적인 모습과 말 표현 사이의 불일치는 모든 증언에서 일관되게 나타난다. 징클레어의 친구인 요한 이작 게르닝Johann Isaak Gerning은 1804년 6월 28일 자신의 일기에 이렇게 적었다. "징클레어가 내게 횔덜린을 데려왔다. 그는 이제 사서가 되었지만, 불쌍한 우울한 영혼이다. 옛 모습과 비교해 얼마나 달라졌던지." 그리고 다음 메모에는 이렇게 기록한다. "오늘 아침 징클레어와 횔덜린이 점심을 먹으러 왔다. 횔덜린은 나의 「18세기의 노래Saeculare」[*]를 칭찬하며, 라믈러Karl Wilhelm Ramler는 사물을 지나치게 엄격하고 고루한 서정적인 방식으로 다루었다고 말했다…… 오늘 진정한 서정시인을 만나게 되어 정말 기쁘다." 그러나 횔덜린의 어머니는 징클레어에게 아들의 긴 침묵 끝에 받은 편지가 안심이 되기는커녕 횔덜린의 처량한 상태가 더 악화된 건 아닐까 두렵다고 답장했다.

바로 이 시점에 정치적 사건들이 횔덜린의 삶에 갑작스레 흘러들어오며 그의 삶의 결정적인 변화를 가져왔다. 정부 고문으로 방백의 주요 외교 임무를 수행하던 징클레어는 알렉산더 블랑켄슈타인Alexander Blankenstein이라는 젊은 모험가와 가까워지게 되었다. 블랑켄슈타인은 소국의 재정 문제를 해결하기 위한 방법으로 복권 사업을 제안했다. 1804년 6월, 징클레어는 블랑켄슈타인과 함께 루트비히스부르크의 시장 바츠, 그리고 두 사람의 친구인 레오 폰 제켄도르프Leo von Seckendorf를 여러 차례 만났다. 아마도 횔덜린도 이 자리에 함께 있었으리라 추측할 수 있는데, 이들 모두 프랑스 혁명의

---

* 게르닝의 「18세기의 노래」의 원제 'Saeculare'는 라틴어에서 유래된 말로 "세속적인, 100년마다"라는 의미를 가지고 있지만, 이 시가 다루는 주제가 18세기에 관한 것인 만큼 '18세기의 노래'로 번역했다.

자유주의 사상에 영향을 받은 인물들이었다. 그들의 대화 내용에 대해 밝혀진 바는 없지만, 나폴레옹의 승리로 인해 독일 소국들의 불안정한 연합이 흔들리고 있는 당시 상황에서 징클레어와 그의 친구들은 민주적인 방향으로의 변화만이 나폴레옹의 정복에 맞설 수 있는 유일한 길이라 분명 믿고 있었던 듯하다.

하지만 상황이 급변했다. 징클레어가 블랑켄슈타인이 신뢰할 수 없는 인물임을 깨닫고 복권 사업을 취소했다. 이에 앙심을 품은 블랑켄슈타인이 1805년 징클레어가 선제후와 그의 장관인 빈친게로데Ferdinand von Wintzingerode 백작의 암살 음모를 꾸미고 있다고 밀고한다.

2월 7일, 장관의 요청으로 제출된 진술서에서 블랑켄슈타인은 징클레어의 계획을 "위험하고 무신론적인 자가 슈바벤을 무정부 상태의 첫 무대로 만들려는 시도"라고 묘사했다. 그리고 다소 신중한 태도를 보이며 횔덜린의 이름도 언급한다. "그의 동지인 뉘르팅엔 출신 프리드리히 횔덜린 역시 이 모든 일에 대해 잘 알고 있었지만, 일종의 광기 상태에 빠져 끊임없이 징클레어와 자코뱅파를 비난하며, 지역 주민들이 놀랄 정도로 '나는 자코뱅파가 되고 싶지 않다'라고 외쳤다."

이 시점에서 상황은 급격히 악화된다. 방백이 미약하게나마 비호하려 했지만, 징클레어는 2월 26일 새벽 2시에 체포되었고 날이 밝자 뷔르템베르크의 졸리투드 감옥으로 압송된다. 당시 구경꾼이 거의 100여 명에 달했는데, 그중에는 횔덜린도 있었을 가능성이 있다. 조사 중이던 판사에게 제출한 추가 진술에서 블랑켄슈타인은 자신이 징클레어와 횔덜린과 함께 슈투트가르트에서 홈부르크까지 여행했으며, "횔덜린은 징클레어의 계획을 알고 있었다"라고 주장한다. 하지만 "최근 횔덜린이 거의 미쳐버려 징클레어를 격렬하게 비난하며 '나는 자코뱅파가 되고 싶지 않다, 국왕 만세!'라고 외치고 있다"고 덧붙였다.

횔덜린이 체포될 위험에 처하자 방백은 3월 5일 조사 담당 판사에게 가능한 한 횔덜린은 수사 대상에서 제외해달라고 요청한다. "징클레어의 친구인 뉘르팅엔 출신의 횔덜린 선생은 작년 7월부터 홈부르크에 머물고 있습니다. 지난 몇 달 동안 그는 정말이지 진짜 미친 사람이라 봐도 될 정도로 깊은 절망과 황폐화된 정신 상태에 빠져 있습니다. 그는 끊임없이 '나는 자코뱅파가 되고 싶지 않다, 모든 자코뱅파는 사라져라! 나는 떳떳하게 내 자비로운 선제후 앞에 설 수 있다'라고 소리칩니다. 방백께서는 이 사람을 꼭 송환해 조사해야 한다면 그 절차가 부디 관대하게 처리될 수 있도록 선처해주십시오. 그럼에도 만약 그의 송환 조사가 필요하다면, 이 불행한 자는 영구적으로 보호 및 치료를 받아야 합니다. 그렇게 되면 홈부로크로의 귀환은 허용되지 않을 것입니다."

횔덜린은 자신이 처한 심각한 위기 상황에서 벗어나기 위해 자신을 둘러싼 광기의 의혹을 의도적으로 이용했을 가능성도 있다. 이러한 가설은 "나는 자코뱅파가 되고 싶지 않다"라고 한 거듭된 외침으로도 뒷받침된다. 그는 친구인 징클레어를 모욕하며, 자신이 연루되었을지도 모를 혁명적 계획과 일정한 거리를 두려는 태도를 분명히 드러낸다. 물론 '횔덜린의 성향이 자코뱅파에 가깝다'고 본 베르토의 주장은 정확하지 않다. 실제로 1793년 7월 이복동생 카를에게 보낸 편지에서 횔덜린은 장 폴 마라Jean-Paul Marat*의 암살 소식을 기뻐하며 그를 '악명 높은 폭군'이라 평가했다. 오히려 지롱드파를 대표하는 브리소Jacques Pierre Brissot를 지지했다. 그가 프랑스 혁명과 그 일련의 사건들에 큰 관심을 가졌던 것은 분명하다. 그렇기에 그가 '국왕 만세'를 외치거나, 반민주적 성향의 선제후와 장관 빈친게로데에게 동조할 이유는 전

---

* 장 폴 마라는 프랑스 혁명 자코뱅파의 핵심지도자로 공포정치를 옹호했다. 횔덜린이 마라의 죽음에 기뻐했다는 것은 그가 자코뱅파의 급진적인 성향보다 온건한 지롱드파에 더 가까웠음을 시사한다.

략적 행동 외에는 찾아보기 어렵다. 어쨌든 그의 행동이 위장이었든 아니었든 효과는 있었다. 한편, 징클레어는 즉각 이어진 심문에서 "겨우 드물게 제정신일 때가 있다"며 횔덜린의 정신 상태가 불안정하는 사실을 증언해주었지만, 그가 "자코뱅파가 되고 싶지 않다"고 말하는 것을 들은 적 있느냐는 질문에는 단호하게 "듣지 못했다"고 답했다. 이 대답은 분명 징클레어의 진심이었을 것이다.

조사를 맡은 판사는 뉘르팅엔의 교구청과 종교회의에 횔덜린에 대한 정보를 요청하고, 이들은 그가 비정상적인 상태에 있다는 점을 확인해주었다. "선한 성품", "뛰어난 재능과 성실함"에도 불구하고, "과도한 연구"와 "심각하게 병든 상상력"이 "그의 영혼에 혼란"을 야기했다는 내용이었다. 마침내 위원회의 요청에 따라 홈부르크의 의사인 게오르크 프리드리히 카를 뮐러 Georg Friedrich Karl Müller는 4월 9일에 횔덜린의 병증을 증명하는 공식 진단서를 발급한다. 표현이 다소 유보적이고 과학적 엄밀함이 부족하긴 했지만, 이 진단서 덕분에 횔덜린은 모든 혐의에서 벗어나게 된다.

"저는 횔덜린 선생의 주치의가 아니기에 그의 상태를 정확히 알지 못합니다. 따라서 횔덜린 선생에 관해 위탁받은 임무 중 일부만 수행할 수 있습니다. 제가 말씀드릴 수 있는 것은, 횔덜린 선생이 1799년 처음 이곳에 왔을 때 이미 심각한 우울증을 앓고 있었다는 점입니다. 어떤 치료로도 호전되지 않은 채 그는 이곳을 떠났습니다. 그 후로 작년 여름까지 그의 소식을 듣지 못했습니다. 그가 다시 이곳으로 돌아왔을 때 "횔덜린이 완전히 미쳐서 돌아왔다"라는 소문을 들었습니다. 저는 그의 우울증을 기억하며, 그 소문이 과장됐다고 생각했고, 직접 확인하고 싶어 그를 만나보려 했습니다. 불쌍한 그가 너무나 **망가져 있는 것**을 보고 얼마나 놀랐는지 모릅니다. 횔덜린은 격렬하게 흥분한 상태였기에 이성적인 대화를 나눌 수 없었습니다. 몇 번 더 그를 찾아갔지만, 그의 상태는 점점 악화되었고, 그의 말을 알아들을 수 없었습니다. 이제 그의 광기는 분노로 변했고, 그가 하는 말은 독일어, 그리스어, 라틴어가 뒤섞여 전혀 알아들을 수 없는 지경에 이르렀습니다."

이때부터 시인은 실제 그의 정신 상태가 어떻든지 간에 체포를 면하게 해준 '광기의 진단'을 어떤 식으로든 따라야만 하는 처지에 놓인다. 몇 달 후, 그는 시계공 칼라메의 집을 떠나 안장 제조공 라트너의 집으로 거처를 옮기고, 그곳에서 "밤낮으로" 피아노를 연주하며 지낸다. 6월 19일에는 게르닝을 다시 만난다. 게르닝은 자신의 일기장에, 자기가 쓰고 있는 교훈적인 시에 대해 1년 전과 마찬가지로 횔덜린이 다소 모호한 어조이긴 하지만 긍정적인 평가를 내렸다고 기록한다. "불쌍한 횔덜린은 심지어 내 철학까지도 칭찬했지만, 너무 도덕적으로 만들지 말라고 조언했다. 그의 말은 건강한 정신에서 나온 말일까, 아니면 병든 정신에서 나온 말일까?"

몇 주 후, 게르닝은 괴테에게 보낸 편지에서 "횔덜린은 여전히 반쯤 미친 상태지만, 핀다로스* 번역에 열중하고 있다"라고 알린다. 7월 9일, 징클레어는 혐의를 벗고 무죄를 선고받아 홈부르크로 돌아오며 그곳에서 다시 만나 친구가 평온한 상태에 있는 것을 확인한다. 9월, 그는 베를린에서 샤를로테 폰 칼브Charlotte von Kalb를 만났는데, 그녀는 이때 나눈 징클레어와의 대화를 바탕으로 장 파울Jean Paul에게 횔덜린에 대해 다음과 같이 전한다. "이 사람은 이제 완전히 광기에 휩싸여 있습니다. 그럼에도 불구하고 그의 정신은 신의 영감을 받은 예언자만이 이를 수 있는 경지에 도달했습니다." 정신이 온전한가 하면 미쳐 있는 듯하고 광기 속에 빠져 있는가 하면 대단한 통찰을 지닌 예언가처럼 보이기도 하는 횔덜린…… 그에 대한 평가는 여전히 계속해서 양극단을 오간다.

---

* 핀다로스Πίνδαρος는 고대 그리스 서정시인이자 여러 가지 합창을 위한 시를 지어 그리스 최대의 합창시 시인으로도 알려졌다.

9월 24일, 프로이센의 마리안네 공주는 자신의 여동생이자 홈부르크의 공비인 마리안네에게 몇 달에 걸쳐 휠덜린의 『히페리온』을 읽고 있다고 편지를 쓴다. "아, 내가 이 책을 얼마나 좋아하는지! 작가는 어떤 사람일까?"

그리고 10월 29일, 아들에게 보낸, 현재까지 전해지는 휠덜린 어머니의 유일한 편지에서 그녀는 아들이 자신을 미워하게 된 데에는 자신의 책임도 있다고 인정한다. "어쩌면 나도 모르게, 그리고 의도치 않게, 내가 너에게 나를 미워할 이유를 주었을지도 모르겠구나…… 부디 마음을 열고 네 소식을 전해주렴. 나도 더 나아지도록 노력할게."

휠덜린을 가장 신중하고 깊이 있게 해석해온 연구자들조차 그의 마지막 정신적 여정을 여전히 비극적인 구도 안에서 해석하려는 경향이 있다. 예를 들어, 베르토는 휠덜린이 헤겔의 '비극적 영웅' 패러다임, 즉 죄인인 동시에 무고한 자라는 구도 안에서 자신의 삶을 이해했으며, 주제테 공타르의 죽음에 어떤 식으로든 자신에게 책임이 있다고 생각했을 것으로 추측한다. 베르토는 이렇게 쓴다. "오이디푸스나 안티고네처럼 무죄이면서 동시에 유죄인 영웅만이 비극적 영웅이 될 수 있다…… 유죄와 무죄의 결합을 통해서만 영웅은 비극적 인물이 된다."

주목할 점은, 횔덜린이 '죄schuld'란 단어를 거의 사용하지 않았다는 사실을 베르토는 분명히 인지하고 있음에도 횔덜린을 헤겔식 비극적 모델에 끼워 맞추려 한다는 점이다. 그러나 정작 실제로는 그 반대에 더 가깝다. 잔니 카르치아가 통찰했듯이, 횔덜린은 오히려 그 비극의 변증법과 그 극단을 위장된 방식으로 화해시키려는 구조로부터 벗어나려고 시도했다. "'희생 제의적 신비주의', 즉 예술과 자연의 분열된 극단이 비극적 죽음을 통해 하나로 합쳐진다는 고전적 관념 대신 횔덜린은 이미 소포클레스에게서 감지한 바 있는, 무한하고 내재적인 것이 아닌, 유한하고 비정통적인 방식으로 갈등을 해소하려 했던 것이다. 칸트 이후 등장한 독일 관념론이 '비극적 죽음'이라는 모델에서 종종 변증법적 해결의 원형을 찾았던 데 반해, 횔덜린의 입장은 오히려 칸트의 부정성의 긴장 안에 머물고자 했다."[40]

『오이디푸스 왕에 대한 주석 Anmerkungen zu Ödipus』 마지막 부분에서 횔덜린은 신적 존재와 인간 사이의 갈등을 비극적-변증법적인 화해로 해소하려 하지 않고 오히려 해체와 단절의 방식으로 대응한다. 그는 이를 '성스러운 배신'이라는 매우 독특하고 이질적인 이미지로 표현한다.

"신과 인간은, 세계의 흐름에 틈이 생기지 않도록, 천상적인 존재들의 기억이 사라지지 않도록, 모든 것을 망각한 '배신'이라는 형상 속에서 서로 소통한다. 왜냐하면 신의 배신은 그 무엇보다도 기억되어야 하기 때문이다. 그 순간, 인간은 자기 자신도 잊고 신도 잊고, 마치 배신자처럼, 그러나 성스럽게 돌아서는 것이다. 왜냐하면 수동성의 극한 지점에서는 오직 시간과 공간의 조건만이 남기 때문이다."[41]

여기서 신성한 전복 혹은 '배신'만이 변증법적 화해의 가능성을 배제하는 단절과 망각의 형태를 띠는 것은 아니다. 『안티고네에 대한 주석』에서 암시하듯이, 비극의 등장인물들은 "이상적인 형상Ideengestalt"에서 벗어나 희극적 차원까지는 아니더라도 분명히 반-비극적인 차원에 놓여 있다. 실제로 그들은 "진리를 위해 싸우거나 자신의 생명과 재산, 명예를 지키려는 사람들이 아니라…… 엄밀한 의미에서의 등장인물들, 즉 하나의 계층에 속한 인물들로서 서로 대립하고 형식적인 틀 안에 갇혀 있는 존재들로 묘사된다".[42] 비극적 등장인물이 계층적 특징을 지닌 희극적 등장인물로 전환되는 과정은, 비극적 갈등이 그 본래의 내용을 상실하고 단지 형식적인 대립으로 전락됨으로써 더욱 분명해진다. 다시 말해, 비극적 갈등은 더 이상 삶과 죽음을 건 투쟁이 아니라, 그저 우스꽝스럽게 보이는 "먼저 숨이 차서 비틀거리거나,

상대방을 밀치면 지는 달리기 경주"와 같이 되는 것이다.**43**

    횔덜린은 신들의 부재를 비극적이지 않은 방식으로, 곧 그의 시대를 규정하는 방식으로 사유하고 경험한다. 블랑쇼에서 하이데거에 이르기까지 후기 횔덜린의 무신론에 주목한 이들은 횔덜린의 대표 시 「빵과 포도주 Brot und Wein」의 한 구절을 종종 인용한다. 여기서 시인은 인간이 도저히 감당할 수 없는 신들의 충만함이 물러난 자리에 "방황은 졸음처럼 도움을 주며 궁핍과 밤은 우리를 강하게 만든다"라고 단언한다. 특히 「시인의 사명 Dichterberuf」 수정본의 마지막 두 구절은 더 자주 언급되는데, 여기서 횔덜린은 "신의 부재가 도움이 되는 한, 시인은 그 어떤 무기나 계약도 필요하지 않다"고 선언한다. 그러나 이러한 잦은 인용에도 불구하고 그들은 횔덜린이 보여주는 (어쩌면 니체조차 도달하지 못한) 일종의 신학적 허무주의를 간과했던 듯하다. 이때 신의 죽음이나 부재는 결코 비극적인 상황도 아니며, 후기 하이데거처럼 또 다른 신적 형상의 도래를 기다리는 어떤 상태로도 이해되지 않는다. 오히려 횔덜린은 "고대의 탄탈로스처럼" 감당할 수 있는 것 이상을 볼 수 있는 심오하면서도 역설적인 통찰력으로 신들과의 이별을 목가 또는 희극이라는 시적·실존적 형식 속에 위치시킨다.

시인의 이론적인 글들 사이에서 주목받지 못한 글 한 편이 있다. 이 글에서 횔덜린은 희극의 의미를 숙고하며, 징클레어가 그랬듯이, 희극과 함께 목가를 언급한다. 이 글은 바로 1801년에 출판된 지그프리트 슈미트Siegfried Schmid의 희곡 『여주인공*Die Heldin*』에 대한 서평으로, 여기서 횔덜린은 희극에 대한 하나의 정교한 이론을 전개하는데, 오늘날 다시금 되짚어볼 필요가 충분한 글이다. 서평은 다소 긴 서문(사족)으로 시작한다. 횔덜린은 이에 미리 양해를 구하면서도 희극에 대한 정의를 내리고자 시도한다. 이는 곧 희극 장르를 둘러싼 '부당한 편견'을 반박하고자 하는 시도이기도 하다. 그에 따르면, 희극의 고유한 특징은 "이른바 일상적인 삶에 대한 충실하면서도 시적으로 이해되고 예술적으로 표현된 이미지"를 제공하는 데 있다. 그리고 이 일상적인 삶은 곧바로 "전체와는 느슨하고 먼 관계에 놓여 있으며, 그 자체로 매우 보잘것없기 때문에 시적으로 무한히 의미 있는 것으로 파악되어야 하는 삶"이라는 것이다.**44**

즉, 희극의 본질은 "일반적이고 일상적인 것das Gemeine und Gewöhnliche"에 있다. 횔덜린은 1798년 11월 노이퍼에게 보낸 편지에서 이 일반적이고 일상적인 것들로부터 자신을 보호하려 했다고 자책했다. 그리고 이 일상적인 삶이란 전체와의 관계가 느슨하고 멀어진 삶을 가리키며, 시인이 그것을 시적으로 표현하고자 할 때에는 "언제나 삶의 일부를 그 생생한 맥락에서 떼어내야" 하며, 동시에 그러한 분리 속에서 드러나는 "과도함과 일방성"을 해소하고 중재해야 한다고 했다. 그러나 그 작업은 단순히 그것을 있는 그대로 "고양하고 감각적으로 드러내는 방식"이 아니라 "자연적 진리 Naturwahrheit"로 제시함으로써 가능해진다.[45]

> "목가, 희극, 그리고 비가에서처럼 시인은 자신의 주제가 현실에서 가장 멀리 벗어난 바로 그곳에서 소재를 훔쳐오는데, 시인의 특별한 탁월함으로 그 훔쳐오는 것에 대해 빚을 갚아야 할 것이다. 왜냐하면 시인은 그것을 미적으로 진실된 통찰을 보여주고 전체와의 가장 자연스러운 관계 속에 재배치시켜야 하기 때문이다."[46]

희극 안에서는 다음과 같은 일이 일어난다. 가장 평범하고 보잘것없는 것, 즉 일상적인 삶이 '무한한 의미를 지닌 것'으로 탈바꿈하며, 비록 그것이 삶의 맥락에서 고립되어 있더라도 자연적 진리로 모습을 드러낸다. 바로 이것이야말로 횔덜린이 옥탑에서 보낸 36년 동안 삶과 시를 통해 끈질기게, 모범적으로, 그리고 희극적으로 추구했던 바가 아닐까? 그리고 그가 말한 '일상적인 삶'이란 마지막 목가시에서 멀리 사라져가는 것으로 묘사된 '거주하는 삶das wohnende Leben', 즉 습관과 규범에 따라 살아가는 삶이 아니었을까? "인간의 거주하는 삶이 저 멀리 사라져버리고……"? 어쨌든, 헤겔이 목가를 "자연과 계절을 주요 주제로 삼는 반쯤 묘사적이고 반쯤 서정적인 시"라고 정의한다면, 옥탑에서 쓰인 횔덜린의 시—서구 문학에서 이렇게 극단적이고 독보적인 시적 유산—는 기술적으로 분명 '목가시'라고 부를 수 있다.

8. 횔덜린의 실루엣화(익명, 1795년)

연대기
1806~1843

1806[*]

1월 1일

프랑스에서 혁명력을 폐지하고 그레고리력을 재도입한다.

1월

나폴레옹은 1805년 12월 아우스터리츠 전투에서 쿠투조프가 이끄는 오스트리아-러시아 연합군을 격파하고, 12월 26일 프레스부르크 평화조약을 체결한다. 이후 나폴레옹은 프랑스의 보호 아래 여러 독일 소국들이 연합하는 '라인 연맹'을 제안한다. 이 연맹은 7월 12일에 공식 출범하지만 얼마 지나지 않아 신성로마제국의 해체로 이어진다. 이 사건은 횔덜린의 삶에 즉각적이며 파괴적인 영향을 끼친다.

---

[*] 이 책의 8쪽 이탈리아어판 일러두기 2번 내용 참조.

1806

1월 14일

횔덜린의 어머니는 아픈 아들을 돌보느라 "남편에게서 상속받은 유산마저 모두 소진했다"며 뉘르팅엔 추기경회에 재정 지원을 요청한다. 추기경회의 회의록에는 다음과 같은 내용이 이탤릭체로 기록되어 있다. "목회자 고크*의 미망인, 아들 횔덜린의 질병 치료를 위한 지원 요청. 보류할 것."

4월

징클레어는 베를린에서 횔덜린에게 헌정하는 시를 발표하고 다시 홈부르크로 돌아온다.

---

* 횔덜린은 요하나 크리스티아나Johanna Christiana(처녀명 헤인Heyn)와 하인리히 횔덜린Heinrich Friedrich Hölderlin 사이 첫아들로 태어난다. 횔덜린이 태어나고 2년 후인 1772년에 부친이 뇌일혈로 사망하고, 이로부터 2년 후에 어머니가 요한 크리스토프 고크Johann Christoph Gock와 재혼하지만, 5년 후인 1779년에 고크도 사망한다.

1월 14일 괴테의 일기에서

"저녁에 극장에서 〈스텔라〉 리허설⋯⋯ 우리의 관습인 일부일처제를 바탕을 한 사회에서 한 남자가 두 여자와 관계를 맺는 것은, 특히 이 작품에 등장한 방식으로라면 결코 받아들여질 수 없다. 그러므로 이 이야기는 비극의 형태를 취할 수밖에 없다."

1월 31일

바이마르공국의 궁정 고문으로 재직하며, 비뇨기 질환을 앓고 있던 괴테는 어떤 대담에서 "아, 위대한 주님께서 아우스터리츠에서 떨어진 건강한 러시아 신장 하나를 선물로 주신다면!"이라고 외쳤다.

2월 13일

나폴레옹은 교황에게 다음과 같은 서신을 보낸다. "성하께서는 로마의 주권자이지만 저는 로마의 황제입니다. 저의 적은 또한 교황님의 적이어야 합니다." 나흘 후, 황제는 파리에 에투알개선문의 건설을 명령한다.

3월 21일

교황 비오 7세는 나폴레옹에게 답신을 보낸다. "폐하는 당

4월 30일 뉘르팅엔 추기경회 회의록에서

"궁정 고문관인 고크의 미망인이 병든 아들 횔덜린 선생의 급여 지원을 요청. 첨부 서류 있음."

6월 11일 뉘르팅엔 추기경회 회의록에서

"궁정 고문관 고크의 미망인이 병든 아들 횔덜린에 대한 지원을 요청함. 결론: 제출된 문서나 첨부된 자료로는 횔덜린 선생이 현재 어디에 있는지 확인할 수 없으므로 뉘르팅엔 교구에 문의해야 함. 결론: 최소 100탈러* 이상의 지원금을 상급 재무부에 요청하여 후속 절차를 밟을 수 있도록 할 것."

라인동맹의 결성과 신성로마제국의 해체로, 소국이었던 홈부르크는 헤센-다름슈타트 대공국에 흡수된다. 방백의 고문으로서 자신의 지위가 위태로울 것을 염려한 징클레어는 새로운 상황에 불안감을 느끼며 8월 3일 다급하게 횔덜린의 어머니에게 편지를 써 아들을 뉘르팅엔으로 데려가달라고 요청한다.

---

* 이 책에는 플로린Florin과 탈러Thaler, 두 개의 통화가 주로 등장한다. 플로린은 금화, 탈러는 은화로 횔덜린이 살던 독일에서는 탈러가 일반적인 통화였고, 플로린은 상대적으로 고가의 화폐였다.

신이 로마의 황제라고 주장하시지만 우리는 사도의 정직함으로 이렇게 답합니다. 수 세기에 걸쳐 그 누구보다 오래 로마의 군주였던 교황은 자신의 영토 내에서 자신보다 상위의 권력을 인정한 적도 없고, 인정하지 않을 것입니다."

3월 30일

프랑스군이 2월에 마지막 부르봉 왕가의 저항을 격파하고, 페르디난도 왕이 영국 함대의 보호 아래 시칠리아로 퇴각하자 조제프 보나파르트Joseph-Napoléon Bonaparte가 양시칠리아 왕국의 왕으로 즉위한다.

4월 30일 괴테의 일기에서

"정오에 리머Friedrich Wilhelm Riemer와 대화 및 실험. 저녁에는 극장에서 〈코지 판 투테〉 관람."

6월 24일 괴테가 헤겔에게 보낸 편지에서

"친애하는 박사님, 동봉한 문서[헤겔에게 100탈러의 봉급을 지급한다는 포크트 장관Christian Gottlob von Voigt의 명령서]를 보시면 제가 박사님을 위해 계속해서 힘쓰고 있었음을 확인하실 수 있을 겁니다. 물론 박사님에게 더 많은 소식을 전해드리고 싶었지만, 앞으로 더 많은 것들을 성취하기 위해선 이

"존경하는 여사님, 당신도 아시다시피 최근에 불어닥친 불행한 정세 변화로 방백님의 권한이 제한되었고, 부분적으로나마 이곳에서의 저의 입지도 불안하게 되었습니다. 그 결과 제 불운한 친구가, 그것도 이미 광기가 극에 달한 친구가 이곳 홈부르크에 머물며 봉급을 받는 것이 더는 불가능해졌고, 여사님더러 아드님을 데려가달라는 청을 제가 대신 받았습니다. 아드님의 기이한 행동 때문에 사람들이 극도의 적대감을 드러내다 보니 제가 곁에 없을 때 그가 어떤 심각한 학대를 받을까 걱정될 지경입니다. 그를 그냥 그대로 두는 것도 마찬가지로 자칫 사람들에게 위험을 줄 수 있습니다. 이곳에는 그를 보호할 만한 적절한 시설이 없기 때문에 공공의 안전을 위해서라도 그를 이곳에서 데려가야 합니다. 이것이 얼마나 힘든 결정인지 충분히 헤아리실 거라 생각합니다. 그러나 지금은 감정보다는 필요가 우선이며, 이 시대의 우리는 이제 그런 제약에 익숙해졌습니다. 앞으로도 제 친구를 돌보는 것이 마땅히 제 의무이겠지만, 현재 제게 허락된 상황에선 다른 방도가 없습니다. 저와 저의 어머니가 여사님께 보내는 확고한 우정과 여사님과 여사님의 가족에 대한 우리의 무한한 존경심을 받아주시길 바랍니다.

당신의 충직한 이작 폰 징클레어 박사 드림"

편지가 좋은 시작이었을 것이라 생각합니다."

7월 17일

독일 남부의 16개 연방 군주가 이른바 '라인연맹조약'*에 서명하면서 라인연방이 창설되었다. 이들은 나폴레옹 황제의 보호를 받는 대신 군대와 재원을 제공할 의무를 진다. 횔덜린이 위치한 작은 주 홈부르크는 헤센-다름슈타트 대공국에 합병된다.

8월 4일

괴테는 의사의 권유로 머물렀던 카를스바트 온천을 떠나 바이마르로 간다. "아침 6시쯤 에게르에서 출발했다. 날씨가 좋지 않았다…… 하슈에서 과일 장수를 만나 작은 배 여섯 개를 1페니에 샀다. 폭우가 내렸다. 저녁 7시쯤 라인연방과 프랑스 보호령 선포 소식을 들었다…… 8월 1일 연방 군주들은 공식적으로 신성로마제국으로부터 탈퇴했다. 여러 생각과 토론이 오갔고 저녁 식사는 좋았다."

---

* 라인연맹조약은 1806년 7월 12일에 프랑스 황제 나폴레옹 보나파르트의 전권대사와 독일 제후 16명의 전권대사 간에 체결된 문서이다. 나폴레옹의 압력에 의한 이 조약에 따라 16개 독일 제후국은 신성로마제국을 탈퇴하고 라인연방의 동맹국이 되었다.

징클레어가 횔덜린의 어머니를 설득하기 위해 몇 달 전까지만 해도 멀쩡하다고 했던 친구의 건강 상태를 심각하게 과장했을 가능성이 충분하다. 다른 한편으로, 편지에서 언급한 '제약'이 징클레어의 직무가 중단되었다는 것을 의미하는 것은 아니다. 징클레어는 계속 방백을 섬겼고, 홈부르크가 해산되는 것(당시 관료적 용어로 '메디아티지어룽*')을 막는 데 적극적으로 가담했다. 징클레어는 홈부르크를 자주 비우게 될 상황을 내다보며 횔덜린을 어머니에게 맡길 요량이었던 것으로 보인다. 하지만 그 편지가 어떤 결과를 낳을지는 미처 예상 못했을 것이다!

어머니는 아들의 상태를 확인하기 위해 뉘르팅엔에 가지 않고, 아들을 9월 15일 튀빙엔에 있는 아우텐리트 교수의 정신병원에 강제 입원시킨다. 이송 비용은 137플로린이었다.

**9월 11일 헤센의 카롤리네 방백 부인이
딸인 프로이센의 마리안네 공주에게 보내는 편지에서**

"불쌍한 홀터링** 씨는 오늘 아침 부모에게 인계되기 위해

---

* 메디아티지룽Mediatisierung은 독일어로 '간접화間接化'를 의미하는데, 신성로마제국과 독일연방의 역사에서 제국과의 직속성을 부정하는 것을 의미하는 말이다.
** 프랑스어로 쓰인 이 편지에는 횔덜린이 '홀터링Holterling'이라고 잘못 표기되어 있다.

8월 8일

"6시 출발. 여행길에서 정치 얘기를 나누며 나폴레옹에 대한 새로운 칭호를 지어보았다. 우리 나폴레옹, 신의 대리자, 이 세상의 모하메드, 프랑스 황제, 경험 세계의 사기꾼 혹은 수호자 등…… 나폴레옹의 행보와 정책에서 피히테의 철학*을 재발견했다. 골드스타 선술집에 들러 가벼운 점심을 했다……."

같은 날 궁정 고문인 괴테가 예나 경찰청장에게 보낸 편지에서

"제 하인 겐슬러는 오랫동안 저와 함께 지내며, 제가 만족할 만큼 자신의 의무를 다해왔습니다. 그런데 최근 제 가족과 주변 사람들에게 매우 예의 없이 굴며 거칠고 불손하게 행동했습니다. 질책과 협박도 해보았으나 그때뿐이었고, 저는 많은 불편함을 견뎌야 했습니다…… 카를스바트로 가는 여정에서 그의 무례한 행동은 끝이 없었고, 동행자들을 수치스럽게 대했을 뿐만 아니라 돌아오는 길에 마부에게까지 비열하고 무례하게 굴었습니다…… 겐슬러의 금품을 압수하고 문제가 완전히 해결될 때까지 그를 구금하여 광기

---

* 피히테의 교리는 피히테가 칸트 철학을 발전시켜 '자아의 절대성', '지식학' 등의 개념으로 구축한 철학 체계이다. 괴테가 나폴레옹에게서 피히테의 교리를 재발견했다는 것은 나폴레옹이 개인의 강력한 의지를 통해 세상을 변화시키려는 강한 행동력이 이 교리와 유사하다고 본 것이다.

이송되었어요. 마차에서 뛰어내리려고 온 힘을 다해 몸부림쳤지만 그를 돌보던 사람이 억지로 안으로 밀어 넣었어요. 횔터링 씨는 '아르시에러Arschierer', 그러니까 나쁜 놈들이 자신을 데려간다고 소리쳤고 엄청나게 긴 손톱으로 남자를 할퀴어 피투성이로 만들었어요."

베르너 키르히너Werner Kirchner의 기록에서

"1806년 9월 11일 아침, 횔덜린을 집으로 데려다줄 마차가 도착했다. 광인을 마차에 강제로 밀어 넣어야 했다. 그는 계속해서 마차 밖으로 뛰어내리려 했고 그때마다 동행한 남자가 그를 다시 끌어 앉혔다. 횔덜린은 경비병들이 자신을 끌고 간다고 소리치며 동료가 피투성이가 될 정도로 엄청나게 긴 손톱으로 자신을 방어했다. 이를 통해 그를 사로잡은 광기가 어느 정도였는지 짐작해볼 수 있었다. 그는 징클레어가 1년 전 뷔르템베르크에서 체포되어 끌려가던 모습을 기억하고 있었던 것이다."

방백 부인과 키르히너 두 사람의 증언이 같은 출처에서 나온 것으로 보인다. 그래서 둘 모두 횔덜린이 어머니의 집으로 갈 거라 오해한 듯하다. 하지만 방백 부인의 편지 끝에 가서는 횔덜린의 강제 이송 소식이 언급되는데, 이 부분은에 가까운 그의 만행으로부터 저와 제 가족을 보호해주시기를 요청합니다."

8월 9일

프로이센의 프리드리히 빌헬름 3세Friedrich Wilhelm III는 나폴레옹의 독일 내 팽창을 저지하고자 군대를 동원하고 러시아 및 영국과 동맹을 맺으며 프랑스와의 전쟁에 돌입한다.

8월 19일 괴테가 루덴 교수에게 보낸 편지에서

"『파우스트』는 위대하고 숭고하며 참으로 거룩한 비극의 일부일 뿐입니다. 이 작품이 완성되면, 세계사의 정신이 온전히 그 모습을 드러낼 것입니다. 과거와 현재, 미래를 아우르는 인류 삶의 형상이 될 것입니다…… 파우스트는 인류를 대표하는 인물입니다."

9월 1일

"8시경 예나를 떠났다. 바이마르로 가는 길에 호라티우스의 『시학』을 읽었다. 갑작스런 폭우. 저녁에 레싱의 희곡 〈미나 폰 바른헬름Minna von Barnhelm〉을 봄. 처음 1~2막은 줄거리와 전개가 훌륭하고 좋았으나, 3막에서는 흐름이 끊긴다. 극을 따라가기가 어렵다."

편지 작성일 이후에 추가된 것으로 보인다. 이 구절 직전에 방백 부인은 '광기'에 대한 또 다른 소문을 농담조로 언급한다. "나사우의 새로운 공작 부인이 화요일부터 프랑크푸르트에 머물고 있습니다. 그 유명한 비스마르크가 재개했다고도 하고요. 그런데 사람들 사이에서 그가 미쳤다는 소문이 돌고 있어요. 식사 중에 제 사촌의 얼굴에 빵 덩어리를 던지면서 정신 나간 행동을 보였다고 합니다."

키르히너의 증언도 모순적이다. 횔덜린의 저항을 마치 징클레어를 연상하게 하는 '체포에 대한 공포'로 설명하면서, 다른 한편으로 이를 '광기의 증거'로 제시한다. 하지만 그의 완강한 저항은 그가 진짜 목적지를 알고 있던 것으로 가정하면 충분히 납득할 만하다. 실제로 그를 강제 이송한 곳은 어머니의 집이 아닌 정신병원이었으니까.

튀빙엔 정신병원 기록에는 다음과 같이 간략히 쓰여 있다
"뉘르팅엔 횔덜린 선생. 1806년 9월 15일~1807년 5월 3일까지 총 231일 입원.

　미하엘 프란츠는 1806년 9월의 사건들을 세밀하게 재구성하면서 홈부르크에서 튀빙엔까지의 여정이 닷새(9월 11일

9월 6일

"에게르에서 물을 연거푸 마셨다. 도서관에서 지질학 관련 연구를 계속함. 오후에는 파펜하임과 발트너 양의 결혼식."

9월 11일

"에게르에서 물을 마셨다. 카를 아우구스투스Karl August 대공과 함께 로마하우스*에서."

9월 16~17일

"저녁에 카를 아우구투스 대공이 부재하실 때 필요한 몇 가지 일들을 처리하기 위해 대공을 찾아 뵙고 프로이센 장군 자격으로 출정하는 대공을 배웅했다."

10월 13일

헤겔은 예나에서 프랑스군 선봉대가 도시로 진격하는 것을 목격했고, 이어 나폴레옹이 말을 타고 지나가는 것을 보았다. 그날 그는 친구 니트하머Friedrich Immanuel Niethammer에게 편지를 썼다. "황제를 봤어. 바로 세계정신 그 자체를. 말 위에

---

* 로마하우스Römische Haus는 1791년에서 1798년 사이에 카를 아우구스트 공작의 정원 가옥에 지어졌다. 괴테의 이탈리아 여행에서 받은 영감이 드러난 이 집은 로마 신전을 참조한 독일의 초기 신고전주이 양식 건물이다. 1998년 유네스코 세계문화 유산에 등재되었다.

부터 15일까지)나 걸렸을 리 없다고 지적했다. 그는, 횔덜린의 이복동생 카를 고크에게 보낸 프로에크 부인의 편지에서 짐작할 수 있듯이, 횔덜린이 그 사이 임시로 한 막사에 머물렀을 것으로 추측했다.

한편, 튀빙엔 정신병원을 운영하는 아우텐리트는 이탈리아의 파비아에서 의학을 공부하긴 했으나 오늘날의 정신과 의사라 보기는 어렵다. 어쨌든 그는 진료소에서 정신질환자를 치료하면서 이들이 비명을 지르지 못하도록 막는 마스크를 발명하기도 했다. 그의 기록에 따르면, "영국식 셔츠"로도 불리는 구속복보다는 착용이 간단한 핸드타이와 함께 일종의 재갈 같은 마스크를 사용하면 환자를 진정시키는 데 효과가 있었다. 횔덜린도 이러한 처치를 받았는지는 알 수 없다.
"저는 신발 밑창 가죽으로 만든 마스크를 제작하게 했습니다. 아래쪽 부분이 턱까지 덮고, 입 부분에는 안쪽에 얇은 가죽을 부드럽게 덧댄 보호대가 있었습니다. 그리고 코를 위한 구멍 하나, 눈을 위한 구멍 두 개를 냈습니다. 마스크에 부착된 두 개의 수평 끈은 귀 위아래를 지나 뒤통수 쪽으로 고정되며 마스크 옆으로 이어지는 세 번째 더 넓은 끈은 입 부위 아래에서 조이고 그 위는 버클로 묶게 되어 입을 벌릴 수 없게 만들고, 입술은 부드러운 안감에 눌리도록 했습

앉아서 한곳에 시선을 집중하면서도 세계를 정복하고 지배하는 그런 위인을 본다는 건 실로 경이로운 경험이었어."

10월 14일
프랑스군은 예나와 아우어슈테트에서 프로이센 군대를 크게 격파한다. 괴테가 섬기던 바이마르의 카를 아우구스투스 대공은 프로이센과 동맹 관계에 있었는데, 이날 프랑스 보병이 바이마르에 입성하여 도시를 약탈했다. 괴테와 그의 동료 리머는 성문에서 프랑스 병사들을 맞이하며 포도주와 맥주를 제공하고 바이마르에 더는 프로이센 군대가 없음을 알린다. 괴테는 약탈을 피하기 위해 미셸 네Michel Ney와 그의 일행에게 자신의 집을 제공하겠다고 통지한다. 10월 14일 밤 몇 차례 사건이 있었지만 결국 계획은 성공했고 괴테의 집은 무사했다. ("우리는 살았다! 우리 집은 약탈과 화재로부터 기적처럼 살아남았다.")

훗날 괴테는 출판업자 코타에게 이렇게 썼다. "불행했던 그날 밤에 나는 무엇보다 내 원고들을 걱정했습니다. 다른 집들은 도난 사건들로 큰 피해를 입었습니다. 그나마 원고를 지킬 수 있었던 건 내가 여기저기 흩어 놓아두었기 때문입니다. 이번 일을 겪고 나니 앞으로는 더 서둘러 원고를 인쇄할 생각입니다."

니다. 저는 부드러운 면 끈으로 손을 등 위에서 묶고 환자가 30분에서 1시간 정도 걸어 다니게 했습니다…… 이 무해한 마스크를 모든 정신병원에 꼭 필요한 장비로 제안하고자 합니다. 저는 저항하는 정신질환자에게 입히기에 영국식 셔츠가 너무 번거롭다고 매번 느꼈습니다. 손을 등 뒤로 교차시켜 면 끈으로 묶는 것이 훨씬 수월합니다. 마스크를 한 시간 이상 착용하게 할 필요도 거의 없습니다. 이 방법만으로도 환자는 몇 시간 또는 반나절 동안 안정을 찾고, 종종 며칠 또는 몇 주 동안 자발적인 평온 상태에 이르기도 합니다."

진료소 기록에는 횔덜린 선생에 대한 다음과 같은 처방전이 남아 있다.

9월 16일 기록자 아우텐리트
- 벨라도나 6g
- 디기탈리스 푸르푸레아 2g
- 캐모마일 및 아니스 축출물 희석, 1일 3회 한 스푼씩 복용

9월 17~18일 기록자 유스티누스 케르너
- 동일 처방, 4스푼

10월 15일

나폴레옹이 바이마르에 도착한다. 전선에서 프로이센 선봉대를 이끌던 카를 아우구스투스를 대신해 루이제 공작 부인이 나폴레옹을 맞는다. 루이제 공작 부인의 말에 의하면 "매우 무례하게" 그를 대했다고 한다. 한 목격자에 따르면 나폴레옹은 공작 부인에게 "부인, 유감입니다. 내가 당신 남편을 짓밟아버릴 겁니다"라고 말했다. "가발을 쓰고 궁정 복장을 한" 괴테가 그 자리에 동석해 있을 가능성이 높다. 어쨌든 10월 15일, 괴테의 일기에는 "황제가 도착하여 궁정에 갔다"라고 기록되어 있다.

10월의 사건 이후 몇 달간 괴테는 자신의 미래를 걱정하며 법적, 경제적 상황을 재정비하기로 결심한다. 만약 나폴레옹이 바이마르공국을 해체할 경우, 괴테는 연간 1,900탈러의 연금과 아직 공식적으로 자기 소유가 아닌 집까지 잃게 될 터였다. 10월 19일 그는 동거 중이던 크리스티아네 불피우스Christiane Vulpius와 결혼하고, 아들 아우구스트Julius August Walter von Goethe도 법적으로 인지한다.

10월 19일

"괴테는 그의 신부, 아들, 그리고 나를 증인으로 삼아 성 안의 교회에서 결혼식을 올렸다. 위원장 크리스토프 귄

9월 18일 기록자 아우텐리트

- 이틀간 와인 1/4 리터

9월 21일 기록자 케르너

- 이전과 동일

9월 21일 기록자 아우텐리트

- 칸타리딘 팅크 2g
- 염화수은 16g
- 순수 아편 4g
- 백설탕 1온스
- 혼합하여 8등분, 4회 걸쳐 분말 투여

9월 30일 기록자 케르너

- 이전과 동일

10월 9일 슈투트가르트 내무부 보고서 및 왕실 명령

"횔덜린 선생은 그 재능이 뛰어나 어릴 때부터 장래가 촉망되는 인물이었다. 훌륭히 학업을 마친 뒤, 장학금 수혜자로서 해외에서 가정교사직을 얻었고, 1804년 고국으로 돌아왔다. 그러나 뉘르팅엔 의사의 증언에 따르면 과도한 밤샘 연터Wilhelm Christoph Günther가 간소한 방식으로 예식을 진행했다"(리머). "결혼에 관해 괴테는 평화로운 시기에는 법을 무시할 수 있지만, 이런 시대에는 법을 존중해야 한다고 했다"(요한나 폰 쇼펜하우어Johanna von Schopenhauer). "괴테의 결혼에 대해 나는 행복을 바랄 수 없었고 차라리 침묵을 택했다"(샤를로테 폰 실러Charlotte von Schiller).

10월 20일
나폴레옹의 예술 위원인 비방 드농Vivant Denon은 괴테에게 벵자멩 직스Benjamin Zix가 초상화를 그릴 수 있도록 포즈를 취해달라고 요청한다.

10월 21일 괴테가 포크트 장관에게 보낸 편지에서
"겨우내 예나에서의 일들을 돌볼 자금이 몇 푼밖에 남지 않았습니다. 저를 위해 100 또는 200탈러를 지불해주시겠습니까? 제 돈은 마치 체로 물을 붓듯이 줄줄 새고 있습니다."

괴테가 비방 드농에게 보낸 편지에서
"존경하는 친구여, 네가 있는 동안 나는 너를 다시 보는 기쁨만 느꼈고 나를 둘러싼 비참함은 잊고 있었다는 사실에 자책하고 있어. 네가 떠나자마자 예나학술원이 겪고 있는

구와 운동 부족으로 인해 신경 질환의 징후와 건강에 해로운 상상력이 주기적으로 발현된 흔적을 보였다. 따라서 완쾌는 어려울 것이라는 우려가 있다. 그의 어머니는 그간 아들의 건강을 위해 온갖 노력을 다했으나 이제 부친의 유산까지 모두 소진하였기에 폐하께 재정 지원을 간청할 수밖에 없다. 왕실 재무부는 이와 같이 불우한 여건의 장학생에게 통상 적용하는 방식에 따라 횔덜린 선생의 회복 시점까지 매년 150플로린의 지원금을 제공할 것을 제안한다."

10월 12일

"폐하께서는 뉘르팅엔의 횔덜린 선생에게 장관이 요청한 150플로린의 지원금을 회복 시점까지 자비롭게 허락하길 바라심."

10월 16일

"뉘르팅엔의 고크 미망인에게 그녀의 아픈 아들 횔덜린 선생의 치료를 위한 연간 150플로린의 지원금을 회복될 때까지 지급함."

10월 16일 진료소의 기록자 케르너

- 이전과 동일

고통이 훌륭한 회원들에 의해 내게 상기되었네."

10월 24일 괴테가 코타 출판사에 보낸 편지에서

"작품 네 번째 권의 교정쇄가 무사히 도착했습니다…… 먼저 보내준 다른 교정쇄도 대체로 만족스럽고 무엇보다도 이만큼까지 왔다는 것에 하나님께 감사드립니다…… 출판을 서둘러야겠습니다. 주저하던 시간도 지나갔고, 우리가 계획했던 것이 실현된다는 희망으로 스스로를 위로하던 안온한 시간도 이제 지나갔습니다."

11월 12일

"『색채론 Zur Farbenlehre』 교정쇄 10장 수정. 점심 식사 후 마이어와 만남. 저녁에는 쇼펜하우어 부인의 집에서 페르노, 마이어, 리델 의원, 쉬체와 함께." "괴테는 유난히 기분이 좋았고, 일화를 연달아 들려주었는데 정말 재미있었다. 우리가 이렇게까지 웃어본 적이 거의 없었다……" "괴테는 이탈리아와 이탈리아어 그리고 다양한 방언들에 대해 이야기해주었고, 페르노는 자신이 관찰한 것을 들려주었다."

11월 16일

패배한 프로이센은 샤를로텐부르크에서 프랑스와 휴전을

10월 17일 진료소의 기록자 아우텐리트

- 알로에 껌 3드라크마(1드라크마 = 3.654g)
- 황산칼륨 3드라크마
- 백설탕 3온스
- 아니스씨를 넣은 캐모마일 물 3온스
- 아니스 물 3온스
- 2시간마다 한 스푼씩

 이 처방들은 진료소의 치료 방침을 반영하며, 〈조증〉 항목에는 다음과 같이 적혀 있다. "벨라도나 또는 디기탈리스 푸르푸레아는 광증 환자의 신경계를 마비시켜 치료에 일정한 효과를 보이는 것으로 나타났다…… 수은 치료는 단독으로 또는 외부 염증과 결합해 열을 유발하며, 이 경우 알로에나 검은 헬레보어 등의 '강력한' 약물 투여가 권장된다…… 커피나 와인 등의 적절한 각성제를 약간의 음식과 함께 지속적으로 복용하면 기분이 진정되고 며칠 내로 위험한 상태가 가라앉는다."

10월 21일 진료소 기록

"횔덜린 선생 산책."

체결한다. 12월에는 포센평화조약으로 바이마르공국이 라인동맹의 주권국가로 편입된다. 포크트 장관은 요하네스 폰 뮐러Johannes von Müller 대사에게 "우리처럼 작은 나라가 정치적으로 생존한다는 사실은 우리에게 매우 큰 의미"이라고 편지를 보낸다. 치러야 할 대가는 적지 않았다. 공작은 황제에게 1808년 봄까지 병력 800명을 지원하고 프랑스군 8만 명과 말 2만 2천 마리를 주둔시킬 의무를 지게 되었다. 또한 공국의 연간 수입에 해당하는 220만 프랑을 프랑스에 지불해야 했다.

12월 25일부터 29일 사이, 괴테는 공작에게 장문의 편지를 보내 자신의 사적 문제를 완전히 해결해달라고 요청한다

"현재 저에게 소중한 사람들에게는, 한때 당신의 은총과 관대함으로 받은 이 집 외에는 달리 기댈 곳이 없습니다. 이 집조차 소유권을 확정짓기 위한 마지막 절차가 필요한 상황입니다…… 며칠 동안 우리의 삶을 목 끝까지 위협하던 소유권의 기반이 우리에게 확정된다면 저와 제가 사랑하는 사람들에게는 큰 축복이 될 것입니다.

9.
1808년 10월 12일 괴테에게 명예 훈장을 수여한다는
나폴레옹의 친서

1807

2월 7일 괴테의 일기에서

"뉴턴의 『광학Opticks』을 읽었다. 오후에 페르노가 초상화 네 점을 가져왔다…… 저녁은 오페라 〈파니스카〉*와 함께."

3월 23일

프랑스 군대가 마드리드에 입성함.

3월 29일

헤겔이 『정신현상학Phänomenologie des geistes』을 출판함.

---

* 요제프 폰 존라이트너Joseph von Sonnleitner가 대본을 쓰고 루이지 케루비니Luigi Cherubini가 작곡한 3막의 오페라 희극이다. 1806년 첫 공연을 했다.

1807

유스티누스 케르너Justinus Kerner는 훗날 횔덜린의 시에 점점 관심을 갖게 되지만, 당시에는 아우텐리트의 병원에서 수련의로 일하고 있었다. 진료기록에 따르면 그는 시인의 상태를 살피는 임무를 맡았고, 1807년 초에 쓴 한 편지에서 자신의 소회를 다음과 같이 간략히 전했다.

"횔덜린 씨의 상태가 썩 좋지 않습니다. 오늘도 그를 만났는데 '콘.플렉스Con.flex'라고 도무지 알 수 없는 말들만 계속 내뱉더군요. 그중에서 정말 안타까운 건, 이 불행한 상황에서 바이서Friedrich Weisser가 횔덜린을 가차 없이 핍박하고, 분명 그가 지니고 있을 이성을 부정하고 있다는 점입니다."

Con.flex가 무슨 뜻인지는 명확하지 않다. 아돌프 베크Adolph Beck는 케르너의 자필 편지에서 이 단어를 읽었다고 말하지만, 라틴어 문법 용어일 거라는 그의 가설은 더는 유효

5월 3일 괴테가 슈미트에게 보낸 편지에서

"하이데 씨를 통해 『에그몬트*Egmont*』, 『스텔라*Stella*』, 『비밀*Die Geheimnisse*』 세 작품을 보냅니다. 유용하게 쓰시기를 바랍니다. 『스위스 여행』*을 계속 읽어왔습니다. 점심 식사 후에는 페르노, 하버레 박사와 함께 보냈습니다. 저녁에는 마이어Johann Heinrich Meyer, 포크트 장관 부부, 그리고 팔크Johann Daniel Falk와 차를 마셨습니다."

5월 23일 괴테의 일기에서

"8시에 비공식 고문인 포크트에게 편지를 썼다. 긴급 서신에 대한 답장이다. 메달 조각가 만프레디니가 보도니의 메달을 만들었다. 아마 예나 전투 후 나폴레옹의 초상화가 새겨진 메달을 만들었던 사람일 것이다. 10시에 새로운 이야기를 쓰기 시작했다. 헨드릭의 집에서 아침 식사를 했다. 그 후 그와 크네벨과 함께 예나 전장을 찾았다. 전쟁터 풍경 네 점을 그렸다."

---

* 괴테가 읽었다는 『스위스 여행』이 어떤 작품인지는 명확하게 드러나지 않는다. 초판 발행 연도가 정확히 알려져 있지는 않지만 19세기 초에 출판된 쥬세페 부파Giuseppe Buffa의 『새로운 스위스 그림 여행, 또는 이 공화국의 가장 아름답고 흥미로운 지역들에 대한 묘사Nuovo viaggio pittorico in Svizzera ossia descrizione delle più belle e interessanti contrade di questa repubblica』일 가능성도 있다.

하지 않다. 대신 아우텐리트가 정신병을 설명하며 사용한 'Conflux(융합)'라는 단어의 변형일 가능성도 있다. "광기를 일으키는 것은 대부분 정신적, 육체적 원인의 '융합'라는 것을 깨닫게 된다." 아우텐리트가 환자와 대화하면서 이 용어를 사용했을 가능성은 낮아 보인다. 따라서 Con.flex는 '팔락쉬Pallaksch'나 '와리 와리wari wari'와 더불어 횔덜린이 자신을 찾아온 방문객들을 놀라게 하기 위해 사용한 무의미한 조어들의 첫 번째 사례로 짐작해볼 수 있다.

1807년 제켄도르프의 『시 연감Musenalmanach』에 실린 횔덜린의 「가을의 축제Die Herbstfeier」에 대한 비평가 프리드리히 바이서의 혹평이 실린다

"표현할 수 없는 것을 표현하려 애쓰며 언제나, 계속해서, 여전히, 헛되게 자신을 괴롭히는 횔덜린이 『시 연감』을 한 편의 시 「가을의 축제」로 열고 있다. 그 시는 이렇게 시작된다. '또 하나의 기쁨이 살아 있네!' 횔덜린은 때때로 정신이 고양된 상태에서 평범한 현실로 가라앉는 모습을 보여준다. '다시 행복 하나 맛보았네'라는 외침과 곧이어 나오는 '회당이 당시 활짝 열린 채 서 있고, 정원은 싱싱하네'라는 구절은 시적인 것보다는 산문적인 느낌이 강하다. '높이 자란 초목으로 펄럭이는' 계곡은 넌센스이며, '모든 날개가 묶인' 하늘과 '노래의 왕국'을 어디에서 찾아야 할지는 횔덜린만이 알

5월 28일

나폴레옹 군대가 이탈리아의 남부 도시 밀레토에서 헤센-필리프슈탈 왕자가 이끄는 부르봉 군대를 격파한다.

6월 14일

나폴레옹이 프리드란투에서 러시아군을 격파.

7월 7~9일

나폴레옹이 틸지트에서 러시아 황제 알렉산드르 1세, 프로이센 왕 프리드리히 빌헬름 3세와 평화 조약을 체결한다.

7월 13~14일 괴테의 일기에서

"저녁 무렵 러시아 공사관의 서기관 모렌하임 씨가 클라이스트Heinrich von Kleist의 『암피트리온Amphitryon』*을 가져왔는데 읽고 깜짝 놀랐다. 마치 시대의 기이한 징조처럼 느껴졌기 때문이다. 고대의 『암피트리온』 해석은 사유의 혼란, 즉 생각과 신념의 분열에 초점을 둔다…… 반면 클라이스트는 작중 인물들의 감정과 혼란에 무게를 둔다. 그의 희곡은 신

---

* 『암피트리온』은 클라이스트가 1803년에 완성하여 1807년에 출판된 희극이다. 몰리에르의 동명 희극을 바탕으로 새로운 해석을 더한 작품이다.

것이다. 이 시인에 대한 많은 것이 그렇다."

2월 7일 제켄도르프가 케르너에게 보낸 편지에서

"횔덜린의 운명이 제 마음을 아프게 합니다. 그는 관계도, 보살핌도 없이, 고통받는 마음에 위로와 만족이 될 우정도 없이 어떻게 세상에서 살아갈 수 있을까요? 정말 슬픈 일입니다. 극심한 고독과 끊임없는 우울감이 그를 파괴했습니다. 그가 저를 기억한다면, 그에게 대신 따뜻한 인사를 전해주세요. 그는 지금 누군가를 알아보고 무언가에 관심을 보일 수 있을까요? 자기의 시가 연감에 실렸다는 사실조차 그는 모르고 있을 겁니다. 제가 징클레어에게 편지를 보냈을 때 그에게는 연락이 닿지 않았기 때문이죠."

5월 3일

퇴원 후 횔덜린은 목수 에른스트 치머와 그의 아내에게 맡겨졌고, 이들 부부는 네카 강변의 탑이 딸린 집에서 그를 돌본다. 치머는 훗날 이렇게 회고했다. "병원에서…… 그의 상태는 점점 악화되었다. 나는 그의 『히페리온』을 읽었고 깊은 감명을 받았다. 나는 병원에 있는 횔덜린을 찾아갔는데, 그렇게 숭고하고 아름다운 정신이 무너져가는 것을 보며 참으로 가슴이 아팠다. 병원에서는 더 이상 그를 위해 해줄 수

화를 기독교적 시각으로 재해석하고 있는데, 이는 곧 성령을 통한 마리아의 수태고지를 암시하는 장면으로, 제우스와 알크메나의 장면에서 드러난다. 하지만 결말은 비통하다. 진짜 암피트리온은 제우스가 자신에게 그런 영광을 베풀었다는 것을 기쁘게 여겨야 한다. 그러나 알크메네에게 남겨진 상황은 고통스럽고, 암피트리온의 마지막은 잔인하다."

8월 13일 카를스바트 온천에서

"베커 의원과 함께 성 근처 온천에 갔다. 그는 아우구스테움 박물관과 여러 메달 전시 계획에 대한 이야기를 해주었다…… 그 후 솔름스Friedrich zu Solms-Laubach 공과 함께 먼저 성에 있는 온천, 다음에는 테레사 온천으로 갔다. 그다음으로 뮐러의 집을 방문했는데, 그는 아름다운 판화 몇 점과 레자우 지역의 회색 암석 조각을 보여주었다. 나중에 크라머도 왔다. 우리는 비엔나와 그곳의 극장 등에 대한 여러 이야기를 나누었다."

8월 28일

"클라이스트의 『깨진 항아리*Der zerbrochne Krug*』는 뛰어난 장점을 지닌 작품으로 극 전체에서 강렬한 존재감을 드러낸다. 하지만 이 희곡이 공연되기 어려운 장르에 속한다는 것 있는 것이 없었기 때문에, 아우텐리트 박사는 나의 집으로 그를 데려갈 것을 제안했다. 이보다 더 적합한 곳을 상상할 수 없다고. 휠덜린은 자연을 매우 사랑했고, 그의 방에서는 네카 계곡과 슈타인라흐 계곡 전체를 내려다볼 수 있었다." 휠덜린은 이 집에서 무려 36년을 살다가 세상을 떠났다.

탑 꼭대기 층에 있는 방, "하얗게 칠해진 원형 극장 모양의 작은 방"은 1875년에 화재로 소실되었다가 원래의 육각형이 아닌 원형으로 재건되었지만, 현재 일반에 공개되어 있으며, 그곳에서 바라보는 풍경은 정말로 아름답다.

5월 23일 징클레어가 헤겔에게 보낸 편지에서

"튀빙엔에 있는 아우텐리트 박사가 그를 치료하고 있다는 것 외에 제가 지금 휠덜린에 대해 아는 바는 없습니다. 치료 경과가 어떤지는 모르겠습니다. 제켄도르프의 연감에는 휠덜린이 현재 상태에서 쓴 작품 몇 편이 실렸지만, 저는 그것들을 비교할 수 없을 정도로 훌륭한 작품이라 생각합니다. 슐레겔과 티크Ludwig Tieck도 작년에 저의 이야기를 듣고 현대시 전반에서 가장 뛰어난 작품이라고 평가했습니다. 부디 이 끔찍한 운명이 완전히 지나가기를!"

이 아쉽다. 작가가 자신의 재능은 생생하게 묘사하였지만, 그 자신이 보여주었듯이, 너무 변증법에 치우친 경향이 있다. 만약 그가 진정으로 극적인 과제를 자연스럽고 능숙하게 풀어내고, 이야기가 관객의 눈과 감각 앞에서 역동적으로 펼쳐지도록 했다면…… 독일 연극계에 큰 선물이 되었을 것이다."

9월 중순

"바이마르 극장은 희망을 주는 멋진 테너를 영입했다."

10월 26일

"셸링의 「조형예술과 자연의 관계에 대하여」라는 연설문을 읽었다. 산책 후 슈타인Charlotte von Stein 부인 집에 갔다."

10월 27일

나폴레옹과 스페인 수상 사이에 비밀 협정이 체결되어 포르투갈을 두고 프랑스와 스페인 양국이 분할하기로 한다.

8월 13일 젠켄도르프가 케르너에게 보낸 편지에서

"징클레어가 최근에 횔덜린의 시 몇 편을 보내주면서 그에 대해 걱정하며 물었습니다. 저는 그가 회복하지 못할 것 같아 두렵습니다! 그는 정말 비범한 사람입니다! 그가 아직도 바이에른의 문예지인 『아우로라Aurora』를 잊지 않았더군요. 제가 요청한 산문을 횔덜린이 보내준 일도 벌써 4년 전의 일입니다. 이후 제가 체포되고 『아우로라』도 폐간되었고. 원고료에 대해서는 한 번도 이야기 나눈 적이 없습니다……."

여름-가을 치머의 후일담에 따르면, 입원 초기에 발작이 있고 나서 아마도 병원 생활에서 비롯된 위기가 몇 차례 찾아왔다. "피가 머리 꼭대기까지 쏠린 듯 얼굴은 벽돌처럼 붉어지고 사소한 일에도 화가 나는 듯했습니다." 하지만 횔덜린이 그에게 어려움을 준 적은 없다고 했다. "그는 고귀한 마음과 깊은 영혼을 지녔고, 그의 몸은 완벽하게 건강했으며, 우리 집에 머무는 동안 한 번도 아프지 않습니다. 그의 모습은 아름답고 균형 잡혀 있었으며, 나는 그의 눈처럼 아름다운 눈을 가진 사람은 본 적이 없습니다…… 횔덜린은 전혀 망상에 사로잡혀 있지 않았고, 아마도 지성을 희생하여 상상력을 풍부하게 만들었을지도 모릅니다."

1808

1월 4일

나폴레옹이 다비드Jacques-Louis David의 작업실을 방문하여 자신의 대관식을 그린 그림에 감탄한다.

2월 2일

교황 비오 7세가 나폴레옹이 영국에 가한 대륙봉쇄령 참여를 거부한다. 다음 날, 미올리스 장군이 이끄는 프랑스군이 로마에 입성하고, 미올리스 장군은 로마 총독으로 임명된다.

2월 4일

프랑스군이 스페인에 진입하여 팜플로나와 바르셀로나를 점령한다. 조아생 뮈라Gioacchino Murat는 "스페인 황제의 부관"으로 임명된다.

1808

 횔덜린은 피아노를 선물받고 기억을 더듬으며 오래도록 즉흥 연주를 했다. 그에 맞춰 노래를 흥얼거렸다. 다시 플루트 연주도 시작한다.

 훗날 바이블링거Wilhelm Waiblinger가 쓴 횔덜린 전기에 이 시기 시인을 묘사한 것으로 추정되는 기록이 있다. "횔덜린의 하루는 지극히 단순하다. 아침에, 특히 여름철에 내면의 불안과 괴로움이 심해지면, 새벽녘이나 해 뜰 무렵에 집 안뜰이나 집 주변을 배회한다. 이 산책은 보통 그가 지칠 때까지 4~5시간 동안 지속된다. 그는 울타리 기둥을 손수건으로 두드리거나 풀을 뜯는 것을 즐긴다. 그리고 철 조각이나 가죽 조각과 같은 것을 발견하면 주머니에 넣어 간직하고…… 그런 다음 집 안으로 들어가 방 안을 배회한다. 식사는 방 안

4월 11일 괴테의 일기에서
"『친화력 Die Verwandtschaften』은 '단편소설'처럼 다루어야 한다. 하지만 금세 길어지려 한다. 그 주제가 내 안에 너무 깊이 뿌리내려 있다…… 정오에는 혼자였다. 저녁은 마이어와 함께하며 주로 '단편 소설'에 대해 이야기했다."

5월 2일
마드리드 시민들이 프랑스군에 맞서고 반란은 곧 스페인 전역으로 확산된다.

7월 7일
나폴레옹에 의해 스페인의 왕으로 선포된 조제프 보나파르트가 스페인 안달루시아 지방에 있는 바일렌에서 반군에게 패배하고 마드리드를 포기한다.

8월 1일
조아생 뮈라가 나폴리의 왕으로 선포된다.

10월 1일
괴테는 다른 고위 인사들과 함께 에어푸르트 궁전에서 나폴레옹 황제의 아침 알현에 초대된다.

에서 혼자 하고, 식욕은 왕성하다. 와인을 좋아해서 더 권하면 더 마실 것이다. 식사 후에는 접시가 잠시라도 방 안에 놓여 있는 걸 참지 못해 방문 앞에 내놓는다. 그는 자기 방에 자기 물건만 두고 싶어 하고 나머지는 모두 방문 밖에 둔다."

10월 15일

횔덜린의 어머니는 아픈 아들의 운명을 걱정하며 유언장을 남겼다. 딸과 막내아들에게 이렇게 당부한다. "너희들의 소중하고 가여운 형제가 학업과 가정교사로서의 여행, 그리고 긴 병치레 동안 얼마나 많은 비용을 썼는지는 문제 삼지 말고 너그러이 이해해주길 바란다. 내가 너희의 것보다 아픈 아들의 유산을 더 오래 누렸다는 점도 기억해주길 바란다. 만약 선하신 하나님께서 내가 죽은 후에도 불쌍한 아픈 아들을 계속 슬픈 상태로 남겨두신다면, 그는 별다른 재산이 필요치 않을 테니 그때 가서 그의 몫으로 남아 있는 동산을 너희 둘이 나눠 가지면 될 것이다. 내가 바라는 건, 그가 매년 받는 연금과 이자만으로 부족함 없이 사는 것이다. 그러므로 나는 존경하는 법원과 너희 둘에게 간곡히 부탁한다. 아픈 형제의 자산에 손대지 말고 관리만 잘하여 그가 세상을 떠나거든 너희가 공평하게 상속받기를 바란다. 그리고

10월 2일

나폴레옹은 괴테를 다시 에어푸르트로 불러 탈레랑Charles-Maurice de Talleyrand과 재무감독관인 다루Pierre Daru와 함께하는 점심 식사 자리에 초대한다. 나폴레옹은 비극 속 운명에 대해 이야기하며, 괴테에게 "오늘날 우리에게 운명이란 무엇입니까? 운명은 정치입니다!"라고 말한다. 며칠 후, 나폴레옹은 괴테와 빌란트Christoph Martin Wieland에게 레지옹 도뇌르 훈장*을 수여한다.

10월 3-17일

프랑스군은 영국군이 점령하는 이탈리아의 남부 섬 카프리를 포위한다. 10월 17일에 영국군이 항복한다. 뮈라는 교회의 지지를 얻기 위해 그리스도 피의 기적이 있는 산 제나로 성당에 연간 1,600두카트**의 기금을 지급하기로 한다.

10월 14-15일

레지옹 도뇌르 훈장을 받은 괴테는 마레Hugues-Bernard Mare에게 보내는 감사 편지의 초안을 작성한다. "각하께서는 황제

---

* 레지옹 도뇌르 훈장은 나폴레옹이 1802년에 제정한 훈장으로, 프랑스의 훈장 중 가장 명예로운 것으로 여겨진다.
** 베네치아에서 처음 발행되어 중세와 근세 유럽에서 사용된 금화 단위.

내가 떠난 후에는 너희가 그 불쌍한 형제에게 아버지이자 어머니가 되어주길 간절히 부탁한다."

12월 29일

작가 카를 파른하겐 폰 엔제Karl August Varnhagen von Ense는 케르너와 함께 횔덜린을 방문하는데, 다소 부정확하고 자의적인 해석이 담긴 기록을 남겼다.

"케르너는 나를 다른 시인, 진정한 의미의 시인, 진정한 시의 거장에게 데려갔다. 그러나 궁정이나 저녁 모임이 아닌 정신병원에서나 볼 수 있는 시인이었다. 횔덜린이 벌써 2년째 여기서 정신병자처럼 살고 있다는 것을 알았을 때는 너무나 큰 충격이었다. 『히페리온』 외에도 수많은 노스탤지어와 영웅적인 웅장한 노래를 남긴 이 고귀한 시인. 그는 소포클레스의 작품도 번역해 출간했다. 나는 그 번역이 다소 기이하다고 생각했다. 물론 어디까지나 문학적인 범주 안에서 말이다. 사실 그 정도의 해석과 번역은 우리 사회에서 허용되는 수준이다. 그러니 그 번역을 두고 기이하다고 충분히 비판할 순 있지만, 그가 미쳤다는 증거는 되지 않는다. 그래서 나는 내 두 권의 소설에 '바흐홀더Wachholder'라는 번역가를 등장시켜 횔덜린의 소포클레스처럼 말하게 하려 했다. 하지만 다행히도 그렇게 하지 않았다! 그렇게 했다면 지금

폐하께서 저에게 베푸신 높은 은혜를 알리는 편지가 저에게 얼마나 큰 영광인지를 이해하실 것입니다. 변함없는 친절을 보여주신 폐하를 향한 저의 깊은 존경과 감사의 마음을 부족하나마 너그러이 받아주시고, 제가 말로 다 표현할 수 없는 이 감사를 폐하께 전달해주시길 바랍니다."

다음 날, 괴테는 자르토리우스Georg Friedrich Sartorius에게 "나폴레옹 황제께서 저에게 레지옹 도뇌르 훈장을 수여하셨고, 알렉산드르 황제*께서도 저에게 명예훈장를 하사하셨습니다"라고 말하며 하인이 방금 가져온 소포를 보여준다. 소포 안에는 반짝이는 별이 달린 커다란 성 안나 제국 훈장** 리본이 들어 있었다. 그는 궁에서 열리는 시 낭송회에 참석하기 위해 훈장을 착용하러 자리를 떴다.

11월 5일

나폴레옹의 스페인 원정이 시작된다. 술트Jean-de-Dieu Soult는 가모날 전투에서 스페인을 격파하고 부르고스를 점령한다.

---

* 러시아 제국의 황제 알렉산드르 1세를 말한다.
** 러시아 제국의 기사단 훈장으로, 1735년에 제정되어 1917년까지 수여되었다.

쯤 나는 정신병자를 조롱한 셈이 되어 죽은 시체를 몽둥이질하는 것만큼이나 끔찍하고 부끄러운 일을 저지를 뻔했다…….

가엾은 횔덜린! 그는 지금 한 목수의 친절한 보살핌을 받고 있다. 목수는 그를 정성껏 돌보며 산책도 함께하며 필요한 만큼 감시도 한다. 그의 광기는 전혀 위험하지 않다. 갑자기 떠오르는 생각에 너무 휘둘리지만 않으면 된다. 그는 헛소리를 하지 않지만 떠오르는 생각에 따라 끊임없이 이야기한다. 마치 자신을 존경하는 방문객들에게 둘러싸여 있다고 생각하는 것 같다. 그들과 토론하고, 반론을 듣고, 열정적으로 그들을 반박한다. 자신이 쓴 위대한 작품들뿐 아니라 현재 쓰고 있는 다른 작품들에 대해서도 말하며 모든 지식, 언어에 대한 모든 감각, 고대 작가들에 대한 해박함은 여전히 그 안에 살아 있다. 하지만 그의 말 속에는 진정한 철학, 논리적 연결이 거의 흐르지 않으며, 전체적으로 그의 말은 횡설수설일 뿐이다.

그의 광기의 원인으로 프랑크푸르트에서의 끔찍한 시절이 지목된다. 그는 그곳의 한 부유한 집에서 가정교사로 일했고, 그곳에서 다정하고 사랑스러운 하지만 불행했던 한 부인을 만났다. 그녀는 시인의 고결한 정신과 좌절한 젊은 예술가의 영혼을 알아보았고, 두 사람 사이 순수한 우정이

12월 4일

마드리드가 항복하고, 나폴레옹은 스페인에 봉건적 권리와 종교재판소 해산을 명령한다. 나폴레옹은 사바리 장군에게 금과 은으로 된 모든 돈과 귀중품을 징발하도록 지시한다.

12월 29일 괴테의 일기에서

"연극 문제로 시몬 포르티우스, 게나스트와 만남. 정오에는 혼자였다. 점심 식사 후, 게나스트와 함께 연출을 계속할지 결정했다."

포크트에게 보낸 편지에서

"폐하의 호의 덕분에 우리는 예나에서 열정적으로 활동하는 공직자들을 기쁘게 할 수 있었습니다."

폰 뮐러의 기록에서

"괴테는 뻣뻣하고, 무뚝뚝하고, 둔해 보였다. 해빙의 전조처럼 날씨는 흐리고 안개가 자욱하고 우울한 날이었다!"

12월 30일

프랑스에 대항하는 제5차 대프랑스동맹이 결성된다.

싹텄다. 하지만 세상의 천박한 의심을 피할 순 없었다. 결국 횔덜린은 부당한 대우를 당했고 그의 친구도 그가 괴롭힘당하는 것을 보았다! 이것은 그의 마음을 아프게 했다. 시인은 소포클레스 연구에 몰두하며 자신의 고통을 묻으려 했다. 하지만 그 번역본을 출간한 출판사는 작품 초반에서부터 이미 드러난 불행의 징후를 전혀 알아채지 못했다. 안타깝게도 그 징후는 너무나도 곧 명백해졌다."

1809

1월 1일
캉바세레스Jean-Jacques-Régis de Cambacérès는 오스트리아가 병력을 동원하고 있다고 나폴레옹에게 알린다.

괴테가 바이마르 극장 위원회에 보낸 편지에서
"'무도회의 쇠퇴'를 시정하기 위한 지침을 내립니다. '무도회장의 커튼은 열려 있어야 하며, 귀족 및 최고 부르주아 인사들이 그곳에서 게임을 하거나 대화를 나눌 수 있도록 해야 하고, 이들의 편의를 돕기 위해 궁정 안내원을 적절히 배치해야 합니다. 평상복 차림으로는 입장할 수 없고, 캐릭터 가면을 쓰지 않으려면 검은 망토나 눈만 가리는 간단한 형태의 도미노 가면이라도 착용해야 합니다. 부츠를 신고 춤을 추는 것도 허용되지 않습니다."

1809

4월 초

울란트와 케르너가 횔덜린을 방문함.

5월 6일

오스트리아군의 대위로 참전한 제켄도르프가 에벨스베르크 전투에서 프랑스군과 싸우다 전사한다.

7월 6일

예나 시절 횔덜린과도 종종 교류했던 징클레어의 친구 야코프 츠빌링Jacob Zwilling이 바그람 전투에서 전사한다.

9월 8일

횔덜린과 신학교 시절부터 친구였던 카를 필리프 콘츠Karl

4월 12일

오스트리아가 프랑스에 전쟁을 선포함.

4월 28일 괴테가 바이마르 극장 위원회에 보낸 또 다른 편지에서

"전하께서 배우 슈바르츠가 로렌츠 스타르크Lorenz Stark 역*을 맡는 것을 보고 싶으시다고, 제가 거부할 수 없는 방식으로 말씀하셨습니다. 따라서 위원회는 필요한 조치를 취해주시면 감사하겠습니다."

5월 6일 괴테가 아이히슈테트에게 보낸 편지에서

"매일 아침 9시에 사서가 제게 와서 이미 빌린 책을 수거하고 새로 요청한 목록을 받아가도록 조치해주시겠습니까?"

5월 13일

한 달 간의 군사 작전 끝에 프랑스군이 빈에 입성함.

7월 6일 괴테가 자르토리우스에게 보낸 편지에서

"마리오트Edme Mariotte의 저작은 제가 현재 연구 중에 있는,

---

* 요한 야코프 엥겔Johann Jakob Engel이 1801년에 쓴 소설 『로렌츠 슈타르크Herr Lorenz Stark』 속 등장인물이다.

Philip Conz는 횔덜린의 미발표 작품을 모아 출간하자고 라이프치히의 문예신문 『우아한 세계 Die Elegante Welt』 편집인인 아우구스트 말만Siegfried August Mahlmann에게 제안한다. 이 원고들은 횔덜린의 가족이 콘츠에게 맡긴 것이다. 콘츠는 편지에서 다음과 같이 횔덜린의 상황을 썼다. "저는 제 동향 친구인 횔덜린의 미출간 원고를 다수 소장하고 있습니다. 시도 있고 산문도 있습니다. 당신께서도 분명 그의 재능을 잘 알고 계실 겁니다. 하지만 불행히도 그는 수년간 정신 이상을 겪고 있으며, 현재 이곳에서 요양 중이지만 쉽게 회복될 것 같지 않습니다."

당시 "출판 시장의 상황에서 시만으로는 출간이 어렵다"고 판단한 콘츠는 "따뜻하고 친밀한 감정이 돋보이는" 초기 시와 "규칙에 지나치게 얽매인 감은 있지만, 이상화된 세련됨과 그리스적 기교를 보여주는" 후기 시를 함께 엮을 것을 제안한다. 콘츠는 시 외에도 강약격 운율의 희곡 『엠페도클레스의 죽음』 두 막과 산문 「작시의 다양한 방식에 관하여 Über die verschiedenen Arten, zu dichten」를 함께 출판할 것을 제안한다. 콘츠는 이 산문에 대해 "저자의 의견에 전적으로 동의하지는 않지만, 생동감 있고 조화로운 문체로 많은 통찰력을 담고 있다"라고 소개한다.

연대기 1806~1843

매우 중요하다고 생각하는 시대의 결정적인 공백을 메워줍니다. 이 책에서는 뉴턴이 처음에 어떻게 성급하게 행동했고, 그 후 어떻게 고집을 부렸는지, 그의 반대자들이 대체로 옳았음에도 왜 그를 꺾지 못했는지, 그의 학파가 어떻게 경솔함, 편견, 고집으로 세상 전역에 퍼져나갔는지 역사적으로 보여줍니다."

같은 날 괴테의 일기에서
"정오에는 카츠Carl Ludwig Kaaz와 함께. 저녁 무렵에는 볼초겐 Karoline von Wolzogen 부인, 실러 부인과 함께. 그 후로는 혼자 이것저것을 준비함."

9월 8일
"『친화력』 6장과 다른 몇 가지 일처리. 점심 식사 후 슐레겔의 그리스 희극 강의 참석.

같은 날 아내 크리스티안 불피우스에게 보낸 편지에서
"당신을 만나 이야기 나누고 싶지만, 우리의 작업 때문에 너무 바빠서 이번엔 오지 않는 편이 낫겠어. 매 순간을 최대한 활용해야 하는데 어떻게 끝을 낼 수 있을지 모르겠어…… 몸 상태는 괜찮지만 엄격한 식단과 규칙적인 생활

콘츠는 인세에 관해 문의한 후, 횔덜린의 이름을 밝히지 않는 것을 계약 조건으로 제시한다. "본인의 정신 상태에도 불구하고 횔덜린은 여전히 고집스레 자신의 작품을 직접 편집해 출간하고자 합니다. 만약 그가 자신의 허락 없이 작품이 출판된 것을 알게 된다면…… 매우 화를 내고 자신의 권리가 무단으로 침해되었다며 강하게 항의할 것입니다."

횔덜린이 자신의 저작을 직접 편집하고 관리하려는 의지를 지속적으로 내비쳤음에도 불구하고 이마저도 터무니없는 망상이자 기행으로 간주했다는 점은, 당시 그의 가장 친한 친구들마저도 그의 정당하고 당연한 합리적인 요구조차 이미 '광기'로 치부했다는 사실을 설득력 있게 보여준다.

10월 20일

말만은 횔덜린의 작품 출판에 기꺼이 응하겠다 하면서도, 인세로 장당 10탈러밖에 줄 수 없다고 답한다. 이는 괴테의 출판사인 '코타'가 지불하는 금액과는 비교도 할 수 없을 정도로 적은 액수였다. 그리고 이렇게 덧붙인다. "횔덜린의 이름을 언급하지 않는 편이 좋겠습니다. 몰지각한 사람들이 그의 미발표 작품들을 너무 많이 퍼뜨려 그의 명성을 훼손했기 때문입니다.『히페리온』의 첫 부분은 그의 천재성이 꽃피운을 따라야 해서…… 저녁에는 집에서 후버와 함께 퓌슬리 Johann Caspar Füssli의 이탈리아 판화를 감상했어."

10월 13일
18세의 독일 청년 프리드리히 스탑스Friedrich Staps가 쉰브룬에서 나폴레옹 암살을 시도.

10월 20-21일 괴테의 일기에서
"전기 개요 작성. 동부 지역 산책…… 저녁에는 마이어와 함께 예술사, 주화, 보석 이야기를 나눔…… 아우구스트와 벨베데레 궁전으로 산책. 폰 힌젠슈테른과 함께 궁전 방문. 돌아오는 길에 왕세자와 왕족을 만남. 집에 갔다가 저녁에는 극장에서 〈푸른 수염〉 관람.

12월 15일
나폴레옹은 오스트리아의 마리 루이즈와의 결혼을 위해 조제핀과 이혼함.

결과물이지만, 그 이후 그는 형식주의와 이해할 수 없는 난해함에 빠져버렸습니다."

결국 이 출판 계획은 끝내 실현되지 못했다.

1810

1월 1일

케르너는 튀빙엔의 친구 하인리히 쾨스틀린Heinrich Köstlin에게 "여행의 그림자"라는 제목의 글을 쓰고 있으며 그 안에 "횔덜린도 등장할 것"이라고 알린다.

1월 21일

클레멘스 브렌타노는 오토 룽게Philipp Otto Runge에게 보낸 편지에서 "뷔르템베르크의 광기 시인인 횔덜린의 송시가 저에게 깊은 인상을 주었습니다. 「밤Die Nacht」, 「가을의 축제」, 「라인강Der Rhein」, 「파트모스」…… 이 작품들은 1807년과 1808년에 각각 출간된 제켄도르프의 『시 연감』에 수록되었지만 세상의 주목을 받지 못하고 잊힌 상태였지요. 아마도 이토록 고도로 사색적인 고통이 웅장하게 표현된 적은 없었을 것입니다. 때때로 이 천재는 어둡고 쓰라린 마음속 깊은 샘으로 가라앉습니다. 그러나 더 자주 그의 감동적인 묵시록의 별은 그의 감수성이라는 광대한 바다 위에서 놀랍도록 빛납니다. 만약 당신이 이 책들을 찾을 수 있다면, 이 시들을 꼭 읽어보세요. 특히 「밤」은 맑고 밝은 별처럼 빛납니다. 그리고 모든 기억을 위해 앞뒤로 울려 퍼지는 종처럼 고독합니다. 나는 이 시를 가장 성공적인 시 중 하나로 생각합니다."

8월 16일

홈부르크에 있는 징클레어가 헤겔에게 편지를 보내며 바그람 전투에서 츠빌링이 전사했다고 알린다. 그리고 덧붙여 말한다. "불행한 횔덜린에 대해서는 더 이상 아는 바가 없습니다. 상태가 분명 크게 변하진 않았을 겁니다. 혹시 그에 대해 아는 것이 있다면 알려주십시오." 이 편지는 징클레어가 횔덜린과 얼마나 멀어졌는지, 그리고 횔덜린의 소식을 듣지 못했음에도 불구하고, 무의식적인 자기합리화를 위해 그의 광기를 불치병으로 치부하고 있음을 보여준다.

1811

1월 7일

치머 가족의 집에서 함께 하숙하던 아우구스트 마이어는 형제에게 편지를 썼다.

"가여운 횔덜린이 연감을 출판하고 싶어 하며 매일 같이 엄청난 양의 원고를 쓰고 있어. 오늘은 나한테 원고 한 뭉치를 읽어보라고 주었는데, 그중 일부를 옮겨 적어볼게. 한 아이의 죽음을 기리는 아름다운 시의 마지막 부분이야.

「한 아이의 죽음에 부쳐 Auf den Tod eines Kindes**」**
아름다움은 아이들의 것이다,
어쩌면 신의 형상일지도 모른다,
그들의 소유는 평온과 침묵,
천사들에게도 찬양이 되는 것이다.

그리고 다음은 「명성Der Ruhm」이라는 시인데 몇몇 희극적인 구절이 인상적이야.

신에게 이어지는 아름다운 선율,
매우 영광스러운 귀를 사로잡네, 경이롭게도
명성이 있는 삶은 위대하고 명료하니,
그렇게 인간은 걸어가거나 말을 타고 가네.

대지의 기쁨, 우정과 재화,
정원, 나무, 포도밭과 그 지킴이,
그것들은 내게 하늘의 반짝임처럼 보이네,
영혼이 북적이는 세상의 자식들에게 주는 선물.

만약 누군가 재화로 풍요롭게 축복받았다면,
만약 과일이 그의 정원을, 황금이
그의 집과 거처를 장식한다면, 그의 마음을
위로하기 위해 이 세상에서 그가 무엇을 더 가지고 싶겠는가?

그리고 「한 아이의 탄생에 부쳐Auf die Geburt eines Kindes」라는 시야.

하늘의 아버지는 어떤 모습으로 바라보실까.
기쁨으로 자라난 아이를,
꽃이 만발한 들판을 걷는 모습을,
사랑하는 다른 이들과 함께 있는 모습을.

그러는 동안 너는 생명을 즐겨라.
선한 영혼에서 나오는
고귀한 노력의 아름다움은,
신성한 근본이 너를 더욱 이롭게 하리라.

그리고 「이 세상의 평온함 Das Angenehme dieser Welt」이라는 시는 나를 크게 감동하게 했어.

이 세상의 좋은 것들을 나는 다 누렸다네.
젊은 시절은, 아, 오래전에, 참으로 오래전에 흘러갔으니,
4월과 5월과 율리우스의 달*은 멀리 있고
나는 더 이상 아무것도 아니네, 더 이상 삶을 즐기지 못하네!

---

* 이미 출간된 한국어 번역서에는 독일어 원전 'Julius'을 6월이라고 표기하기도 하였는데, 아감벤이 번역한 이탈리아어 번역서에는 7월이라고 번역되어 있어 이 책에서는 '율리우스의 달'이라고 그대로 번역했다.

1월 21일 케르너가 프리드리히 드 라 모트 푸케Friedrich de la Motte Fouqué에게 보낸 편지에서

"우리 고장의 시인 횔덜린을 아시나요? 그는 여전히 폐허와 광기 속에서 시를 씁니다. 대부분의 사람들은 이해할 수 없는 시들이지만요. 한 친구가 오늘 그의 원고에서 발견한 감동적인 시를 보내주었는데, 완벽하게 이해할 수 있습니다.

'이 세상의 좋은 것들을 나는 다 누렸다네.'

파른하겐 폰 엔제를 개인적으로 알고 있습니다만, 제가 그의 주소를 모르니 당신이 그에게 이 시를 전해주세요."

케르너는 이달 말 하이델베르크에서 『여행의 그림자. 그림자 인형극 배우 루흐스에게서 *Reiseschatten. Von dem Schattenspieler Luchs*』라는 제목의 소책자를 출간했는데, 책에는 화학자, 목사, 목수 외에도 분명히 횔덜린에게서 영감을 받은 것으로 추정되는 '홀더Holder'라는 이름의 정신이상자 시인이 등장한다. 풍자적인 텍스트에 다소 무례한 어조가 도드라져 있다. "나를 알아보자마자 내 친구 홀더는 나를 따뜻하게 안아주며 말했습니다. '이 마을에서, 그리고 북쪽으로 가는 길에 당신을 만나게 되어 두 배로 기쁩니다. 왜냐하면 별이 노래의 힘으로 펄럭이는 곳, 혜성이 하늘을 가로질러 만찬의 잔을 띄우는 곳, 그곳에서 바다가, 북해가 태어나고 그 위에는 철이 있나니, 북쪽에서 마이사우디토*가 와서 철을 가리킬 것이니, 그의 영혼은 자석이 가리키기 때문입니다.' 이 시점에서 그는 황홀한 발작에 휩싸여 덧붙였다. '나에게 대지의 금속 영혼과 그 눈인 금을 주소서! 오만한 민중이 번성하도록 사지를 찢지 마십시오! 하! 하! 하! 나는 이렇게 나의 온 삶을 한꺼번에 살고 싶습니다!'"

아우구스트 마이어가 치머에게 이 책을 보여주었을 때, 치머는 자신이 그 목수 캐릭터와 닮았다고 느끼고는 책을 탁자 위에 던지며 소리쳤다. "이런 사람은 이런 헛소리를 쓰느니 밭에서 일하는 게 나았을 것 같습니다…… 바보짓은 바보짓이고 용서할 수도 있지만, 실존 인물을 묘사하다니, 저는 저에 대해 말하는 것이 아닙니다, 저는 중요하지 않습니다. 하지만 횔덜린처럼 불쌍한 광인을 조롱하듯 희화화하는 건 어리석음과 절대적으로 부도덕한 인격을 드러내는 짓입니다."

* 여기서 말하는 마이사우디토 Maiesaudito가 무엇을 지칭하는지는 불문명하다.

10월 14일 치머가 횔덜린의 어머니에게 보낸 편지에서

"어제도 저는 당신의 사랑하는 아들과 함께 산책을 했습니다. 그는 제 아버지의 자두나무 아래에 섰고, 누군가가 나무를 흔들어 그의 머리 위로 자두가 떨어졌을 때 그는 크게 웃었습니다. 집으로 돌아오는 길에 콘츠 교수를 만났습니다. 콘츠가 횔덜린을 '선생님'이라고 부르며 인사를 건네자 그가 곧바로 '저를 선생님이라고 불러주시는군요' 하고 대답했습니다. 콘츠는 '우리 같은 오랜 지인 사이에 서로를 어떻게 부르든 호칭은 상관없지 않겠습니까?'라고 사과하며 주머니에서 『호메로스』를 꺼내며 말했습니다. '보세요, 저는 우리의 오랜 친구와 있습니다.' 횔덜린은 한 구절을 찾아 콘츠에게 건네주었고, 콘츠는 그 페이지를 감명 깊게 읽었습니다. 그리고 '안녕히 가세요, 사서 선생님' 하며 작별 인사를 했습니다. 이 말에 횔덜린은 매우 기뻐했습니다. 그런데 사흘 후, 그는 폭발하며 격하게 말했습니다. '나는 선생이 아니야, 나는 공작의 사서야!'라고 소리치며 회의실을 나가 오랫동안 불만스러워했습니다. 하지만 지금은 완전히 평온해졌습니다."

1812

2월 5일 징클레어가 헤겔에게 보낸 편지에서

"우리가 영혼으로 맺었던 맹세, 그러나 운명이 우리의 약속을 갈라놓았습니다." 횔덜린, 츠빌링과 함께 보낸 날들을 떠올리며 그는 "그 시간들이 영원히 기억에 남을 것입니다"라고 덧붙인다.

4월 19일 치머가 횔덜린의 어머니에게 보낸 편지

존경하는 부인께,
당신의 사랑하는 횔덜린에게 매우 중요한 변화가 생겼습니다. 얼마 전부터 평소보다 식욕은 더 왕성해졌는데, 몸은 눈에 띄게 야위었습니다. 지난 넉 달 동안 그는 평소보다 더 조용했고, 발작을 일으키더라도 심하게 불안해하지 않고 보통은 금세 나아졌습니다. 그러나 약 열흘 전 밤에 매우 불안한 모습을 보이며 제 작업장을 서성거리고 혼잣말을 했습니다. 제가 자리에서 일어나 그에게 괜찮냐고 물었더니 자기는 괜찮다며 제발 자러 들어가달라고, 혼자 있게 해달라고 부탁을 하더군요. 그는 매우 이성적으로 말했습니다. '침대에 누워 있을 수가 없네요. 걸어야겠습니다. 걱정하지 않아도 됩니다. 저는 아무에게도 해를 끼치지 않습니다. 부디 잠을 청하세요, 사랑하는 치머.' 그러고 나서는 아무 이야기도 하지 않았습니다. 그를 자극하지 않으려면 다시 잠자리에 들 수밖에 없었습니다. 저는 그가 원하는 대로 하도록 내버려두었습니다.

아침에 보니 그는 평온했지만, 몸에 열이 많이 났고 목말라했습니다. 고열과 오한에 시달리는 것 같았습니다. 기력이 너무 떨어져 하루 내내 침대에 누워 있어야 했고, 자정에는 심하게 땀을 흘렸습니다.

이튿날에는 열과 갈증이 더 심해졌고, 침대 시트와 옷이 흠뻑 젖을 정도로 심하게 땀을 흘렸습니다. 이런 상태가 며칠 더 지속되었고, 그러더니 입가에 발진이 생겼습니다. 갈증, 열, 발한은 점차 사라졌지만, 안타깝게도 오한은 남았습니다. 예전만큼은 아니지만 증상이 심해 보였습니다.

지금은 다시 하루 종일 침대에서 나와서 정중하게 말도 건넵니다. 눈빛은 친절하고 다정합니다. 피아노도 치고 노래도 하며 매우 이성적입니다. 가장 눈에 띄는 변화는 하루에 한 시간 이상 늘 불안해하던 그가 그날 밤 이후로 더는 불안 증세를 보이지 않는다는 점입니다. 특히 아침마다 그의 방에서 풍기던 심한 냄새도 사라졌습니다.

저는 당신의 사랑하는 아드님을 위해 그멜린 교수를 모셔왔습니다. 그는 횔덜린의 상태를 명확히 진단할 수 없지만, 자연적인 경과로 보인다고 하셨습니다. 안타깝게도, 친애하는 부인, 저도 같은 생각입니다…….

그의 시적 정신은 여전히 활발합니다. 그는 제가 그린 성전 설계도를 보더니 나무로도 만들어달라고 부탁했습니다. 그래서 저는 '먹고 살기 위해 일해야 한다고, 당신처럼 철학적인 평화 속에서 살 만큼 운이 좋지 않다'고 대꾸해주었지요. 그러자 그는 '아, 나는 가난한 사람입니다'라고 말하고 즉시 1분 만에 연필로 널빤지에 다음과 같은 시를 썼습니다.

「삶의 길은 저마다 다르고 Die Linien des Lebens sind verschieden」
삶의 길은 저마다 다르고,
산의 경계처럼 제각각이네.
우리가 여기서 이룬 것은,
저곳에서 신이 조화와 영원한 보상과 평화로 완성하시리.

아드님의 식사에 대해서는 전혀 걱정하지 않으셔도 됩니다. 제 아내가 출산 전까지도 상태가 괜찮아서, 아내가 직접 아드님을 돌볼 수 있었습니다. 그저께 출산을 했습니다만, 안타깝게도 아기는 몇 시간 만에 세상을 떠났습니다. 다행히 아내는 건강하고 위험한 상태로까지 가지는 않아 그것으로 감사하고 있습니다.

그간의 비용 청구서를 동봉합니다. 그가 쉽게 추위를 타기 때문에 방을 항상 데워야 해서 장작을 더 구입해야 했습니다. 요즘 다시 아침 식사 때 커피를 마시고, 이후에는 특별히 그를 위한 식사도 내드리고 있습니다.

지출 내역

81일간의 생활비	32.24플로린
와인 69잔	6.54플로린
담배	1.21플로린
땔감	3.18플로린
세탁비	3플로린
겨우내 조명	1.36플로린
총합	48플로린 33크로이처*

* 크로이처Kreuzer는 과거 독일 및 오스트리아 지역에서 사용되던 소액 화폐 단위이

공제액	6플로린
총액	42플로린 33크로이처

당신의 헌신적인 하인 에른스트 치머 드림

9월 15일 횔덜린이 어머니에게 보낸 편지

존경하는 어머니!

보내주신 편지를 받고 매우 기뻤다는 것을 알려드립니다. 어머님의 훌륭한 말씀은 제게 큰 힘이 되었습니다. 보여주신 깊은 배려에 어머님을 향한 존경과 감사의 마음이 더욱 커집니다. 어머님의 자비로운 마음과 유익한 충고는 언제나 저를 기쁘게 하고 큰 도움이 됩니다. 동봉해주신 옷도 아주 잘 맞습니다. 시간이 없어 이만 줄여야겠습니다. 어머님의 바람대로 제가 더욱 성숙하고 바르게 살아갈 수 있도록 노력하여 어머니를 기쁘게 해드릴 수 있기를 소원합니다.

횔덜린이라고 불릴 영광을 가진
당신을 가장 사랑하는 아들 올림

다. 1플로린은 60크로이처로 환산되었고, 시대와 지역, 물가 변동 등 많은 변수가 있기에 정확한 금액을 현재의 가치로 환산하기 어렵지만 크로이처는 현재 단위로 치면 몇 센트 정도의 가치를 지녔을 것이라 추정된다.

(이 편지에서 보이는 과장된 격식은 휠덜린이 외부 세계와 소통하는 방식의 또 다른 특징이라고 볼 수 있다. 의도적으로, 거의 풍자적인 방식으로 상대와 거리를 두려는 태도는 아들이 목사가 되길 바라며 휠덜린의 예술적 열망을 전혀 이해하지 못했던 어머니와의 서신에서 더욱 뚜렷이 드러난다.)

1813

1813년 초 횔덜린이 어머니에게 보낸 편지

사랑하는 어머니께,

치머 씨가 친절히도 제게 마련해준 기회를 빌려 어머니께 제 생각을 전하고, 저의 마음과 진심 어린 애정을 다시 한번 고백하고자 합니다. 오랫동안 제 삶을 밝혀주신 어머니의 맑은 선함, 변함없는 따스함 그리고 저의 영혼을 고양시키는 너무나도 유익한 도덕적 영향력은 제가 항상 마음에 품고 있는 경건한 가치입니다. 어머니를 향한 저의 마땅한 존경심을 되새길 때나, 훌륭하신 어머니께 제가 얼마나 감사해야 하는지 생각할 때나 항상 그렇습니다! 제가 어머니께 드리는 즐거움이 어머니께서 제게 주시는 즐거움에 미치지 못한다면, 그것은 제가 드리는 헌신 그 자체에 담긴 내재된 거부 때문입니다. 어머니를 향한 제 마음은 아직 다 소진되지 않았습니다. 어머니의 선하심이 영원하듯, 존경하는 어머니를 향한 제 기억 또한 변치 않을 것입니다. 어머니께서 건강에 아무 해가 없으시고, 하나님의 기쁨이 되리라는 확신을 늘 지니고 계신다는 사실은 제가 느끼기엔 소중하며, 어머니 곁에서 보낸 시간은 잊을 수 없는 추억으로 남아 있습니다. 어머니께서 앞으로도 늘 평안하시고 이 세상에서 기쁨을 찾으시기를 간절히 바라고 믿습니다.

삼가 어머니께 저를 맡기며,
어머니의 헌신적인 아들 휠덜린 올림

 (이 편지는 다음에 나오는 편지와 마찬가지로 매우 결정적인 반어법을 보여준다. 어머니에게 보내는 편지에 자신의 이름을 강조하며 휠덜린은 텅 빈 의례적인 예의로 가감 없이 반감을 드러낸다. 특히 '내재된 거부 das Verneinende'라는 독특한 표현을 통해 어머니가 줄곧 자신에게 보여온 태도에 원망을 드러낸다. 어머니와 함께 보낸 시간이 왜 잊을 수 없는 시간이 되었는지는 '제가 느끼기엔'이라는 조화롭지 못한 표현을 통해 암시된다. 보통 휠덜린의 행동에서 광기로 여겨지는 많은 부분은 사실 치밀하게 계산된 미묘한 반어법의 산물일 수 있다.)

1월 30일

횔덜린의 시를 보내온 케르너의 편지에 푸케는 답장을 보내며 다음과 같이 쓴다. "횔덜린의 시를 보내주셔서 진심으로 감사드립니다. 그 시들은 저의 온 영혼을 기쁘게 했습니다. 『숙녀를 위한 문고 Taschenbuch Für Damen』에 실려 빛날 것입니다."

3월 2일 치머가 횔덜린의 어머니에게 보낸 편지에서

"횔덜린은 항상 매우 만족해하며 잘 지내고 있습니다. 부인께서 친절하게 보내주신 파이프 받침대가 그를 기운 나게 했습니다. 그것에 대해 잘 알고 있는지 저에게 이렇게 설명하더군요. '이건 프랑크푸르트에서 샀던 겁니다. 거기에서는 돈이 많이 필요했지만, 제 여행에는 그리 큰돈이 필요하지 않았죠.' 어떤 상황에서든 부인의 소중한 아들을 우리가 잘 돌볼 것이니 걱정하지 마십시오. 그리고 아드님의 양말은 꿰맬 만큼 찢어지지는 않았습니다. 제가 아는 한, 지금 그에게 필요한 건 딱히 없어 보입니다."

당신적인 헌신적인 하인 에른스트 치머 올림

추신: 횔덜린에게도 어머니께 편지를 쓰고 싶은지 물었지만, 아직 그럴 마음이 없는 것 같습니다.

같은 해 하반기 횔덜린이 어머니에게 보낸 편지

존경하는 어머니!

기쁜 마음으로 어머니의 친절한 편지에 답장을 드립니다. 어머니의 삶과 건강, 그리고 이 세상에서의 삶에 대한 마땅한 관심을 어머니께 표합니다. 어머니께서 저를 가르치시고 정직, 미덕, 그리고 신앙심에 대해 권면하실 때, 그토록 선하신 어머니의 다정함과 우리 사이의 존경스러운 관계에 내재된 면면들이 마치 귀한 책처럼 유익하고, 고귀한 가르침처럼 제 영혼에 거름이 됩니다. 이보다 훨씬 더 위대한 비유도 어머니의 경건하고 고결한 영혼 그 자체를 표현할 수 없습니다. 사랑하는 어머니, 저는 어머니의 기독교적인 용서를 기대하며, 항상 자신을 향상하고 완성해나가려는 제 자신의 열망을 믿습니다. 어머니를 향한 감정을 지금은 그저 애정 어린 의존의 말로 표현하는 데 머물러 있지만, 제 영혼이 더 큰 지혜로 충만해지면, 그때 그 지혜를 말로 표현하여 어머니께 전해드리겠습니다. 저는 어머니의 어머니된 마음과 한결같은 고결함에 저를 자유로이 맡깁니다. 열정과 선을 향한 저의 끊임없는 노력이 계속된다면 그 목표를 놓치는 일은 거의 없을 것이라고 믿습니다. 부탁드립니다, 존경하는 어머니! 진심을 담아 제 이름을 씁니다.

       어머니의 헌신적인 아들 횔덜린 올림

1814

2월 22일 치머가 횔덜린의 어머니에게 보낸 편지에서

존경하는 부인,

지난 분기 생활비와 함께 보내주신 편지는 잘 받았습니다……. 사랑하는 횔덜레*는 더할 나위 없이 잘 지내고 있습니다. 부인께서 보내주신 크리스마스 선물에 매우 기뻐했고, 재킷은 크지 않고 오히려 약간 짧다고 합니다. 뢰쉬가우 교구 신부님이 보내주신 편지에도 매우 기뻐하며 제게 이렇게 말했습니다. "그분은 저의 젊은 시절에 참 많은 친절을 베풀어주셨어요." 뵐렌도르프가 쓴 소책자도 많이 좋아했습니다. 그는 "아, 그 좋은 분이 일찍 돌아가셨군요. 그는 쿠를란트 출신이었고, 저는 그를 홈부르크에서 알게 되었죠. 그는 정

---

* '횔덜레Hölderle'는 횔덜린의 애칭이다.

말 좋은 친구였습니다"라고 말했습니다. 횔덜레는 더 이상 격한 감정의 기복을 보이지 않고 평온하고 만족스럽게 지내고 있습니다. 제 어린 아들이 피아노를 배우기 시작했고, 당신의 사랑하는 아들과 종종 피아노를 즐깁니다. 악보를 보고 연주할 수도 있지만, 머리에 떠오르는 대로 연주하는 것을 더 좋아합니다……

10월 1일 클레멘스 브레타노가 라헬 파른하겐에게 보낸 편지에서

"혹시 아직 횔덜린의 『히페리온』(코타 출판사, 1797)을 읽지 않았다면, 가능한 한 빨리 읽어보세요. 우리 나라에서뿐 아니라 전 세계적으로도 가장 주목받을 만한 책 중 하나입니다."

1814년경 횔덜린이 어머니에게 보낸 편지

존경하는 어머니,

이와 같은 편지를 반복해 보내는 것이 어머니께 부담이 되지 않길 바랍니다. 어머니의 따뜻한 마음과 한결같은 선함이 제 안의 감사를 일깨웁니다. 감사는 미덕입니다. 어머니와 함께한 시간을 떠올릴 때마다, 존귀하신 어머니! 깊이 감사드립니다. 비록 멀리 떨어져 있어도 어머니의 고결한 모범은 제게 잊히지 않을 것이며, 어머니의 가르침을 따르고 본받도록 저를 이끌 것입니다.

진심 어린 헌신을 맹세하며 제 이름을 씁니다.

                    어머니의 헌신적인 아들 횔덜린 올림
                    사랑하는 누이에게도 안부 전해주세요.

(어머니가 튀빙엔에 있는 아들을 한 번도 찾아와보지 않았다는 사실을 떠올려보면, 횔덜린이 편지에서 언급한 '멀리 떨어져 있어도'라는 표현은 반어법 같은 의미를 띠게 된다.)

존경하는 어머니,
어머니를 향한 저의 헌신의 마음을 이렇게 표현할 기회가 자주 있어서 다행입니다. 좋은 생각이 말로 표현되었을 때 그것은 헛되지 않다고 생각합니다. 그것은 인간 본성에 깃든 내면의 가르침에 따라 형성되기 때문입니다. 그 가르침이 기독교적 가치를 지니는 한, 그것은 변치 않는 진리와 유익함으로 우리에게 영향을 미칩니다. 인간은 신뢰할 수 있는 것과 순수한 것에 기꺼이 마음을 붙들리는 것 같습니다. 이러한 내면은 강력한 힘을 지니고 있으며, 인간의 마음을 달래고 그 힘을 키우게 합니다. 신적인 것은, 인간이 그것을 받아들일 수 있는 한도 내에서, 인간이 스스로에게 베푸는 자연스러운 보살핌을 통해 경이롭게 주어집니다. 다소 경솔하게 말씀드려 죄송합니다. 자신을 돌보는 것은 아무리 진지해 보일지라도, 인간의 정신으로 유지되는 것입니다. 그리고 이는 인간 마음의 특성상 삶을 온화하게 만들고 감수성을 고양시킵니다. 이렇게 편지를 중단하게 되어 다시 한번 사죄 말씀드립니다.
진심 어린 헌신을 맹세하며 제 이름을 씁니다.

       어머니의 헌신적인 아들 횔덜린 올림

1815

4월 29일

징클레어가 회의 참석차 방문한 빈에서 갑작스레 사망했다. 횔덜린의 반응은 알려지지 않았다.

튀빙엔 학생들 사이에서 '탑 속의 시인' 횔덜린의 명성이 퍼져나갔다. 아르님 Ludwig Joachim von Arnim과 브렌타노도 그의 작품에 계속해서 관심을 보였다.

3월 아르님의 편지나 메모에서(추정)

"독일의 위대한 영혼들이 병에 걸리거나 자살하거나 혹은 혐오스러운 일에 빠져 얼마나 많이 우리 곁을 떠났는지 헤아려본다면 끔찍한 목록이 될 것이다! 횔덜린은 그의 작품 『히페리온』에서 이 모든 것을 가장 잘 표현했다. '한 민족이 아름다움을 사랑하고 예술로 천재를 존경하는 곳에는 생명의 공기처럼 보편적인 정신이 깃들고, 수줍은 감수성이 꽃 피운다. 자만심은 사라지고 모든 마음은 자비롭고 위대해져서 열정은 영웅을 낳는다. 하지만 신성한 자연과 예술가들이 모욕당하는 곳에서는 삶의 기쁨이 사라지고, 그 어떤 별도 이 땅보다는 나아보이게 된다. 한때 축복받았던 사람들은 점점 더 황폐해진다. 노예근성이 자라고, 무례함도 함께 자란다. 걱정이 많아지고 술에 취하는 날이 늘며, 사치와 함께 굶주림과 식량 걱정도 늘어난다. 한 해의 축복은 저주로 변하고, 모든 신들은 도망친다.' 이 놀라운 사람 역시 가난 속에서 병들어 결국 미쳐버렸다. 그는 살아 있지만 우리에게는 잊힌 존재가 되었다. 어두운 시대에 그의 고통이 우리의 마음을 열었고 궁핍의 속박에서 우리의 영혼을 해방시켜주었음에도 말이다."

4월 18일 횔덜린이 어머니에게 보낸 편지

존경하는 어머니!

제가 이전에 보내드린 편지들이 어머니의 마음에 꼭 들지 않았을 수도 있다는 점을 알기에, 이렇게 자주 안부를 전하는 것으로 저의 선한 의도가 전해지기를 바랍니다. 대체로 노력이라는 것이 바로 이런 형태를 취하기도 하지요. 사람들을 서로 가깝게 만드는 것은 결국 습관에 이르게 하는 반복적인 실천이며, 사고방식과 인간관계의 맥락 안에서 서로 점차 가까워지는 과정입니다. 물론 사람 사이를 더욱 깊이 이어주는 방식은 따로 있습니다. 그것은 바로 감사, 신앙, 그리고 서로에게 지는 도덕적 의무감입니다.

어머니의 변함없는 너그러우심에

온 마음을 다해 의탁드리며,

어머니의 가장 헌신적인 아들 횔덜린 옮김

7월 8일 구스타프 슈바프의 일기 중에서

"나중에 브렌타노가 도착했지만, 사비니 Friedrich Carl von Savigny 와 함께 길을 나서기 전까지 우리는 침묵을 지켰다. 사비니는 아내를 데리러 가야 했다. 라임나무 길을 걷는 동안 브렌타노는 자신의 재능, 정신, 그리고 그의 엄청난 뻔뻔함을 마음껏 드러냈다. 셰익스피어와 그의 매형 아르님을 제외한 모든 시인을 깎아내렸다. 괴테는 너무 고전적이고 인위적이라 했고, 울란트에게도 역시 같은 평가를 내렸지만, 약간의 재능은 인정했다. 티크는 겉으로는 매력적이지만, 평범한 재능을 가진 사기꾼이며, 측근들에서만 인정받는다. 최근에는 괴테를 비난하고 다니는데, 괴테의 명성에 대적할 수 없기 때문이다…… 그의 매형 아르님은 티크보다 훨씬 더 많은 재능과 창의성을 가지고 있다. 티크의 능력 전체를 다 합쳐도 아르님의 새끼손가락에도 미치지 못한다. 예나에서 학생 시절 처음 티크를 보았을 때 브렌타노는 존경심에 눈물을 흘렸고, 슐레겔 두 형제가 티크를 가운데 두고 길을 걸을 때, 마치 성부, 성자, 성령이 함께 걷는 것 같았다고 한다. 그러나 지금은 다르게 생각한다. 그의 가장 높은 이상은 횔덜린이다."

1816

1816년 초 추정 횔덜린이 어머니에게 보낸 편지

존경하는 어머니!
다시 한번 어머니께 편지를 쓰려 합니다. 제가 평소에 어머니께 드리던 말씀을 기억하실 거라 생각합니다. 거의 똑같은 표현으로 편지를 써왔기 때문입니다. 항상 평안하시길 바랍니다. 진심 어린 헌신을 맹세하며 제 이름을 씁니다.

어머니의 헌신적인 아들 횔덜린 올림

1월 28일 아르님이 사비니에게 보낸 편지에서

"'민중의 입은 가난하다'라고 횔덜린은 말한다. 하지만 우리는 입이 가득 차 있어도 말할 수 있는 게 참 없다."

1월 28일 횔덜린이 어머니에게 보낸 편지

존경하는 어머니!

아시다시피, 제가 어떤 사람이 되었는지 그리고 제가 어떤 사람인지 어머니께서 이미 알고 계시기에, 저를 표현하는 방식이 저 스스로 바르다고 느껴질 때는 기꺼이 어머니께 편지를 쓰겠습니다. 제가 정중하게 답을 드릴 수 있는 이야기들을 편지에 담아 보내주시길 바랍니다.

어머니의 헌신적인 아들 횔덜린 올림

1816년 12월 브렌타노가 루이제 헨젤에게 쓴 일기에서

"지금 제가 아는 가장 사랑스러운 시가 떠오릅니다. 이 시인의 시 중에서 유일하게 저에게 마법 같은 힘을 발휘하는 시입니다. 저에게 평온을 주고 하늘을 활짝 열어주어 마치 어머니 품속에 아이처럼 안겨 있게 합니다⋯⋯ 이 시를 당신을 위해 옮겨 적고 싶습니다⋯⋯.

「빵과 포도주」

도시는 사방으로 잠들고 불 밝힌 거리 고요해지니
햇불로 장식된 마차들 스르륵 지나쳐간다.
한낮의 기쁨에 젖었던 사람들이 쉼을 좇아 집으로 돌아간다.
골똘한 자는 얻고 잃은 것을

집에서 헤아려본다. 포도와 꽃도 치워지고
일손이 만든 작품이 사라진 시장은 한산하다.
하지만 멀리 정원에서 현악기 소리 들려오니
아마도 사랑하는 이가 켜고 있거나 아니면 고독한 자가 있어
먼 곳의 친구와 젊은 시절을 그리워하며 켜고 있을까.
샘은 끊임없이 솟아나며 향기로운 화단에 쏟아진다.
어스름한 대기 속에 울리는 종소리
시간을 기억하며 파수꾼은 숫자를 외친다.
이제 바람 불어 숲 꼭대기 흔들고
보라! 우리 대지의 그림자, 달이 이제
은밀히 나타난다. 황홀경에 빠진 밤이 오고
별들 가득해, 우리를 조금도 걱정하는 것 같지 않다.
저기 우리를 놀라게 하는 것, 인간들 사이에 낯선 이
슬프고도 장엄하게 산등성이 위로 떠오른다.

(1~18행)

1817

2월 27일

케르너가 울란트에게 편지를 보내 시인들이 처한 비참한 상황을 전하며 제켄도르프가 1807년 『시 연감』에 수록한 횔덜린의 시 「방랑자Der Wanderer」를 인용한다. "우리는 모두 횔덜린처럼 코카서스*로 떠나야 할 것이다." 여기서 언급한 구절은 다음과 같다.

  하지만 나는 코카서스로 가고 싶다!
  바로 오늘 대기 속에서
  이런 말을 들었기 때문이다
  시인은 제비처럼 자유롭다고.

* 코카서스Caucasus는 당시 유럽인들에게 멀고 신비롭고 낭만적인 공간으로 인식되어 문학에서 상징적인 의미로 사용된다.

1817년경 횔덜린이 어머니에게 보낸 편지

존경하는 어머니,

늘 이렇게 짧은 편지로 폐를 끼쳐 죄송합니다. 자신의 생각과 존경하는 이에 대한 관심, 그리고 인간의 삶이 어떻게 흘러가는지에 대한 이야기를 나누는 이런 소통 방식은, 그 자체로 누군가에게 불편을 끼칠 수도 있는 것이기에 늘 조심스럽고 죄송한 마음입니다. 다시 편지를 마무리하며 제 이름을 씁니다.

당신의 가장 헌신적인 아들 횔덜린 올림

1818

횔덜린이 어머니에게 보낸 편지

가장 사랑하는 어머니,
치머 씨가 친절하게도 제게 편지를 쓸 수 있도록 허락해주신 덕분에 이렇게 마음 편히 몇 자 적어봅니다. 어머니의 자비로움에 찬사를 보냅니다. 부디 저를 외면하지 마셔요. 곧 뵙기를 바랍니다.

진심을 담아,
당신의 헌신적인 아들 횔덜린 올림

존경하는 어머니!
다시 편지드립니다. 이미 썼던 말을 반복하는 게 항상 쓸데없는 일은 아닙니다. 선을 권하고 진지한 말을 나눌 때는, 같은 말을 반복한다 해도, 늘 새롭고 특별한 이야기가 아니더라도, 상대가 그리 나쁘게 생각지 않을 것입니다. 이만 줄입니다. 저는 늘 헌신적으로 어머니를 생각하며, 제 이름을 씁니다.

당신의 헌신적인 아들 횔덜린 올림

1819

횔덜린이 어머니에게 보낸 편지

존경하는 어머니!

훌륭한 치머 부인께서 제게 권하셨습니다. 어머니께 편지로 안부를 전하며 저의 변함없는 헌신을 증명해드리라고 말이지요. 사람이 지켜야 할 도리 중에 어머니를 향한 자식의 헌신이 가장 중요하다고 생각합니다. 사람들 사이의 관계에는 일정한 규범이 있으며, 그 규범을 따르고 자주 실천하다 보면 그 규범이 덜 가혹하게 느껴지고 마음에 더욱 와닿게 됩니다. 이것을 제 변함없는 헌신의 표현으로 받아주시길 바라며 제 이름을 씁니다.

당신의 헌신적인 아들 횔덜린 올림

존경하는 어머니!

다시 한번 감히 이렇게 편지를 씁니다. 이미 말씀드린 것을, 어머니께서 아시리라고 생각하며 한 번 더 되풀이합니다. 어머니께 모든 평안과 축복이 함께하시길 기원합니다. 여기서 이만 줄이며 용서를 구합니다.
저는 늘 헌신적으로 어머니를 생각하며, 제 이름을 씁니다,
당신의 헌신적인 아들 횔덜린 올림

1820

5월 10일 케르너는 카를 마이어에게 다음과 같은 제안을 한다
"조국의 명예를 위해 횔덜린의 시를 모읍시다. 뷔르템베르크의 유일한 비가 시인이 튀빙엔 목수의 대팻밥 속에 묻혀 있다니 참으로 안타깝습니다. 우선 저는, 그의 시가 실린 연감과 잡지를 가지고 있지 않기 때문에 그 일을 직접 할 수는 없지만, 하우크Friedrich Haug와 노이퍼가 잘할 수 있을 것입니다…… 슈바프에게도 얘기해보고 부탁해보세요."

몇 달 뒤인 8월 29일, 징클레어의 친구이자 보병 중위인 하인리히 폰 디엔스트Henrich von Dienst가 코타 출판사에 횔덜린의 시집과 함께 『히페리온』의 새로운 판본을 출간하자고 제안한다.

"고인이 된 비공식 고문 징클레어 덕분에 저는 『히페리온』의 저자 프리드리히 휠덜린의 자필 시를 소장하고 있습니다. 여섯 장 분량 정도 됩니다. 그중 일부는 이미 몇몇 잡지에 수록된 바 있지만, 제가 아는 한 전부가 실린 적은 없습니다. 이미 고인이 된 징클레어는 불행한 친구의 시를 가장 좋은 방법으로 출판하고자 했습니다. 그가 세상을 떠나면서 그의 뜻은 이제 저의 뜻이기도 합니다. 하지만 전쟁과 다른 여러 이유들, 특히 작가가 처한 상황과 관계에 대해 제가 완전히 무지하였기 때문에 그렇게 하지 못했습니다. 그가 아직 살아 있는지, 아니면 여전히 튀빙엔에서 전과 같은 안타까운 상태에 있는지, 그리고 다른 원고를 더 보유하고 있는 친척이 있어 이 작은 시집을 보완하고 정리해 출판까지 맡아줄 수 있는지 전혀 알지 못합니다."

제안된 33편의 시에는 「파트모스」, 「라인강」, 「회상」, 「생의 절반」, 「가을의 축제」, 「방랑자」, 「수줍음 Blödigkeit」이 포함되어 있다. 디엔스트는 "휠덜린 같은 정신이 이토록 빨리 잊히거나 심지어 우리 문학에서 완전히 사라지는 것을 막기 위해" 이 시집을 기획한다고 밝히며, 빙켈만 Johann Joachim Winckelmann 저작의 편집자인 요하네스 슐체 Johannes Schulze가 서문을 쓰고 휠덜린이 자신의 『안티고네』 번역본을 헌정했던 "프로이센의 빌헬름 공주 전하"가 후원자로 나서주기를 제안한다.

횔덜린이 어머니에게 보낸 편지

존경하는 어머니!

보내주신 편지에 감사드립니다. 어머니의 말씀처럼, 건강하시고 행복하며 만족스럽게 지내고 계시다기에 안심할 수 있습니다. 어머니께서 제게 어떻게 지내야 하겠느냐고 물으셨으니, 이렇게 말씀드립니다. 저는 어머니와 변함없이 좋은 관계를 유지하려고 노력하고 있습니다.

어머니의 가장 헌신적인 아들 횔덜린 올림

9월 7일

코타는 제안을 수락하겠다는 답장을 보내고, 디엔스트는 자신의 서류에서 횔덜린의 다른 원고를 발견한 뒤, 시집을 위해 더 다른 원고를 수집하기 시작한다.

9월 25일 디엔스트가 코타에게 보낸 편지에서

"횔덜린이 남긴 모든 원고를 손에 넣는 대로, 가능한 한 그 작품들을 연대순으로 정리하려고 합니다…… 그 작업이 끝나는 대로 존경하는 슐체 고문께 원고를 보내드리겠습니다. 고문께서 꼼꼼히 교정해주시고 서문도 맡아 작성해주실 거라 믿습니다. 책의 제목을 어떻게 정할지 『히페리온』과 함께 한 권으로 묶는 것이 적절할지는 그다음에 논의할 수 있겠습니다."

10월 21일

횔덜린의 시집 출간 계획을 알았던 것으로 추정되는 하우크는 케르너에게 보내는 편지에서 다음과 같이 자신의 생각을 전한다. "횔덜린이 살아 있는 동안 누군가가 대신 그의 시집을 편집해 출간한다면, 그건 그에게 고통이 될 것이다." 이 반응은 실제로 6년 후 이 시집이 출간되었을 때 시인이 보인 반응과 정확히 일치한다.

1821

3월 10일

디엔스트는 케르너에게 편지를 보내 휠덜린 시집 출판 계획을 알리고, "혹시 다른 시도 소장하고 있다면 부디 원고를 보내주시고, 또 어느 잡지들에 휠덜린의 시들이 흩어져 있는지도 알려달라"고 부탁한다. 같은 달 울란트에게 보낸 편지에서 케르너는 휠덜린의 출간 작업을 '외국인'이 맡고 있다는 것에 유감을 표한다. "우리 조국의 불행한 시인을 외국인이 돌보다니 안타까운 일입니다." 이 때문에 케르너는 휠덜린이 항상 친형제로 여겨온 이복동생 카를 고크와 동향친구 콘츠에게 연락하여 이들이 직접 출간 작업을 맡도록 제안한다. 그러면서 고크에게 "우리는 조국과 소중한 친구에게 빚을 지고 있습니다. 그러니 분명 당신이 이 일을 맡아주실 거라 생각합니다"라고 편지를 쓴다.

횔덜린이 어머니에게 보낸 편지

존귀하신 어머니께!
어머니의 가르침과 그 가르침에 따르는 저의 순종에서 이렇게 편지를 씁니다. 새로운 소식이 있다면 전해주십시오.

                어머니의 가장 헌신적인 아들 횔덜린 올림

4월 9일

콘츠는 케르너에게 편지를 보내 횔덜린이 1792~93년 슈토이트린 연감에 발표한 "꽤 괜찮은" 시들을 시집에 추가해보자고 제안한다. "그 시기 시들은 후기 시보다 확실히 더 낫고, 특히 그의 정신이 불안정하기 시작하던 시기의 시들보다 뛰어납니다. 후기에 쓴 작품 대다수가 프랑크푸르트 연감에 실렸는데 반쯤 광기에 찬 상태에서 쓴 것들이지요."

  이어서 콘츠는 이렇게 경고한다. "일반적으로 이러한 시들을 모으는 것은 섬세한 작업입니다. 저도 한번 그 일을 맡아본 적이 있고, 그 일로 코타와도 이야기했지만, 그는 늘 그렇듯 '코타 특유의 신중하고 닫힌 태도'로 일관하더군요. 횔덜린의 어머니와 누이가 보관해온 문서들에서 작품 몇 편을 발견했습니다. 그중 일부는 마치 관념론 철학의 일곱 번째 하늘에서 내려온 듯한 악마적인 글들이었지만, 정말 진지한 것들도 있었습니다. 벌써 1년이나 횔덜린을 보지 못했습니다. 여름내 그는 제 정원에 와서는 처음엔 제정신인 듯 이성적으로 말을 하다가도 곧 횡설수설하기 시작했습니다. 그러면서, 당신도 아시는 대로, 얼굴과 입을 한껏 일그러뜨리고는 반쯤은 프랑스어, 반쯤은 독일어를 섞어서 '각하' '전하' 같은 의례적인 말들을 반복하더군요. 요즘은 한결 누그러졌지만 예전처럼 즐겁게 아래 정원으로 나와 산책을 즐기지는 않습니다. 날이 풀리면 그를 한번 찾아가볼까 합니다."

5월

콘츠는 다시 케르너에게 편지를 써서 시집에 추가로 실을 시를 제안하며 횔덜린을 만나러 갔던 일을 전한다. "그를 만날 수 있었습니다. 먼저 치머와 그의 방에서 이야기를 나눈 후, 횔덜린과는 그의 옥탑에서 이야기했습니다…… 그는 차분해 보였지만 마지막으로 봤을 때보다 확연히 나이 들어 보였습니다. 대화 내내 이상한 말은 하지 않았지만, 안타깝게도 이성적인 말도 하지 않았습니다. 늘 똑같은 인사, '각하', '전하' 같은 말은 안타깝게도 여전했습니다. 시와 시집에 대한 이야기는 아주 살짝 언급했을 뿐인데, '각하께서 명령하시는 대로'가 그의 대답이었습니다."

여기서 의미심장한 점은 늘 호의적이었던 가까운 친구조차도 횔덜린의 시와 철학적 글들을 '광기의 시선'으로 바라본다는 점이다, 마치 당연한 전제인 것처럼. 실제로 광기를 뒷받침하는 유일한 증거는 그가 거의 모든 인간관계를 멀리했고 그를 찾아오는 손님들을 의례적인 인사말로 맞았다는 사실뿐이다. 이는 시인이 타인과 거리를 두기 위해 선택한 그만의 전략이었는지도 모른다. 이런 경칭과 같은 의례적인 말 없이 매일을 함께 대화하며 지낸 치머가 이 점을 명확히 짚어낸다. "그가 낯선 방문객들에게 경칭을 쓰는 습관이 있다는 걸 들어보셨을 겁니다. 그건 그가 사람들을 멀리하는 방식입니다. 오해하지 마세요. 그는 무슨 일이 있어도 여전히 자유로운 사람이며, 그만큼 그의 영역을 침범해서는 안 됩니다. 그가 당신을 향해 온갖 경칭을 퍼붓는다면, 그건 '제발 저를 내버려두십시오'라는 의미입니다."

한 달 전인 4월 20일, 고크는 케르너에게 편지를 써서 뉘르팅엔에서 발견된 시집 소식을 알린다. 횔덜린이 17세에서 19세 사이에 쓴 시들이다. "그 시집은 출판을 위해서라기보다 가족들을 위한 추억으로 간직해온 것처럼 보입니다." 그리고 어머니가 걱정하고 있다는 점도 전한다. 이 시가 신중하게 다뤄지지 않고 정작 본인도 모른 채 출간된다면 "다행히도 현재는 꽤 평온한" 아들의 마음 상태를 뒤흔들 수 있다고 말이다. "제가 스위스로 가기 1년 전에 형을 만나러 갔습니다. 그때 제가 받은 인상을 짐작하실 수 있으실 것입니다. 나이에 비하면 외모도 괜찮았고, 매우 다정하며 차분하게 보였습니다. 하지만 그가 저를 알아보지 못할 정도로 정신을 꽤 놓아버렸다는 사실은 제게 정말 깊은 슬픔을 안겼습니다." 이 경우에서도 치머의 증언이 시사하는 바가 크다. "횔덜린은 가족을 견디기 힘들어했고, 그들이 오랜만에 찾아오면 격렬한 분노를 터트립니다. 그의 형제가 횔덜린이 사랑했던 여자와 결혼했다는 이야기를 들었습니다." 이로부터 추측하건대, 횔덜린이 가족들로부터 얼마나 깊은 상처를 받았는지, 또한 어떻게 그들과의 관계를 끊으려 했는지를 보여준다.

한편 이복형제 고크는 횔덜린의 시집 출판을 돕기보다는 오히려 방해하는 듯한 태도를 보인다. 먼저 『히페리온』 재출간에 검열의 가능성을 운운하며 망설이더니, 그다음에는 케르너에게 "존경받는 조국의 시인으로서 당신이 직접 코타와 함께 이 시집의 편집을 맡는 게 더 적합할 것 같다"며 일을 지연시킨다.

8월 14일

코타는 『히페리온』의 새 판본을 출간하는 데에는 동의했지만 시집에 대해서는 언급하지 않는다. 11월 22일, 고크와 편지를 주고받은 후, 코타는 『히페리온』 재출간에 대해 100플로린, 시집에 대해서는 11플로린에 해당하는 1카롤린*의 인세를 제안하고, 4년 안에 500부가 팔리면 추가로 1카롤린을 지급하겠다고 제안한다.

횔덜린이 어머니에게 보낸 편지

존경하는 어머니!

어머니의 선함과 훌륭한 품성이 제가 어떻게 감사와 미덕으로 어머니를 따르도록 이끄는지 말씀드리고자 합니다. 다른 사람들에게 덕을 권하고 그들이 그 길로 나아가도록 격려하는 사람은 아마 자신도 행복한 사람일 것입니다. 자신의 모범이 선한 영향을 끼치고, 그 선함이 타인에 미치는 것을 보기 때문입니다. 행복은 그 자체로 기쁜 것이지만, 존중받을 때, 그리고 다른 사람들에 의해 선으로 지지받을 수 있다는 희망으로 인해 더욱 행복합니다. 이 몇 마디 이야기에 행복하시길 바랍니다.

당신의 가장 헌신적인 아들 횔덜린 올림

---

* 카롤린Carolin은 18세기와 19세기에 독일 지역에서 사용되던 금화이다. 주로 남부 독일 지역과 라인란트 지역에서 통용되었다.

9월 1일

고크는 코타에게 답장을 보내 『히페리온』 2판 인세의 절반을 디엔스트에게 주고, 나머지 절반은 저자의 이름으로 최근에 결성된 "횔덜린의 정신적 고향"인 그리스 해방 협회*에 기부하자고 제안한다. 또한 그는 디엔스트가 예상한 43편의 시보다 훨씬 더 많은 시를 수록할 수 있겠다고 전하며, 시집에 적절한 서문도 실으면 좋겠다고 제안한다. 서문은 횔덜린의 삶에서 가장 흥미로운 사건들을 소개하고 그의 불운한 운명에 대해서는 최대한 섬세하게 언급하자는 것이다. 그러면서 이 모든 게 "조국 시인의 지원 덕분"이라 덧붙인다.

10월 10일

디엔스트는 자신과 슐체 모두 어떤 보수도 받지 않겠다고 밝힌다. "이런 보수는 우리의 의도와는 거리가 멀고 우리에게 정당화될 수 없습니다. 애초에 우리는 프로이센의 빌헬름 공주 전하와 함께 가장 순수한 목적, 즉 횔덜린의 생계를 지원하자는 취지에서 이 프로젝트를 시작한 것입니다." 그는 또한 이 시집의 문학적 편집은 케르너, 푸케와 함께 '문헌

---

* 그리스 해방 협회는 '필리케 헤타이리아Filiki Eteria'를 말한다. 그리스어로 '친구들의 사회'라는 뜻이며, 1814년 오데사에서 설립된 비밀결사단체로 오스만 제국으로부터 그리스의 독립을 위해 활동했다.

학자이자 미학 저술가'로 저명한 슐체가 맡았으며, 슐체가 서문도 작성할 예정이라고 전한다.

그 후 몇 달 동안 고크, 코타, 케르너, 디엔스트 사이에 원고료 문제를 두고 서신이 오간다. 디엔스트는 "보통 이런 문제에 관대하다고 들었던 코타가 어째서 이렇게 형편없는 조건을 제시했는지 이해할 수 없다"며 불쾌감을 드러낸다.

12월 초 고크는 『히페리온』에 대해서는 100플로린을 받아들이고, 시집에 대해서는 시집 완성 후에 수락 여부를 결정하겠다고 통보한다. 그러던 중 디엔스트는 고크에게 뜻밖의 제안을 한다. 자신과 슐체를 대신하여 "횔덜린의 어린 시절 친구이자 조국의 시인"인 케르너를 편집자로 내세워 직접 서문까지 쓰게 하는 것이 어떻겠냐고 말이다.

12월 29일
케르너는 고크에게 편지를 보낸다. "디엔스트가 원하는 대로 저는 편집자가 될 수 없습니다. 그것은 시에 도움이 되기보다는 해를 끼칠 것이기 때문입니다." 대신에 그는 울란트에게 부탁해보라고 제안한다. "만약 울란트까지 거절한다면 굳이 편집자를 내세우지 말고 그냥 횔덜린이라는 이름으로 출간하면 어떨까 합니다. 어쨌든 그는 아직 살아 있으니까요." 그는 시집 전체의 제목으로 『프리드리히 횔덜린의 시 전집』을 제안한다.

12월

사촌 케르너에게 보낸 편지에서 베른하르트 고틀리프 덴첼 Bernhard Gottlieb Denzel은 다음과 같이 쓴다. "횔덜린 최고의 시는 1790년대 연감에서 찾을 수 있습니다. 이 중에서도 가장 최고의 시가 1797년에서 1800년까지 약 3년간 『라인 지역 문고판Rheinisches Taschenbuch』*에 실렸습니다. 이 연감 편집자의 이름이 지금은 떠오르지 않지만 R로 시작하는 성직자 혹은 교수였지요. 이후로 횔덜린은 그 어떤 서정시도 쓰지 않았습니다. 프랑크푸르트를 떠나 홈부르크에 머무는 동안 소포클레스 번역 작업을 했지만, 그 번역본에는 그의 정신적 혼란의 흔적이 역력히 남아 있습니다. 적어도 그때부터 저는 그의 작품을 더 이상 읽지 않습니다."

---

* 1795년부터 1833년까지 프랑크푸르트 암 마인에서 출판된 문학 연감이다. 당시 독일 문학계에서 중요한 역할을 했으며 괴테, 실러, 횔덜린 등의 작품이 실렸다.

1822

1월 17일

고크는 코타에게 시집 출판을 위해 "좀더 적절한 보상"을 해달라 요청하고, 출판사로부터 긍정적인 답변을 받는다. 1월 27일에는 인쇄 장당 3두카트를 제안하고 코타가 이를 수락하며 1월 30일 계약서 발송을 알렸지만, 실제로는 3개월이나 늦어진다. 그리고 며칠 전, 울란트는 케르너에게 편지를 써 편집을 맡겠다고 밝힌다. "횔덜린의 시집이 완성되어 출판이 되면 기쁠 것입니다. 저는 고크에게 이미 말했듯이 기꺼이 돕겠습니다. 최근에 「아르히펠라구스 Der Archipelagus」를 다시 읽었습니다. 멋진 시입니다!"

3월 18일

고크는 케르너에게 편지를 써 시집 원고를 울란트에게 전달했다고 알린다. 또한 고크는 "여기저기 흩어져 있던 작품들로는 온전히 이해할 수 없었던 횔덜린의 시 세계가 이 시 전집을 통해 훨씬 더 잘 알려질 수 있게 되어 울란트가 진심으로 기뻐한다고도 전한다. 그리고 그가 원고를 교정하고 교정쇄와 대조할 예정임을 덧붙여 전한다. "슈바프 교수와 함께 이 막중한 작업을 수행할 예정입니다. 울란트는 불행한 시인에 대한 존경심으로 시집 편집에서 외부 개입의 흔적을 최소화하고 오직 시인의 이름으로 출간해야 한다는 당신의 생각에 동의합니다. 조간신문에 발표하여 대중에게 횔덜린의 시 출판을 알리기만 해도 충분할 것입니다…… 울란트에 따르면, 제가 디엔스트에게 언급했던 헤센-홈부르크 가문 일원에 바치는 헌사는 삭제하고 그 고위 인사에게는 대신에 횔덜린의 서명이 들어간 근사한 사본 한 부를 증정해드리는 것으로 충분하지 않을까 합니다."

4월 18일

카를 칠러Karl Ziller는 로이틀링엔에서 메켄 부인으로부터 횔덜린의 시 한 편을 받았다고 고크에게 알린다. 메켄 부인은 "그 시를 실러의 「그리스의 신들Die Götter Griechenlands」에 버금갈 정도의 가치가 있는 작품이라고 생각했다"고 한다. 이어서 놀라운 시 「그리스Griechenland」가 필사되어 있는데, 이 시는 다음과 같이 시작한다.

오, 운명의 목소리들이여, 방랑자의 길들이여!

그 후 6월 18일에 칠러는 소실된 시의 일부인 「포머의 농장Vomers Landgut」 필사본을 보내며 다음과 같이 쓴다. "목가시 특유의 어조와 그리스 서사시의 가장 훌륭한 모방이 드러나며 동시에 뛰어난 시적 고양을 느낄 수 있습니다."

5월 14일
코타는 고크에게 휠덜린 작품집 출판 계약서를 보낸다. "케르너와 슈바프가 시집의 초고를 완성하고 교정하는 대로 출간하며 초판에 한해 인세는 인쇄 장당 3두카트, 4년 내 500부 판매 시 동일한 금액의 추가 인세를 지급한다"는 조건이다.

휠덜린이 어머니에게 보낸 편지
존경하는 어머니!
제가 어머니의 심기를 거스르지 않는 한에서 이 편지를 씁니다. 어머니의 안녕과 마음 상태는 언제나 제게 중요합니다. 이것만으로 만족하실 수 있다면, 제게 큰 은혜가 될 것입니다. 제가 더 기도를 한다는 것도, 또 늘 그렇듯 이번에도 어머니를 귀찮게 해드리는 것도 이미 익숙하실 거라 생각합니다.

어머니의 헌신적인 아들 횔덜린 올림

7월 3일

빌헬름 바이블링거가 횔덜린을 처음 방문한다. 1830년 로마에서 26세의 나이로 사망한 바이블링거는 1831년 라이프치히에서 출간된 시인의 전기를 쓴 최초의 작가이다.

바이블링거의 일기에서

"이미 바트 우라흐에서…… 나는 이 천재 횔덜린의 시를 받았다. 이제 울란트와 슈바프가 이를 출판할 예정이고, 시인의 처참한 운명은 하우크의 설명을 통해 이미 알고 있었다. 오늘 나는 부름Christian Friedrich Wurm과 함께 그를 방문했다. 네카강을 따라 난 좁은 돌계단을 올라 작은 길모퉁이에 도착하자 잘 지어진 집이 나왔다. 문 앞의 목공소 간판을 보고 제대로 찾아왔음을 알았다. 계단을 올라가자 아주 예쁜 소녀가 우리를 맞이했다. 우리에게 무슨 일 때문에 왔냐고 물었을 때 나는 그녀를 넋을 잃고 바라봤다. 그녀의 커다랗고 생기 넘치는 눈이었는지, 필리핀 사람 같은 이목구비였는지,

가녀리고 부드러운 목이었는지, 젊고 사랑스러운 가슴인지, 조화로운 작은 체구인지, 아니면 이 모든 것인지, 도대체 무엇이 나를 매료시켰는지 알 수 없었다. 열려 있던 문에서 장식되지 않은, 흰색 칠을 한 원형 극장 모양의 작은 방이 나타났고, 그곳에 한 남자가 서 있었다. 그는 한 손을 엉덩이까지 오는 바지에 찔러 넣고 우리에게 계속해서 과도한 존칭을 늘어놓았다. 소녀는 속삭였다. '그분이에요!' 그의 기이한 모습에 나는 혼란스러웠다. 나는 그에게 다가가 궁정 고문관 하우크와 재무 고문관 바이서의 추천서를 건넸다. 횔덜린은 오른손을 문에 달린 상자 위에 올려놓고 왼손은 바지 주머니에 넣은 채, 땀으로 얼룩진 셔츠를 걸치고 영혼이 가득 담긴 눈으로 뼛속까지 한기가 스며들 정도로 나를 너무나도 쓸쓸하고 연민에 찬 눈빛으로 바라보았다. 그리곤 나를 '각하'라고 부르며 말을 걸었는데, 그 외의 말은 프랑스어가 섞인 불분명하고 이해할 수 없는 말들이었다. 나는 사형수처럼 그의 앞에 섰다. 혀는 굳고, 눈은 흐려졌으며, 온몸에 공포감이 감돌았다. 아! 가장 천재적이고 가장 영적인 사람, 가장 풍요롭고 위대한 인간의 가장 비참한 모습을 보다니…… 20년 전만 해도 이루 말할 수 없이 마법 같은 사유를 풍요롭게 뿜어내며 자신의 시적 소용돌이로 모든 것을 가득 채웠던 영혼이 이제는 가장 사소한 것에조차 명확한 인식을 못 하게 되다니. 아! 신을 원망하지 않을 수 있을까? 부름도 나만큼이나 망연자실한 상태에서 횔덜린에게 하우크를 아는지 물었다. 사실 횔덜린은 하우크를 잘 알고 있었다. 횔덜린은 고개를 숙였고, 우리는 결코 이해할 수 없는, 그의 심해와 같은 영혼은 이런 말을 했다. '각하'라고 하고서는 다시 프랑스어로 말을 이었고, 우리를 경배하듯 바라보았다. 그러더니 '이에 대해서는 제가 대답할 수 없습니다, 대답해서도 안 됩니다'라고 했다. 우리는 말을 잃었고, 소녀는 그와 대화를 더 나눠보라고 했지만, 우리는 문지방에 서 있기만 했다. 그는 다시 중얼거렸다. '저는 가톨릭 신자가 되려고 생각 중입니다, 각하.' 부름은 그에게 그리스에서 일어난 사건들에 대해 만족하냐고 물었다. 횔덜린은 한때 그리스 세계를 가장 열렬하게 받아들였던 사람이었기 때문이다. 그러자 그는 다시 지나친 존칭과 이해할 수 없는 말들을 쏟아냈다. '각하, 그것에 대해서는 제가 대답할 수 없습니다, 대답해서도 안 됩니다.' 그가 한 말 중 유일하게 이성적이었던 것은 부름이 그의 방에서 탁 트인 시골 풍경이 아름답게 보인다고 하자 '네, 네, 각하. 아름답습니다, 아름다워요!'라고 한 대답이었다. 그러고는 방 한가운데 서서 몇 번이고 바닥까지 고개를 숙여 인사했다. 그러나 우리는 '전하, 전하' 외에 알아들을 수 있는 말이 없었다. 우리는 더 이상 버틸 수 없었고 5분

10.
빌헬름 바이블링거의 자화상(드로잉, 1825년)

도 채 되지 않아 목수의 방으로 서둘러 건너갔다. 그곳에서 우리는 아름답고 친절한 소녀와 그녀의 어머니에게서 그가 이곳에 머무르게 된 이후의 모든 이야기를 들었다. 16년 전부터 정신이 나가 있었고, 현재 그의 나이 50세이다. 이따금 그는 어느 정도 이성을 되찾기도 하고, 소리를 지르고 안절부절못하기도 했다. 그런 증상들이 지금은 줄었지만, 그렇다고 완전히 회복한 것도 아니다. 지난 6년간 그는 하루 종일 방 안을 서성이며 아무것도 하지 않고 혼잣말을 중얼거렸다. 밤에는 종종 깨어 집 안을 배회하고 문 앞까지 나가는 일이 잦다고 한다. 보통은 목수와 함께 외출을 하고, 손에 잡히는 종잇조각마다 뭔가를 적는다고 한다. 완전히 의미 없는 말들이지만, 이따금 매우 신비로운 의미를 담고 있는 듯 보이기도 했다. 횔덜린은 그 종이 뭉치들 중 하나를 내게 건넸고, 나는 운율은 정확하지만 의미는 전혀 없는 시구 몇 개를 읽었다. 나는 그중 하나를 가져가도 되는지 물었다. 핀다로스식 문체가 종종 반복되는 게 눈에 띈다. 그가 어느 정도 알아들을 수 있게 말할 때는 늘 고통, 오이디푸스, 그리스에 대해 이야기했다. 우리는 작별 인사를 하고 계단을 내려가면서 열린 문틈으로 그가 방 안을 걷는 모습을 다시 한번 보았다. 공포의 전율이 밀려왔고, 우리 눈앞에 있는 존재가 마치 우리 안을 왔다 갔다 하는 짐승 같다고 느꼈다. 우리는 멍한 상태로 서둘러 집으로 발걸음을 옮겼다.

    하루 종일 나는 이 참혹한 방문을 잊을 수 없었다. 횔덜린의 모습이 끊임없이 떠올랐다. 그 사랑스러운 소녀도 잊을 수 없었고, 그들을 다시 찾아가면 그녀도 볼 수 있다는 생각은 달콤한 위안이었다. 정오 무렵 나는 횔덜린과 그 소녀에 대한 생각에 잠긴 채 슈투트가르트를 향해 출발하려고 하였다. 떠나려는 순간, 계단에서 물병을 든 그녀와 마주쳤다."

    횔덜린이 바이블링거를 '각하' '폐하' 등의 경칭으로 불러서 바이블링거가 놀랐다고 서술했는데, 이는 매우 의아한 대목이다. 정작 그가 자신을 소개하면서 '궁정 고문관' '재무 고문관'과 같은 공식 직함을 가진 이들의 추천사를 내보이지 않았던가. 그는 횔덜린이 모든 사람에게 그러한 의례적인 호칭을 반어적으로 쓰고 있다는 사실을 이해하지 못했던 것이다.

8월 6일

바이블링거는 울란트로부터 『히페리온』 한 권을 받는다. "횔덜린은 나를 열광하게 한다. 오, 신이시여! 신이시여! 이 철학들, 이 광인의 오묘하고 고귀하고 순수한 정신이 이 미치광이 안에 있다니! 나는 이곳을 떠날 수 없다. 『히페리온』은 사상으로 가득하고 정신으로 충만하다. 횔덜린은 나를 뒤흔든다. 나는 그에게서 무한히 풍부한 영적 양식을 발견한다. 그는 내 가슴을 활짝 열어젖힌다. 나는 이 위대하고 열정적인 영혼에 친밀감을 느낀다. 아, 횔덜린, 광기여!"

8월 9일

"『히페리온』은 『젊은 베르테르의 슬픔』만큼이나 불멸의 가치를 지니며, 『메시아』보다 더 뛰어나다…… 횔덜린은 지구상에서 몇 안 되는, 술에 취한 듯 신성을 침범한 사람 중 하나다. 그는 신성한 자연의 성스러운 사제다…… 나는 시적 서사를 쓰고 싶은 강렬한 충동을 느낀다…… 당장 써야 한다, 당장 써야 한다…… 이제 나는 그 광인에 대한 정확한 소식을 들어야겠다."

8월 10일

"내 소설의 주인공은 횔덜린 같은 자이다. 신에 대한 사랑과 갈망으로 신성에 취해 미쳐가는 사람."

8월 11일

"나는 소설을 쓰고 있다!…… 깊이 있고 환상적인 분위기의 소설이다. 흔한 『젊은 베르테르의 슬픔』이 아니다. 무언가

특별하고 완전히 독창적인 것…… 내가 나의 예술가처럼 미쳐버리지 않는다면, 나는 위대한 무언가를 만들어낼 것이다. 횔덜린의 이야기는 마지막에 활용할 계획이다."

9월 1일

"횔덜린처럼 천상의 순수함에서 참혹한 혼란을 겪고 가장 잔혹하게 추락한 정신은 평생 제자리걸음만 하는 나약한 이들보다 훨씬 위대한 존재다. 횔덜린은 그런 사람이다. 그의 삶은 인류의 위대하고도 처참한 신비다. 이 고귀한 정신은 추락해야만 했다, 그렇지 않았다면 그는 그렇게 높이 날 수 없었을 것이다. 다른 모든 시인들은 무엇이란 말인가. 뷔르거Gottfried August Bürger, 마티손, 티제Christoph August Tiedge, 우츠Johann Peter Uz, 크라머Kramer*, 클라이스트, 코제가르텐Ludwig Gotthard Kosegarten, 바이저, 노이퍼, 하우크는 횔덜린에 비하면 아무것도 아니다."

10월 24일

바이블링거가 횔덜린을 다시 방문한다. "그에게 많은 질문

---

* 아감벤에 따르면, 독일어 원문에 철자가 잘못 표기되어 있다고 지적하나 여기서 언급된 '크라머'가 누구인지 불분명하다. 독일의 고전 학자이자 문학 비평가인 크리스티안 아돌프 클로츠Christian Adolph Klotz(1738~1771)일 가능성이 높다.

을 했다. 그의 첫마디는 이성적이었지만, 나머지는 무섭도록 횡설수설했다. 내가 목수에게 가려고 나서자, 횔덜린은 그 소녀에게 나를 안다고, 자기를 찾아왔던 친절한 사람이라고 말했다. 그에게 편지를 써야겠다고 마음먹었다."

1831년에 출간된 전기에서 바이블링거는 횔덜린이 가장 자주 반복했던 말 중 하나가 "Es geschieht mir nichts" 즉, 문자 그대로 "나에게 아무 일도 일어나지 않는다"였다고 전한다. 탑 안에서의 시인의 삶에는 어떤 일도 일어날 수 없다.

11월 26일
"콘츠와 한 시간 동안 이야기를 나눴다. 그는 실러와 횔덜린에 대해 이야기했다. 사랑 없이는 존재도 삶도 없다. 사랑 없이는 영혼도, 신도, 자연도 없다!…… 아! 나는, 나는 여전히 행복할 것이고, 사랑으로 행복해질 것이다. 명예에 대한 갈망, 과도한 긴장, 그리고 불행한 사랑이 횔덜린을 광기로 몰고 갔다. 나도 그렇게 될까?"

1823

바이블링거는 튀빙엔에 정착하여 외스터베르크에 정원이 딸린 집을 빌려 살면서 계속해서 횔덜린을 찾아간다.

2월 22일 바이블링거의 일기에서
"떨리는 마음으로 광기의 횔덜린에게 가까이 다가섰다. 그는 피아노를 연주하고 있었다. 그는 무려 여드레 동안 쉬지 않고 그렇게 연주할 수 있다고 한다. 내가 있어도 전혀 방해받지 않는 것 같았다."

2월 23일
"하나이자 전부Hen Kai Pan! 이 말을 내 작은 정원 집 벽에 걸어두고 싶다."

3월 23일

치머는 횔덜린의 어머니에게 그의 상태가 갑자기 호전되었다고 편지를 쓴다. 이제 그는 하루 종일 목수 가족과 함께 지낸다고 한다. "최근의 횔덜린은 긴 잠에서 깨어난 것 같습니다. 신문도 읽고 뷔르템베르크가 왕국이 되었는지 묻기도 했습니다. 내가 그렇다고 확인해주자 놀랐습니다. 그는 그리스인들에게도 관심이 많아 그들의 승리에 대한 기사도 주의 깊게 읽었습니다. 마지막에 내가 펠로폰네소스 전역이 튀르크족으로부터 해방되었다고 말하자 '놀랍군요. 참 기쁜 소식입니다'라고 외치며 좋아했습니다. 그는 내 아들 크리스티안과 프랑스어로 대화하는데, 여전히 꽤 잘합니다. 날씨가 좋으면 외스터베르크로 자주 산책을 갈 거라고 크리스티안에게 프랑스어로 말했습니다. 당신에게 『히페리온』을 다시 보내드릴 수 없을 것 같습니다. 그는 매일 그것을 읽고, 콘츠가 번역한 그리스 시인들의 작품도 읽습니다. 때때로 크리스티안에게서 고전 작품을 빌려 읽기도 합니다."

6월 8일

"횔덜린을 방문하여 내일 산책을 하자고 했다. 며칠 동안 그는 계속 침대에 누워 있었고, 아침에만 잠깐 성벽을 따라 오르락내리락 걷는다. 그는 『히페리온』을 자주 읽는다. 그의 이상한 습관 중 하나는 식사를 마치자마자 식기를 문 앞에 내놓는 것이다. 그는 나에게 횡설수설한 말도 했다."

6월 9일

"오늘도 횔덜린은 여전히 침대에 누워 있었고, 믿기 어려운 터무니없는 핑계를 대며 '고귀한 분'과의 외출을 거부했다. 목수는 그의 삶에 대해 많은 이야기를 들려주었다. 자위행위 또한 그의 몰락에 영향을 미쳤다. 그러나 그의 삶은 무한히 풍요롭다. 횔덜린은 독일 최고의 서정 시인이 될 수 있었다. 젊은 치머가 마침내 그를 일어나게 설득했다. 요즘 아침에는 정오까지 성벽을 따라 오르락내리락한다. 횔덜린은 나를 즉시 알아보고 어이없게 사과했다. 그는 계속 '폐하, 성하, 각하, 신부님! 자비롭게도, 저는 저의 **복종**을 맹세합니다'라는 말만 반복해서 말한다. 나는 그에게 나의 판테온으로 가자고 제안했다. 찬란한 봄 아침의 풍경이 마침내 그를 설득한 것 같았다. 나는 그에게 수많은 질문을 했지만, 돌아오는 대답은 늘 이해할 수 없거나 말도 안 되는 말뿐이었다. 내가 '사서 선생님, 연세가 어떻게 되세요?'라고 묻자, 그는 프랑스어 단어들을 쏟아내며 '모르겠습니다, 각하'라고 답했다. 나는 그에게 예전 일들을 상기시키려 했지만 헛수고였다. 치머는 횔덜린이 내 작은 집에 들어왔다는 사실에 놀라

워했고, 내가 불을 붙여 건넨 파이프를 피우며 즐거워하는 모습을 보고 신기해했다. 내가 권하자 그는 내 책상에 앉아 시를 쓰기 시작했다. 제목은 「봄 Der Frühling」이었다. 그는 운율에 맞춰 다섯 행만 쓰더니 깊이 허리 숙여 절하며 나에게 건넸다. 그때까지 그는 혼잣말을 멈추지 않았다. '맞습니다. 지금은 아닙니다! 사실입니다! 저는 각하께 매우 헌신적입니다. 저는 각하께 복종을 맹세합니다. 예, 예, 제가 말할 수 있는 것보다 더, 각하께서는 너무 자비로우십니다.' 내가 나도 시인이 되고 싶다고 말하고 그에게 글을 보여주자 그는 나를 빤히 쳐다보고 절하며 말했다. '그렇습니까! 그렇습니까? 각하께서 시를 쓰신다구요? 정말 옳은 일입니다.' 내가 하우크의 불운에 대해 이야기하자, 그는 진심으로 공감하며 '아!' 라고 외쳤다. 그도 나에게 내 나이를 물었다. 하지만 그가 글쓰기를 마치자마자 침묵에 잠겼고, 창밖을 오랫동안 바라보며 더 이상 아무 말도 하지 않더니 이렇게 말했다. '놀랍도록 아름답습니다, 각하께서 가지신 것은.' 그는 다시금 고개를 떨구고 깊은 생각에 잠겼다. 오직 입술만 경련이 일듯 움직였다. 마침내 그는 모자를 쓰고 아무런 인사도 없이 우리와 함께 조용히 나섰다. 말도 없이, 아무런 인사도 없이, 평소에는 예의상 우리 뒤에 머물렀던 그였지만, 이번에는 우리 뒤에 서지 않고, 입가에는 멜로디를 흥얼거리며, 그리고 마침내 작별 인사를 하며 나에게 적당한 격식을 차려 인사를 했다. 그가 이성을 온전히 되찾기는 어렵다. 그의 약해진 육체도 그걸 막는다. 하지만 그를 진정시키고, 평온하게 하고, 평화롭게 하는 것은 가능하며, 비록 몇 시간 동안이지만 나는 그렇게 했다고 생각한다. 그는 나를 매우 신뢰하는 것 같다. 오늘 그의 행동이 그 증거다. 나는 그를 더 자주 나의 산으로 데려가고 어떻게든 그와 가까이 지내려고 노력할 것이다."

6월 15일

"휠덜린이 우리 집에 와서 나를 위해 『히페리온』을 읽어주었다. 아! 나는 아직도 기쁨으로 가득 찬 아이일 뿐이다. 휠덜린은 나의 가장 소중한 친구다! 하지만 그는 광인이다. 아, 나는 그의 야윈 맨 입술에 키스도 할 수 있을 것 같다!"

7월 9일 바이블링거가 프리드리히 에저에게 보낸 편지에서

"휠덜린은 정원이 있는 우리 집에 종종 와. 그는 나를 엄청나게 신뢰하지. 나의 『파에톤 *Phaeton*』을 읽고는 '당신은 위대한 군주가 될 것입니다, 폐하!'라고 예언하기도 했어. 그는 우리 집에서 시를 쓰기도 해."

7월 27일

뫼리케Eduard Mörike는 루돌프 로바우어, 석판화가 고틀로프 슈라이너와 함께 횔덜린을 방문한다. "그들은 불쌍한 사람의 옆모습을 장난삼아 종이에 그렸고, 나는 아직도 그것을 보관하고 있다." 바이블링거는 횔덜린이 쓴 몇 장의 종이를 그들에게 건넨다. "시 두 편 그리고 『히페리온』 소설과 연관된 몇 통의 편지. 이 편지들은 그의 초기 작품들과 엄청난 대조를 이루기 때문에 놀랍고 감동적이다. 그리고 광기의 수수께끼 속에서 두 시는 한편으로는 근사한 의미를 짐작케 하고 다른 한편으로는 그것을 명확히 드러낸다."

횔덜린이 카를 고크에게 보내는 편지

사랑하는 형제여!
나의 편지를 반갑게 받아주길 바란다. 네가 건강하고 잘 지낸다는 소식이 나에게 진정한 기쁨이란 것을 네가 믿어줄 거라 확신한다. 비록 자주 편지를 쓰지는 못하지만, 이 편지를 나의 마음이 담긴 인사로 받아주길 바란다. 이만 줄여야겠다. 너의 따뜻한 마음에 감사하며, 내 이름을 쓴다.

너를 존경하는 형제 횔덜린

11.
53세의 횔덜린.
슈라이너와 로바우어의 연필 스케치(1823년)

1824

7월 1일 바이블링거의 일기에서

"횔덜린이 피아노를 연주하며 노래를 불렀다."

횔덜린이 어머니에게 보낸 편지

존경하는 어머니!

지금 저의 상태가 어떠한지 어머니께서 잘 아시듯이, 제 의사를 제대로 전달할 수 있다고 느낄 때 어머니께 편지를 써 보내겠습니다. 제가 답장을 드릴 수 있도록 편지에 많은 이야기를 담아 들려주세요.

어머니의 헌신적인 아들 횔덜린 올림

니나 폰 닌도르프Nina von Nindorf의 증언에서

1840년 슈투트가르트에서 발간된 닌도르프의 『바이에른, 티

롤, 슈바벤 여행 풍경 Reisescenen in Bayern, Tyrol, Schwaben』에는 뫼리케가 횔덜린을 방문했을 것으로 추정되는 이야기가 언급된다. "뫼리케는 대학 시절 종종 불행한 시인을 찾아가곤 했다. 시인은 대부분 맑고 아름다운 순간을 보냈지만, 말이 막혀 더 이상 풀어나갈 수 없을 때면, 'Z, 그렇다니까요!'(알파벳의 마지막 자를 의미하는 듯하다) 하며 말을 끝맺곤 했다."

1825

테오도어 피셔Theodor Vischer의 증언

1825년부터 1830년까지 튀빙엔에서 공부한 테오도어 피셔는 횔덜린을 네 번 방문했다고 회상한다. "그와 대화를 나누고 때때로 서로를 이해할 수 있었다. 그의 말은 어떤 때는 완전히 이성적이고 명료했지만, 어떤 때는 모호하고 난해했다. 그는 사고의 일관성이 부족했지만, 고정된 망상에 사로잡힌 것 같진 않았다…… 그의 얼굴에는 여전히 뛰어난 아름다움의 흔적이 남아 있었다. 이마는 높고 맑았으며, 콧날은 고귀했고, 턱선은 그리스 조각상처럼 균형 잡혔다."

5월 13일

울란트는 횔덜린의 시집을 편집하여 카를 고크에게 보내며 이렇게 덧붙인다. "이 시집은 슈바프와 제가 감수한 대로 출간될 것입니다. 우리는 시인의 독창적 역량이 채 꽃피지 않았던 시기의 작품들은 다 제외하기로 결정했습니다. 슈퇴들린의 연감에 실린 송가들이 그 예인데, 아직 실러의 모방에서 벗어나지 못한 작품들입니다. 정신의 명료함이 이미 흐려진 시기에 쓰인 작품들도 마찬가지로 제외했습니다. 이 경계를 긋는 것이 쉽지 않았습니다. 「파트모스」, 「케이론 Chiron」과 같은 작품도 포함될 수 없었습니다. 독일에서 위대한 시에 대한 감각이 죽지 않았다면, 이 시집은 큰 반향을 일으킬 것입니다."

치머는 횔덜린이 쓴 「신은 누구인가」 원고 뒷면에 시 두 연을 필사를 한다. 횔덜린이 치머에게 헌정했고, 아마도 시인이 불러주는 대로 받아 적어놓은 것 같다.

> **「치머에게 An Zimmern」**
> 한 인간에 대해 말하노니, 그가 선하고
> 현명하다면 무엇이 필요하겠는가? 무엇이
> 한 영혼을 만족시킬 수 있는가? 먹여 살릴 곡식 줄기 하나,
> 대지에서 가장 잘 익은 포도송이가
>
> 자라서, 그를 배불릴 수 있는가? 그러므로 의미는 이러하다.

친구는 종종 연인이요, 예술 또한 그러하다.
오, 소중한 이여, 그대에게 진실을 말하노니.
다이달로스의 정신과 숲의 정령이 그대의 것이다.[*]

---

[*] 이 시는 물질적인 풍요가 아닌, 자연의 조화와 숙련된 기술로 진정한 가치와 행복을 찾는 치머를 향한 횔덜린의 존경과 감사의 마음이 담겨 있는 시라고 볼 수 있다. 횔덜린은 신화 속 인물인 다이달로스를 통해 치머의 장인 정신을 이상화하고, 자연의 이미지를 통해 그의 소박하고 진실한 면모를 예찬하고 있다.

1826

2월 23일

바이블링거는 아돌프 뮐너 Adolf Müllner에게 「횔덜린에게 An Hölderlin」라는 시를 보낸다. 시는 다음과 같이 시작한다.

오라,
슬픔의 성자여.
보라,
너의 혼란스러운 눈으로
너의 젊음의 아름다움,
너의 어린 시절 마음의
열린 안개 무덤을.

시와 함께 보낸 편지에서 바이블링거는 새로 출간된 『히페리온』이 마땅히 받아야 할 호응을 얻지 못했고, "가장 순수한 서정적 재능의 불꽃은 대중의 시선에서뿐 아니라 미쳐버린 시인의 영혼 속에서도 거의 꺼져버린 듯하다"고 말했다. 이러한 상황에서 바이블링거는 곧 『프리드리히 횔덜린의 삶, 시 그리고 광기 Friedrich Hölderlins Leben, Dichtung und Wahnsinn』의 출간 소식을 알리며, 이 책은 "비극적 운명과 싸우는 거인과 그의 열망에 관한 흥미로운 이야기가 될 것"이라고 전했다. 그리고 이렇게 덧붙였다.

"이 시에 대한 해설로 도움이 될 만한 이야기를 하자면, 『히페리온』의 작가이자 광기의 시인이 여름 내내 나를 집으로 찾아왔다는 사실도 기억할 필요가 있다. 그 집은 이전에 빌란트가 살았던 곳으로 정원이 딸려 있다. 그곳에선 가장 달콤하고도 슬픈 기억조차 불행한 시인에게는 성스럽게 느껴질 만큼 매혹적인 전망을 즐길 수 있었다. 그리고 여기서 그는 『히페리온』과 섬뜩한 시들을 큰 소리로 읽었다."

횔덜린이 바이블링거에게 시를 헌정한다.

「빌헬름 바이블링거에게 Für Wilhelm Waiblinger」
사람이 즐거울 때 이것이 어떤 문제가 되겠는가?
그들이 선한지, 혹은 덕을 위해 사는지가 문제이다.

그러면 영혼은 가벼워지고 슬픔은 드물어지고,
믿음도 똑같이 주어진다.

횔덜린이 자신을 찾는 방문객들을 위해 쓴 문구와 격언들

질라어 경에게: 모든 인간은 선하다.

나르티체어 경에게: 인간은 그들에게, 특히 적대적이지 않다.

조미니어 경에게: 모든 인간은 그들이 참여하는 방식대로 존재한다.

파리슈리어 경에게: 인간은 서로에게 특히 어떠한 존재인가에 따라 그러한 존재가 된다.

치르비체어 경에게: 인간은 서로에게 선할 때 그러한 존재가 된다.

6월 초

코타는 마침내 횔덜린의 시집을 출판한다. 고크는 그의 형제에게 책 한 권을 보내며, 직접 전해주지 못해 미안하다는 사과의 편지를 함께 보낸다. "이제 형의 훌륭한 시의 결실이 세상에 보존될 것이며, 교양 있고 깊은 감성을 가진 모든 이들이 형을 기억할 것이야…… 코타가 보내온 시집과 『히페리온』 2판의 인세는 뉘르팅엔에 있는 어머니에게 전달되었고, 형의 몫인 만큼 형이 원하는 대로 사용될 거야…… 가능한 한 올여름에 형을 보러갈 수 있기를 바라. 아마도 내 아내와 두 아이들, 카를과 이다도 함께 갈 수 있을 것 같아. 아이들이 오랫동안 삼촌을 만나고 싶어 했어."

한 증언에 따르면, 횔덜린은 출간에 대해 큰 불만을 표하며 "내가 쓴 것은 내 스스로도 출간할 수 있다, 도움은 필요 없다"라는 말을 했다고 전해진다.

횔덜린이 어머니에게 보내는 편지
사랑하는 어머니!
제가 어머니께 부탁드릴 수밖에 없었던 그 일을 부디 어머니께서 감당해주시기를 간청드립니다. 어머니께서 제게 주고자 하신 것에 대해, 어머니께서 요구하시는 대로 명확하게 말씀드려야 했습니다. 어머니께서 이미 알고 계시는 어떤 상황이나 감정 때문에, 어머니께서 저에게 특정 감정을 느끼거나 받아들이라고 강요하시는 것은 제가 할 수 없다는 말씀을 드려야 하겠습니다.

어머니의 헌신적인 아들 횔덜린 올림

뫼리케는 고틀로프 슈라이너와 함께 다시 횔덜린을 찾아간다. 슈라이너는 횔덜린의 초상화를 목탄으로 그렸는데, 뫼리케에 따르면 "그와 매우 닮았다"고 한다.

1827

1월 24일

울란트는 파른하겐 폰 엔제에게 편지를 보내 횔덜린 시집의 초고를 자신이 원하는 대로 수정하지 못한 것에 아쉬움을 토로한다. 그는 다음과 같이 쓴다. "우리는 아직 완성되지 않은 그의 『엠페도클레스의 죽음』에서 여러 단편들을 발굴했습니다…… 인쇄상의 오류는 우리의 책임이 아닙니다. 우리는 교정을 요구했고 오랫동안 답을 기다렸지만, 어느 날 우연히 아우크스부르크에서 이미 거의 인쇄가 끝난 것을 보게 되었습니다. 인쇄본과 원고를 제가 일일히 다 대조할 수 없었지만 일부 인쇄본에서 발견한 오류를 최대한 바로잡기 위해 긴 정오표를 작성했습니다."

12.
1826년 횔덜린 시집 초판 표지

3월 20일

울란트는 케르너에게 편지를 썼다. "고크에게서 횔덜린의 시집을 받아 보았나요? 엄청난 반향을 일으키고 있습니다!"

횔덜린이 어머니에게 보낸 편지

친절한 치머 씨의 허락 덕분에 자유롭게 어머니께 깊은 존경을 표하며,

어머니의 헌신적인 아들 횔덜린 올림

   그해 봄에 구스타프 슈바프는 『문학 향유 Blätter für literarische Unterhaltung』* 지에 '횔덜린의 시' 평론을 발표한다.

---

* 1826년부터 1898년까지 독일에서 발행된 문학 저널.

1828

2월에 아르님은 『베를린 대화 Berliner Conversationsblatt』* 지에 「횔덜린과의 소풍 Ausflüge mit Hölderlin」이라는 제목의 산문을 발표한다. 이 글에서 그는 울란트와 슈바프가 편찬한 횔덜린 시집에서 일부 시가 제외된 것을 비판하며, 부록에 찬가 「파트모스」의 산문 버전을 싣는다.

2월 17일

횔덜린의 어머니 요하나 크리스티아나 고크가 사망하고, 이틀 후 뉘르팅엔에서 장례식이 치러진다. 치머가 횔덜린의 누이 브로인린 하인리케 Breunlin Heinrike에게 보낸 편지에 따르

---

* 1827년부터 1829년까지 베를린에서 발행되었던 정기 간행물이다. 주로 시, 문학, 비평 등을 다루었다.

면, 횔덜린은 어머니의 죽음에 별다른 반응을 보이지 않았다. "그가 어머니의 비보가 담긴 편지를 받은 순간부터 저는 그의 사랑하는 어머니, 고인이 된 그분에 대해 더 이상 이야기하지 않았습니다. 그 역시 그 문제에 대해 더는 아무 말도 하지 않았습니다." 슈바프 또한 전기에서 다음과 같이 쓴다. "어머니 그리고 어머니의 죽음은 횔덜린에게 거의 영향을 미치지 않은 듯 보였다. 그의 정신은 가장 냉혹한 인간조차 자연스레 지배받는 법칙에 더 이상 적용받지 않았다."

2월 20일

유언장 개봉식이 있었고, 그 자리에 횔덜린을 대신해 그의 후견인 이즈라엘 고트프리트 부르크Israel Gottfried Burk가 참석한다. 18,863플로린에 달하는 유산 분할을 두고 카를 고크와 그의 누이 하인리케, 그리고 횔덜린의 후견인 사이에 분쟁이 벌어지는데, 이 분쟁은 1829년 9월 29일 슈투트가르트 왕립 법원의 판결로 마무리된다. 고크는 어머니의 유언은 물론, 이미 사망한 아버지와 누이 리케의 유산도 상속받을 권리가 횔덜린에 있다는 사실을 무시한 채, 그의 이복형제 횔덜린이 이미 생활비로 충분한 지원을 받아왔기 때문에 상속 재산에 아무런 권리가 없다고 주장한다. 법원은 사망한 크리스티아나 고크의 풍족했던 재정 상태와 그녀가 아픈 아들의 부양을 명목으로 지원금을 받아온 사실을 고려하여, 고크과 그의 여동생에게 각각 5,230플로린을, "횔덜린 선생"에게는 9,074플로린을 지급하라고 판결한다. 판결문에 따르면, 횔덜린은 아버지의 유산에 대해서도 상속 권리가 있었음에도, 어머니에게 재산 관리를 맡기면서 극심한 재정적 어려움에 처한 경우에만 소액으로 지원받는 데 그쳤다. 치머는 1828년 4월 16일 부르크에게 이 상속 사건에 대해 다음과 같이 편지를 써보낸다. "어머니가 남겨준 것조차 제대로 인정받지 못하는 그의 현실이 참으로 애석합니다. 여기서도 운명이 그를 괴롭히네요. 훗날 누군가 이 사건을 그의 전기에서 다루게 된다면, 과연 뭐라고 쓸까요? 저는 언젠가 이 이야기를 다룬 그런 전기가 꼭 나오기를 바랍니다."

4월 15일 재단사 필리프 포이히트가 "사서 횔덜린 씨" 앞으로 발행한 청구서

2월 28일	양복 조끼 제작	36크로이처
	단추 달린 바지 두 벌 수선	28크로이처
4월 15일	바지 한 벌 수선	16크로이처

4월 16일

치머가 후견인 부르크에게 횔덜린의 넉 달 치 생활비 청구서를 보낸다. 총금액은 대략 52플로린이다. 여기에는 숙식 외에도 성촉절*과 성 조지 축일**까지의 여러 부대 비용이 포함되어 있다.

코담배	1.27플로린
그릇	5.30플로린
이발	1.30플로린
와인	6플로린
세탁	2.24플로린
검정색 목수건	1.52플로린
구두 수선	1.42플로린
상점물품	1.18플로린
재단사	1.47플로린

그리고 같이 보내는 편지에서 치머는 이렇게 쓴다. "당신이 이 가여운 횔덜린에 대해 얼마나 알고 있고 관심이 있는지 나는 잘 모릅니다. 그는 모든 면에서 주목받을 자격이 있는 사람입니다. 최근 한 신문은 그를 독일 최고의 서정시인

---

* 예수 탄생 40일째 되는 날을 기념하는 가톨릭 축일로, 2월 2일이다.
** 용을 물리친 전설로 유명한 초기 기독교 성인 조지Georgius를 기리는 날로, 4월 23일이다.

이라고 칭했지만, 그의 훌륭하고 위대한 정신이 지금 족쇄에 묶여 있다는 것은 안타까운 일입니다. 그의 영혼 또한 지극히 풍요롭고 심오해서 지상에서 그와 같은 사람을 찾기 어렵습니다."

7월 19일

치머는 횔덜린의 누이동생인 하인리케에게 편지를 써서 성 조지 축일부터 성 야고보 축일*까지의 지출 내역을 첨부했다. "당신의 형제는 잘 지내고 있습니다. 새벽에 일어나 저녁 7시까지 산책을 하고, 저녁을 먹은 후 곧바로 잠자리에 듭니다. 그의 체력은 여전히 좋고 식욕도 왕성합니다. 이제 얼굴은 나이가 좀 들어 보이는데, 앞니가 빠지면서 입술이 안으로 말려 들어가고 턱이 앞으로 튀어나왔습니다. 그는 더 이상 불만을 드러내지 않고 마음은 평온하며, 사람들을 대할 때도 매우 즐겁고 사려 깊습니다. 하지만 여전히 낯선 사람들이 그에게 말을 걸거나 그의 습관을 방해하려 하면 불쾌해합니다." 이어지는 "성 조지 축일부터 성 야고보 축일까지" 이 기간 내 총지출 내역은 57플로린이며, 이전 청구서에 누락된 조명값 1플로린 36크로이처도 포함되어 있다.

---

* 예수 그리스도의 12사도 중 한 명인 성 야고보Jacobus를 기리는 날로, 7월 25일이다.

7월 19일 구두 수선공 고틀리프 에슬링거로부터 받은 영수증

"헬덜레 씨를 위한 슬리퍼 한 켤레 1.48플로린"

8월 25일

대학 시절을 함께한 이마누엘 나스트Immanuel Nast가 횔덜린을 방문했지만 그를 알아보지 못한다. 아마도 더 가능성 높은 이유는 상속 문제로 이복형제 카를 고크가 횔덜린에게 일부러 보낸 사람이기 때문에, 횔덜린은 그와의 대화를 원치 않았던 것 같다. 훗날 치머는 횔덜린의 누이 하인리케에게 보낸 편지에서 이날의 만남을 이렇게 묘사했다. "오랜 대학 친구 나스트가 찾아왔지만, 횔덜린은 그를 알은체하고 싶어 하지 않았습니다. 그는 피아노 연주에만 몰입했고, 나스트는 사랑과 슬픔에 압도되어 어린아이처럼 울었죠. 그는 횔덜린의 목을 껴안고 '사랑하는 횔덜레, 나를 더 이상 알아보지 못하는구나'라고 흐느꼈지만, 횔덜린은 자신의 선율에 푹 빠져 그의 질문에 고개만 끄덕였습니다." 치머는 또 다른 방문자로 로지네 슈토이트린을 언급하며 "나이가 들었지만 눈빛은 여전히 생기 있고 빛나는" 인물로 그녀를 묘사한다. 그해 여름 로지네 슈토이트린도 횔덜린을 찾아왔다.

11월 29일 치머가 부르크에게 보낸 편지에서

"횔덜린 씨를 위해 보내주신 돈과 친절하게도 저에게 보내주신 100플로린을 잘 받았습니다…… 그 외에 대해 말씀드리자면, 횔덜린은 불행하지 않습니다. 그는 놀라운 상상력을 지니고 있으며 항상 자신에게 몰두하여 바쁘게 지내고 있습니다."

1829

3월 10일~6월 2일

일련의 자문(울란트의 의견도 포함)과 공식 결정을 거쳐 '정신질환자 횔덜린 선생'의 생계 보조금 지급이 확정된다.

4월 15일 치머가 횔덜린의 여동생 하인리케에게 보낸 편지에서

"횔덜린은 종종 매우 즐거워하는 모습을 보입니다. 누군가 집에서 왈츠를 연주하면 즉시 춤을 추고, 재치 있는 모습을 보여줄 때도 많습니다. 특히 이번 봄에는 매우 평온했고, 이제 그의 황금기가 돌아와 새벽 3시에 일어나 산책하는 것을 진정한 축제처럼 즐깁니다."

7월 18일 치머가 하인리케에게 보낸 편지에서

"당신의 사랑하는 횔덜린은 잘 지내고 있습니다. 하지만 이

번 여름에는 몇 달 전처럼 이른 새벽에 일어나지 않고 대개 아침 5시쯤에 일어나 저녁 8시 반이면 잠자리에 듭니다…… 오후에 커피를 마실 때에도 앉아 있지 않고, 하루 종일을 왔다 갔다 하며, 와인을 마실 때에도 주위를 서성입니다. 추운 날에는 집 안에서 왔다 갔다 하고, 그렇지 않으면 보통 바깥에서 산책합니다. 그는 이제 60세쯤 되었지만 여전히 건강하고 평화롭고 만족스럽게 살고 있습니다. 아주 가끔 불만을 드러내는데, 그 또한 그의 상상 속에서 학자들과 논쟁을 벌일 때뿐입니다."

7월 18일자 구두 수선공 에슬링거의 청구서

1828년 9월 19일 겨울 신발 한 짝 밑창 교체 및 앞코 수리
　　　　　　　　　　　　　　　　　　　　　　50크로이처
1829년 1월 27일 신발 한 짝 밑창 교체 및 패칭 54크로이처
　　　　1월 31일 다른 신발 한 짝 수선 　　　46크로이처
총액　　　　　　　　　　　　　　　　　2플로린 30크로이처

8월

노이퍼는 울란트와 슈바프가 편찬한 시집에서 제외된 휠덜린의 송가를 『우아한 세계』에 게재할 준비를 한다.

1830

1월 30일 치머가 하인리케에게 보낸 편지에서

"당신의 형제는 아주 건강합니다. 두 번 외출을 시도했지만, 그때마다 날이 너무 추워서 돌아왔습니다. 현재 저희 집에 프리드리히 르브레Johann Paul Friedrich Lebret 씨가 머물고 있는데, 당신의 형제에게 깊은 관심을 보이고 있습니다. 그분 말로는 한때 횔덜린이 자기 아버지의 누이를 사랑했던 적이 있으며, 지금처럼 불행한 상태에 처한 것이 몹시 안타깝다고도 했습니다. 예전에는 정말 비범한 정신을 가진 분이었다고요. 음악에 대한 사랑, 자연의 아름다움과 시각 예술에 대한 감각 등 많은 것들이 현재 당신의 형제를 위로하고 있습니다."

    이어서 평소처럼 청구서가 첨부되었다.

횔덜린은 르브레를 위해 시 두 편을 썼다. (르브레는 엘리제 르브레의 조카인 법학도 요한 파울 프리드리히 르브레이다.) 요하네스 메를렌Johannes Mährlen이 쓴 기록에 의하면, 담배 한 대와 맞바꾼 것이라고 한다. 두 시는 「전망Aussicht」과 「지극히 자비로운 신사 르브레 씨에게Dem Gnadigsten Herrn von Lebret」이다. 「전망」은 "사람들이 즐거울 때, 이는 마음에서 오는 것이다"로 시작한다. 그리고 「지극히 자비로운 신사 르브레 씨에게」는 "당신, 고귀한 분이시여! 최고라 말할 수 있는 사람이시니"로 시작한다.

3월 6일 프로이센의 마리안네 공주의 일기에서

"어제 세계적으로 유명한 헤겔 총장*이 우리를 방문했다. 나는 그와 이야기하는 것이 너무 부끄러웠고, 무슨 말을 해야 할지 몰라 당황했다. 그러다가 그가 오랫동안 알고 지낸 징클레어 씨가 떠올라 그에 대해 이야기하기 시작했다…… 그러자 그는 세상에서 잊힌 횔덜린과 그의 책 『히페리온』에 대해 말하기 시작했다. 횔덜린과 『히페리온』은 나의 언니 아우구스테 덕분에 나의 어린 시절에 큰 인상을 남긴 기억이

---

* 헤겔은 1830년부터 베를린 대학교 총장으로 선출되었지만, 이듬해 1831년 콜레라가 창궐하여 베를린을 떠나며 총장직을 물러났다. 그해 11월 사망하였고, 당시 의사들은 그의 사망원인을 콜레라라고 했다.

있다. 나는 그 이름을 듣는 순간 진정으로 기쁨을 느꼈고, 모든 과거가 그 이름을 통해 열렸다. 마치 메아리처럼, 그 순간 그 사람이 정말 소중했다. 마치 소리나 멜로디를 듣고 기억이 떠오르는 것처럼 어떤 기억이 깨어났다. 나는 그 순간 언니 아우구스테의 창가에 놓인 초록색 표지의 『히페리온』을, 그리고 창문의 아름다운 덩굴과 햇빛, 창밖 짙은 밤나무 가로수길의 시원한 그늘을 다시 보았다. 그리고 새소리를 들으며, 한마디로 모든 과거가 그 친숙한 이름으로 내 눈앞에 열렸다."

"저를 위해 그가 이 시를 쓴 것은 지금으로부터 2년 전의 일입니다"라고 한 1835년[1833년의 오기로 보인다] 치머의 편지에 따르면, 아마도 횔덜린은 이 시기를 전후하여 아래의 시를 쓴 것으로 보인다.

「매일을 모두 Nicht alle Tage」
매일을 모두 가장 아름다운 날이라고 부르지 않네. 그는,
친구들이 그를 사랑해주었던,
사람들이 그 젊은이에게 호의를 가지고 머물렀던
그때의 기쁨으로 돌아가고 싶어 하는 그는.

3월 8일

치머와 횔덜린의 후견인은 횔덜린에게 매년 250플로린을 일괄적으로 지급하기로 합의한다(식비 146플로린, 와인 24플로린, 오후 커피 8플로린, 코담배 6플로린, 이발비 등).

1831

 라이프치히의 잡지 『동시대인Zeitgenosse』에 바이블링거가 쓴 횔덜린의 전기 『프리드리히 횔덜린의 삶, 시 그리고 광기』가 발표된다. 바이블링거 사후의 일이다. 그는 1826년에 튀빙엔을 떠나 로마로 이주했고, 1830년 1월 17일에 그곳에서 사망했다. 로마 파르네제 광장 근처 마스케로네 거리, 그가 살았던 집의 현판에는 "오직 여기서만 행복했다"라는 문구가 새겨져 있다.

 "그가 하루 종일 몰두하는 것은 자신의 『히페리온』이었다. 그를 방문할 때마다 수백 번이나 그가 『히페리온』을 큰 소리로 낭송하는 것을 들었다. 그의 감정은 늘 강렬했고 『히페리온』은 항상 그의 곁에 펼쳐져 있었다. 그는 종종 나에게 그 구절들을 읽어주곤 했다. 한 구절을 읽고 나면 곧바로 성급한 몸짓으로 나를 불러서 '아름다워요! 아름답습니다!

전하!' 했고 그러고는 다시 읽다가 갑자기 '보세요, 전하, 쉼표입니다!'라고 말했다. 그는 또한 내가 그에게 준 다른 책들도 종종 읽어주곤 했다. 하지만 너무 산만하게 읽어 나는 전혀 이해하지 못했고, 그의 생각은커녕 다른 사람의 철학도 따라갈 수가 없었다…… 그가 읽었던 책들은 클롭슈토크Friedrich Gottlieb Klopstock의 『오데스Odes』, 글라임Johann Wilhelm Ludwig Gleim, 크로네크[요한 프리드리히 폰 크로네크Johann Friedrich von Cronegk를 말한다. 하지만 편지 원문에는 'C'ronegk이 아닌 'K'ronegk으로 쓰여 있다] 및 다른 고대 시인들의 시였다. 그는 클롭슈토크의 송시를 자주 읽었고 또 가장 선호하는 것 같았다. 나는 그에게 『히페리온』이 재출간되었고 울란트와 슈바프가 그의 시를 모으고 있다고 여러 번 이야기해주었다. 하지만 그는 언제나 깊이 고개 숙이며 '매우 친절하시군요, 바이블링거 씨! 정말 감사합니다! 전하, 전하께 큰 빚을 졌습니다!'라는 말 외에 다른 말은 듣지 못했다."

4월 22일 치머가 보낸 영수증

"성촉절부터 성 조지 축일까지 4개월 동안 횔덜린 선생의 경비를 후견인 부르크로부터 62플로린을 받았습니다.

     서명 에른스트 치머, 튀빙엔에서, 1831년 4월 22일."

1832

1월 21일 치머가 부르크에게 보낸 편지에서

"당신의 피후견인이 아주 잘 지내고 있다는 소식을 전하게 되어 기쁩니다. 그는 대체로 온화하고 정중합니다. 겨울에는 피아노를 치며 시간을 보내는데, 이 시간을 매우 즐거워합니다. 피아노를 치면서 노래도 부르지만, 봄날처럼 듣기 좋은 소리는 아닙니다. 피아노를 치지 않을 때는 하루 종일 쉴 새 없이 움직이고, 저녁 식사 때만 잠시 앉아 있습니다."

뫼리케가 요하네스 메를렌에게 보낸 편지에서

"『히페리온』을 다시 읽고 있습니다. 다시 읽기 시작했을 때, 그 모든 장엄함에도 불구하고 전체적인 주제나 구성, 때로는 주인공의 묘사에서까지 어떤 부조화가 느껴져 마음이 불편했습니다. 그래서 횔덜린이 스스로 정의했듯이 그 자체로 순전히 비가élégie적이지만, 이질적인 것에 대한 열망이 지나칩니다. 『히페리온』 작품 전체는 인상적인 풍자화처럼 보이는데, 믿을 수 없을 정도로 진실되고 아름다운 몇 편의 서정시가 고통스럽게 줄거리 위에 덧대어져 있는 느낌입니다. 독자는 고통스럽고도 동시에 황홀한 인상을 받습니다. 마치 신의 손길이 우리 영혼의 가장 섬세한 결을 건드리는 듯 황홀경에 빠지지만, 이내 다시 병든 듯 나약해지고, 위축되고, 우울하고, 불안하고 비참해져서 시는 물론이고 어떤 소명의식조차 완전히 사라져버린 것 같은 느낌을 받게 됩니다."

6월 18일 이전에 횔덜린은 「봄」이라는 제목의 첫 번째 운율시를 쓴다.

얼마나 행복한가, 다시 낮이 찾아올 때
사람이 만족스럽게 들판을 바라볼 때
사람들이 서로의 안부를 물을 때
사람들이 즐거운 삶을 위해 가꿀 때……

6월 21일 에른스트 치머의 청구서

"제 아내가 횔덜린을 위해 재킷을 샀습니다…… 1플로린 28크로이처"

12월 1일 뷔르템베르크 내무부의 튀빙엔시 정신질환자 현황 보고서

이름: 프리드리히 횔덜린

나이: 62세

종교: 개신교

직업 및 혼인 여부: 사서, 미혼

질병 기간: 29년

정신질환의 특징: 정신착란

부양 방식: 가족

관찰: 온순함

원인: 불행한 사랑, 소진, 과도한 학문

1833

1월 29일 치머가 부르크에게 보낸 편지에서

"지난 분기 청구서의 영수증을 보내드립니다. 특히 예상치 못했던 22플로린이라는 관대한 선물에 깊이 감사드립니다. 저희는 정말 깜짝 놀랐습니다. 당신의 바람대로 저희는 횔덜린을 잘 보살필 것입니다. 그는 여전히 매우 건강하고 평온하며 잠도 잘 잡니다. 게다가 하루의 절반은 노래하고 피아노를 칩니다."

4월 18일 치머가 부르크에게 보낸 편지에서

"횔덜린은 아주 잘 지내고 있습니다…… 이틀 전 저녁 8시쯤, 상추 한 상자를 머리에 이고 어떤 한 남자가 우리를 찾아왔습니다. 횔덜린의 누이 부탁으로 그를 만나러 뉘르팅엔에서 왔다며 횔덜린의 방으로 들어가려 하더군요. 하지만 횔덜린은 이미 잠자리에 들었기 때문에 우리는 그를 돌려보냈습니다…… 그는 다음 날 다시 오겠다고 했지만 나타나지 않았습니다. 떠나면서 그는 횔덜린의 『히페리온』을 낭독했는데, 정신이 온전하지 않은 것 같았습니다…… 구두 수선공의 계산서도 동봉합니다."

4월 15일 구두 수선공 뮐러의 계산서

횔덜레 씨에게:

2월 16일 구두 수선	52크로이처
3월 8일 구두 전체 밑창 교체	48크로이처
총액	1.40플로린

11월 6일 치머가 부르크에게 보낸 편지에서

"당신의 피후견인에게 새 바지가 꼭 필요합니다. 그래서 원단값 청구서부터 먼저 동봉합니다. 재단사가 아직 바지를 만들지 않아서 계산서는 추후 보내드리겠습니다. 횔덜린은 잘 지내고 행복해합니다. 요즘은 클롭슈토크의 시 낭독에 몰두하고 있으며, 『호메로스』도 읽고 영감을 받아 노래도 부릅니다."

11월 6일 튀빙엔 재봉사 프리데리케 마이어의 청구서

횔덜린 선생님에게:

뜨개 양말 2켤레	16크로이처
양모값	30크로이처
양말 수 켤레 수선	24크로이처
총액	1.1플로린

1834

5월 23일 『슈투트가르터 베오바흐터Stuttgarter Beobachter』*에 실린 공고에서
"1828년 요아힘 폰 아르님은 코타 출판사에서 출간한 횔덜린 시집에 누락된 시들을 『베를린 대화』에 실린 「횔덜린과의 소풍」에서 이미 언급한 바 있다. 이러한 미발표 작품들이 횔덜린의 시적 재능과 불운한 운명에 관심 있는 대중들에게 더 많이 알려지기를 바란다. 따라서 우리는 수많은 문학 애호가들의 뜻을 대신하여 횔덜린의 시를 소장하고 있는 분들께 이 요청해 응답해주시기를 간곡히 부탁드린다.

횔덜린의 뮤즈를 존경하는 많은 이들로부터."

---

* 1833년부터 1933년까지 슈투트가르트에서 발행된 신문이다. 당시 뷔르템베르크 지역의 주요 신문 중 하나로 정치, 경제, 사회, 문화 등 다양한 분야의 뉴스를 다루었다. 1834년 5월 23일에 게재된 공고는 횔덜린의 미발표 시를 찾기 위한 노력의 일환으로, 문학계와 독자들의 관심을 불러일으켰다.

5월 혹은 6월

울란트는 이 공고를 자신과 고크, 슈바프에 대한 비판으로 받아들이고 답변을 준비한다. 그는 먼저 아르님의 언급은 단순히 미발표 시가 아니라 이미 1807~8년 제켄도르프의 『시 연감』에 실린 시들을 가리킨다는 점을 분명히 하며 다음과 같이 덧붙였다. "우리의 의도는 이 뛰어난 시인이 첫 시집에서 가장 성숙하고 강력한 면모로 등장하는 것이었다. 그가 작품으로 마땅한 평가와 인정을 받는 것이 우선이었기 때문에, 그의 내면을 이해하는 데 기여할 수 있는 자료는 일단 배제했다. 횔덜린의 가족이 소장하고 있는 원고를 주의 깊게 살펴본 사람이라면, 우리가 『엠페도클레스』와 같이 해독하기 어려운 원고들까지도 최소한 단편적인 형태로라도 보존하기 위해 노력했음을 납득할 수 있을 것이다…… 따라서 지금껏 익명으로 존재하는 '횔덜린의 뮤즈를 존경하는 많은 이들'이 스스로 이름을 밝히고 더불어 횔덜린의 미발표 시를 소장하고 있을 것으로 추정되는 사람들의 이름까지 밝혀주기를 바란다."

7월 18일 치머가 부르크에게 보낸 편지에서

"계산서를 보내드리면서 당신의 피후견인에 대한 좋은 소식을 전할 수 있어 기쁩니다. 그의 생활은 매우 규칙적입니다.

새벽 3시에 일어나 7시까지 산책을 하고, 아침을 먹은 후에는 종종 두 시간 연속으로 피아노를 치고 노래도 부릅니다. 남은 하루는 집 안팎을 오가며 걷습니다. 저녁에는 자기 방으로 들어가 다양한 시인들의 작품을 낭독하며 깊은 감동을 받고, 밤에는 아무리 추운 날도 평온하게 숙면합니다. 식욕과 건강은 매우 좋습니다. 그가 음악을 얼마나 사랑하는지는 아래층에 사는 두 신사가 악기를 연주할 때마다 창문을 열고 귀를 기울이는 모습에서도 알 수 있습니다. 기분도 늘 좋은데, 단지 명령받는 것을 싫어할 뿐입니다."

1834년 가을 튀빙엔을 방문한 아돌프 프리드리히 폰 샤크Adolf Friedrich von Schack가 남긴 1888년 회고록 중에서

"나는 프리드리히 휠덜린을 만나고 싶은 마음에 튀빙엔으로 향했다. 물론 그가 이미 30년 가까이 치유할 수 없는 정신질환에 시달리고 있다는 것을 알고 있기에, 내가 마주하는 건 폐허뿐이라고 예상했다. 하지만 그 폐허 앞에서 나는 그리스 신전 앞에 서 있는 것처럼 감동적인 묵상에 잠겼다······ 클라이스트, 조이메Johann Gottfried Seume 그리고 휠덜린, 이 세 사람은 꼭 알아야 한다. 내가 조이메를 이 두 이름과 같이 언급하는 것에 놀랄 수도 있겠다. 물론 조이메가 클라이스트와 휠덜린만큼 시적 재능을 가진 것은 아니다. 클라이스트 이전에 휠덜린이 먼저 그와 같은 운명에 사로잡혔고, 이 이후에 이 나라의 시인들 가운데 그러한 운명을 피할 수 있는 이는 거의 없을 것이다. 그가 늘 머물던 방의 창문 앞에 서자, 휠덜린이 『히페리온』에서 독일인들에게 던진 끔찍하고 압도적인 말들이 떠올랐다…… 나의 가슴을 짓누르던 휠덜린의 비극이 클라이스트의 비극보다 더욱 참혹하게 다가왔다."

12월 19일 재단사 피스테러의 청구서

실내복 제작	1.12
옆선 박음질 실값	8
주머니와 허리띠	10
면직물 12미터	2.48
플란넬 천 9미터	5.6
총액	9.24*

---

* 원서에는 화폐 단위가 나와 있지 않다.

1835

1월 25일 재봉사 마이어의 청구서

뜨개 양말 2켤레	24크로이처
실	46크로이처
바지 멜빵	30크로이처
총액	1.40플로린

12월 22일 치머가 익명의 사람(폰 샤크 추정)에게 보낸 편지에서

"불행한 횔덜린은 어머니 뱃속에서부터 이미 비운의 운명을 타고났습니다. 어머니가 그를 임신했을 때 아들이 태어나면 '주님께 바치겠다'고 서원을 했고 그 말은 곧 신학자로 만들겠다는 맹세였습니다. 신학교에 갈 시기가 되자 횔덜린은 의사가 되고 싶다고 주장해보기도 했지만, 독실한 어머니의 강요로 결국 횔덜린은 자신의 뜻과 달리 신학자가 되었습니다. 졸업 후 당시 장관이었던 르브레*는 횔덜린을 볼펜하우젠의 목사로 임명하고 자신의 딸과 결혼시키려 했지만, 횔덜린은 이를 거절했습니다. 첫째, 아내의 덕으로 지위를 얻고 싶지 않았고, 둘째, 신학에 대한 관심과 열정이 없었기 때문입니다. 반면에 그는 자연 철학에 큰 애정이 있었지요. 그 후 횔덜린은 프랑크푸르트의 부유한 상인 공타르의 집에서 가정교사로 일하게 되었고, 그곳에서 안주인과 가까워졌습니다. 이로 인해 갈등이 생겨 횔덜린은 그 집을 떠나 홈부르크에 은둔하며 예나 대학의 철학 교수가 되려 했지만 실패했습니다. 결국 낙담하여 집으로 돌아왔습니다…… 횔덜린은 자연을 항상 사랑하는 사람이었지요. 그의 방에서 네카 계곡과 슈타인라흐 계곡 전체를 내려다볼 수 있었습니다. 그는 이제 30년 동안 저희 집에 살고 있습니다. 지금은 아무런 문제가 없지만, 과거에 그는 종종 격분하여 벽돌처럼 얼굴이 붉어지곤 했고 매사에 쉽게 화를 냈습니다. 하지만 곧 진정되면 먼저 손을 내밀어 화해를 청했습니다. 횔덜린은 심성이 고결하고, 심지가 깊고, 건강한 몸을 가지고 있으며, 저희 집에 있는 동안 한 번도 아프지 않았습니다.

그는 아름답고 균형 잡힌 체격을 지녔으며, 저는 그처럼

---

* 앞에서 등장한 프리드리히 르브레와 다른 인물이다.

아름다운 눈을 가진 사람을 본 적이 없습니다. 그는 이제 65세이지만 30세처럼 깨어 있고 활기 넘칩니다. 다음에 쓴 시는 그가 12분 만에 쓴 것입니다. 제가 그에게 뭔가 써달라고 부탁했더니, 그는 창문을 열고 밖을 내다보며 12분 만에 시를 완성했습니다…… 횔덜린은 피아노를 연주하며 시간을 보내고 때로는 시를 낭송하거나 그림을 즐겨 그립니다. 그는 자신의 상태를 분명히 인지하고 있습니다. 몇 년 전 그는 자신에 대해 이런 시를 썼습니다.[*]

어머니가 돌아가신 후 횔덜린의 공식 후견인은 뉘르팅엔의 부르크 씨입니다. 그는 훌륭한 사람이며 매년 숙박, 와인, 세탁, 식사 비용으로 250플로린을 저에게 보내옵니다. 관할시에서는 횔덜린의 후견인에게 매년 150플로린을 지급합니다. 결론적으로 부르크 씨가 매년 감당하는 비용이 100플로린이란 셈이지요. 사실 횔덜린은 지원금이 필요 없을 만큼 충분한 재정 능력이 있다고 생각합니다. 그는 담배 피우는 것을 좋아하지만, 저는 담배에 대해 별도 비용을 청구하지 않습니다."

---

[*] 「매일을 모두Nicht alle Tage」, 이 책 226쪽 참조.

1836

1월 9일 횔덜린의 여동생 하인리케의 계산서

내 형제 횔덜린을 위해:

삼베 2.5미터	1플로린
튀빙엔까지 배송비	6크로이처
총액	1.6플로린

1월 24일 치머가 부르크에게 보낸 편지에서

"존경하는 후견인님, 당신의 피후견인은 매우 잘 지내고 있으며 관계도 원만합니다. 다음은 지난 분기 결산서입니다……."

7월 치머가 부르크에게 보낸 편지에서

"당신의 피후견인은 매우 잘 지내고 있으며 추운 날에도 컨

디션이 나쁘지 않고 종종 소파에서 졸기도 합니다. 자주는 아니지만 한밤중에 집 안을 돌아다니곤 합니다……
추신: 횔덜린은 이 편지를 읽더니 고개를 저었습니다."

11월 3일 제화공 뮐러의 청구서

횔덜린 씨에게:
5월 28일 신발 전체 밑창 수선   50크로이처
11월 3일 새 신발 한 켤레   1.36플로린

11월 5일 치머가 부르크에게 보낸 편지에서

"당신의 피후견인에 관해서는 모든 것이 예전과 같습니다. 그는 매우 잘 지내고 있으며, 최근 비서 귄터 폰 에슬링엔이 횔덜린을 방문했는데, 그때 그는 피아노를 연주했습니다. 이는 그가 반나절씩 자주 하는 일입니다."

1837

구스타프 슐레지어Gustav Schlesier의 메모에서

"횔덜린은 그 당시 자신을 스카르타넬리라고 서명하고 스스로를 그렇게 불렀다. 그는 자신의 이름이 더 이상 횔덜린이 아니라 스카르타넬리 또는 부아루티라고 믿고 있었다."*

1월 치머가 부르크에게 보낸 편지에서

"어젯밤 저희 집 근처에서 화재가 발생하여 집 안에 큰 혼란이 있었지만, 다행히 횔덜린은 침대에서 평온하게 머물렀습니다."

---

* 횔덜린은 사망하기 6년 전인 이때부터 여러 뜻 모를 이름을 사용한다. 부오나로티Buonarotti나 부아루티Buarooti, 혹은 스카르다넬리Scardanelli나 스카르타넬리Scartanelli 등의 이름으로 작품에 서명한다.

13.
횔덜린 가문의 문장.
'홀더Holder'는 독일어로 딱총나무를 뜻한다.

4월 7일 횔덜린이 카를 푼젤Karl Funzel에게 남긴 메모에서

"사람들이 선이 무엇인지 묻는다면, 그 대답은 덕을 존중하고 삶 속에서 그것을 실천해야 한다는 것입니다. 삶은 덕과 같지 않습니다. 덕은 인간에 관한 것이고 삶은 인간으로부터 더 멀리 떨어져 있기 때문입니다. 선은 일반적으로 인간 내면의 본질에 근거합니다. 친절하신 분께 부오나로티가 깊은 존경을 담아 인사를 전합니다."

4월 17일 치머가 부르크에게 보낸 편지에서

"2주 전 드레스덴에서 한 신사가 횔덜린을 만나러 왔습니다. 처음에는 횔덜린이 그에게 매우 무뚝뚝하게 대했지만, 그가 학식 있는 사람이라는 것을 알고 나서는 친절해졌고 그와 평온하게 대화를 나누었습니다. 그 낯선 사람이 횔덜린에게 종이 한 장을 건네자 횔덜린은 그 위에 한 구절 시를 쓰고 자신의 이름을 서명했습니다. 그 일이 그에게 큰 기쁨이 된 듯했습니다."

7월 치머가 부르크에 보낸 편지에서

"당신의 피후견인은 건강히 잘 지내고 있으며 며칠 전 저희를 방문한 치머 부인을 위해 철학적인 시 한 편을 지어주었습니다."

9월 16일 횔덜린의 시 「가을Der Herbst」

땅으로부터 멀어지는 전설,
한때 존재했고 다시 돌아오는 정령들로부터
그들은 인류에게 돌아오고, 우리는 많은 것을 배운다,
급히 소멸하는 시간으로부터.

과거의 이미지는 버려지지 않았다,
자연으로부터 마치 한낮이 높은 여름에
사라지지 않듯이 가을이 다시 땅으로 내려오고
그 전율의 정령은 하늘에서 다시 발견된다.

짧은 시간에 많은 것이 끝났다.
쟁기를 끄는 농부는,
한 해가 기쁜 끝으로 기울어지는 것을 보고 있다.
그러한 이미지 속에 인간의 날이 완성된다.

바위로 수놓은 대지의 둥근 모습은
저녁에 사라지는 구름과 같지 않다.
그것은 황금빛 낮에 스스로를 드러내고,
탄식 없는 완전함으로 존재한다.

연말에 가톨릭 신학자 알베르트 디펜바흐Albert Diefenbach가 횔덜린을 방문한다

"사소한 일로 네카 강가에 있는 목수 치머의 집을 찾았다. 문 앞에서 키가 크고 구부정하며 영적인 분위기를 풍기는 사람이 나를 맞이했다. 나는 순간 당황했다. 움푹 들어간 눈에 멍하고 혼란스러운 시선, 경련적으로 일그러진 얼굴 근육, 희끗희끗한 머리칼의 떨림, 그의 온몸에서 발산되는 태도는 광인의 독특한 본성을 여실히 드러내고 있었다. 그는 이해할 수 없는 여러 언어로 된 호칭들을 쏟아냈고, 그중에서 내가 이해할 수 있었던 것은 '폐하, 전하, 성하, 은총, 신부님, 친애하는 선생님'과 몇몇 정중한 표현, 그리고 깊숙이 고개를 숙이는 절뿐이었다. 그는 나를 치머에게 안내했다. 나는 곧장 그에게 저 '기이한 사람은 누굽니까' 하고 물었고, '횔덜린'이라는 대답에 나는 깊은 충격을 받았다. 그의 집주인은 친절하고 교양 있는 사람이었고, 아름다운 네카 계곡과 슈타인라흐 계곡의 경치를 보여준다는 구실로 나를 나이든 시인의 방으로 이끌었다. 정신이 나간 시인은 전과 똑같은 의식을 치르며 과한 제스처와 열정적인 말투로 나를 맞이했다. 나는 키가 크고 약간 구부정한 체구, 일흔이 넘은 노인의 아름다운 얼굴, 고귀한 모습, 높고 사색적인 이마, 그리고 무엇보다도 그의 눈에 매료되었다. 나는 그와 같은 눈을 다시는 본 적이 없다. 친절하게 미소 지으면서도 어딘가 혼란스럽고 야생적인 눈빛, 빛은 바랬지만 여전히 사랑스럽고 생기 있는 눈빛이었고, 그 눈에는 슬픔과 억눌린 고통이 드리워져 있었다. 한때 고귀했던 얼굴, 특히 입과 뺨에는 정신 질환의 흔적이 분명하게 남아 있다. 그의 얼굴, 어깨, 손에는 무의식적인 경련이 일어났다. 횔덜린은 방문객에게 친절하고 상냥하게 대하려 했지만 혼란스러워했다. 그래서 사람들은 그를 이해할 수 없었다. 그의 질문과 대답은 횡설수설이었지만 재빨랐다. 그리고 작별 인사도 첫인사 때와 똑같았다. 일부 예외를 제외하고는 그는 더 이상 예전 지인들을 못 알아보며, 때로는 그의 이복형제조차 알아보지 못한다.

그가 가장 사랑하는 곳은 '자유로운 자연'이며, 그에게 자연은 네카 강가의 작은 정원으로 국한된다. 그는 낮이고 밤이고 그곳에서 시간을 보내며 풀잎과 꽃을 뜯어 네카강에 던진다. 그는 아이들에게 가장 열렬한 애정을 보이지만, 아이들은 불안해 보이는 노인을 피한다. 그러면 그는 운다. 아직 광기를 억누를 수 있었을 때, 그는 위험한 곳에서 자신의 목숨을 걸고 아이를 구한 적도 있다. 그는 해가 뜨자마자 잠자리에서 일어나 반나절 동안 집 안 복도와 작은 정원을 배회한다. 그가 주로 읽는 책은 현재 살고 있는 집에서 발견한 시인들의 책들, 울란트[원문에는 'Us'로 표기되어 있는데 오기이다], 자카리아에[원문에는 'Zachariae'가 아닌 'Zachariä'로 쓰여 있다], 크라머*, 글라임, 크론크, 특히 클롭슈토크 그리고 무엇보다 『히페리온』 옛 판본이다. 그는 새로운 시인들의 글은 참지 못해 했다. 소포클레스에 대한 그의 탁월한 연구에도 불구하고 그리스어는 거의 잊은 듯하다. 그는 몇 시간 동안 큰 소리로 열정적으로 자신의 『히페리온』이나 클롭스토크의 작품을 낭독한다. 종이 한 장을 손에 넣을 때마다 그는 대부분 엄격한 고대 운율을 맞춰 시를 써 내려간다. 형식은 정확하지만, 내용은 혼란스럽다. 자연에 대한 묘사, 특히 자신이 노래하고자 하는 대상을 실제로 볼 때만 모든 면에서 훌륭한 시를 쓴다. 내가 방문한 아침에 그가 쓴 자필 시["수확할 밭이 모습을 나타내고, 언덕에 반짝인다"로 시작하는 시 「여름 Der Sommer」을 말한다]가 그 증거다. 그는 마티손, 실러, 졸리코퍼 Georg Joachim Zollikofer, 라바터 Johann Caspar Lavater 등과의 우정, 그리고 자신을 사랑했던 모든 사람과의 우정을 따뜻하게 기억한다. 괴테에 대해서는 이야기하고 싶어 하지 않는다[예나 대학교 철학 교수 자리에 실러와 아이히호른은 횔덜린을 제안했지만, 괴테가 추천한 니트하머에게 돌아갔다]. 그는 종종 사소한

---

* 독일의 영웅 로맨스 소설 작가였던 카를 고틀로프 크라머 Carl Gottlob Cramer(1753~1817) 혹은 독일의 작가이자 편집자 카를 크라머 Carl Cramer(1807~1860)로 추정된다.

것들을 눈여겨 살피고 그것들을 충실하게 기억한다. 음악을 사랑한다. 몇 시간이고 집주인의 피아노 앞에 앉아 단순하고 행복했던 어린 시절의 기억을 떠올리게 하는 멜로디를 지칠 때까지 연주한다. 그러다 결국 그는 광적인 우울에 빠져 눈물로 젖은 눈을 감고 고개를 들어 커다란 파토스를 노래한다. 무슨 말인지 알아들을 수는 없지만, 가장 깊은 우울함을 표현하는 이 애처로운 소리는 듣는 이의 영혼에 강한 인상을 남긴다. 휠덜린은 한때 훌륭한 음악가이자 가수였다. 같은 집에 사는 학생들은…… 그를 사랑으로 대하고 종종 그를 초대해 커피나 와인 한 잔을 함께 나누었다."

크리스토프 테오도어 슈바프의 증언에 따르면, 휠덜린이 연주하고 노래하는 곡 중에 조반니 파이지엘로의 오페라 〈사랑의 방해꾼〉의 아리아 '모든 기쁨이 나를 떠나가네'가 있다. 이 오페라는 독일어로 번역되어 〈아름다운 방앗간 아가씨〉란 제목으로 공연되기도 했다.

1838

재봉사 마이어의 청구서

횔덜린 씨에게

셔츠 4벌 수선	26크로이처
가운 1벌 수선	12크로이처
양말 수선	12크로이처
실 0.5파운드	40크로이처
손뜨개 양말 6켤레	36크로이처
총액	2.36플로린

4월 16일 쿠르츠Hermann Kurz가 뫼리케에게 보낸 편지에서
(횔덜린의 초상화를 보내준 것에 대한 답장)

"튀빙엔에서 봤던 횔덜린의 얼굴이 그림에는 없었습니다. 그런데 오늘 그 그림을 실허Philipp Friedrich Silcher에게 보여주었더니 대번 그의 이름을 말하더군요. 확실히 말할 수 있는 건, 입술은 더 얇고 굳게 다물어져 있습니다. 아마도 지난 10년 동안 변했을 겁니다. 어쨌든 몇 번의 빠른 붓질로 그려진 이미지는 매우 인상적입니다."

4월 17일 치머가 부르크에게 보낸 편지에서
"당신의 피후견인은 잘 지내고 있고, 저희도 그렇습니다. 연휴가 끝날 무렵 손님 여럿이 그를 찾아왔는데, 그게 부담스러웠는지 손님들을 내버려둔 채 뛰쳐나가버렸습니다."

6월 26일 뫼리케가 쿠르츠에게 보낸 편지에서
"최근에 횔덜린의 원고를 많이 받았는데, 대부분 읽기 힘들고 내용도 매우 빈약하군요. 하지만 종교적인 내용을 담은 흥미로운 단편 하나는 알려드려야겠습니다." 뫼리케는 그 시의 몇 구절을 인용하는데 그 안에서 어린이 교리 문답 수업이 "졸리고 나태한 대화"로 비유된다. "이 묘사에 대해 어떻게 생각하십니까? 교리 문답에 관한 구절은 아무리 감동적이라 해도 사악할 만큼 순진하게 들립니다. 이어지는 시는 그의 집주인에게 헌정하는 송시입니다. 제가 가진 것은 수령인이 직접 베껴 쓴 사본인데, 그는 분명 뿌듯했을 것입니다. 마지막 구절이 눈에 띄는데, 목공소와 숲을 암시합니다."

그리고 「치머에게」라는 시가 이어진다.

한 인간에 대해 말하노니, 그가 선하고
현명하다면 무엇이 필요하겠는가? 무엇이
한 영혼을 만족시킬 수 있는가? 먹여 살릴 곡식 줄기 하나,
대지에서 가장 잘 익은 포도송이가

자라서, 그를 배불릴 수 있는가? 그러므로 의미는 이러하다.
친구는 종종 연인이요, 예술 또한 그러하다.
오, 소중한 이여, 그대에게 진실을 말하노니.
다이달로스의 정신과 숲의 정령이 그대의 것이다.
(1825년 연대기에 실린 시)

쿠르츠가 뫼리케에게 보낸 편지에서
"횔덜린의 원고는 저에게 큰 변화를 주었습니다. 오랫동안 막연하게 본능으로 감지하고 있었던 것을 이제서야 명확하게 확인하게 되었습니다. 저는 사실 횔덜린과 가장 가까운 유사성을 헤겔에게서 발견했습니다. 그들 사이에는 즉흥적인 어조라는 것이 공통적으로 있습니다. 어린이 교리 문답에 대한 추론은 거칠고 투박한 어조의 철학자가 강단에서 발표했을 법한 방식인데, 헤겔의 『정신현상학』 역시 이런 사

상으로 가득 차 있습니다. 그의 의도를 올바르게 이해한다면 그 저작의 가치는 바로 여기에 있습니다. 제가 오랫동안 스스로 인정하기를 주저했던 것은, 당신이 저에게 보내준 그 구절처럼 바로 이런 세부적인 표현들을 통해 횔덜린이 항상 저에게 강력한 인상을 남겨왔다는 사실이지요. 헤겔의 사상은 그 자체로 민족적인 색채를 담고 있지만, 횔덜린의 예언 또한 그 깊이를 더한 슈바벤적 사유*일 따름입니다."

7월 치머가 부르크에게 보낸 편지에서

"당신의 피후견인은 잘 지내고 있습니다. 요즘 그의 방 창문을 새로 교체하면서 덧문도 베네치아식으로 달았습니다. 처음에는 횔덜린이 조심스레 창문을 피해 다니더군요. 밤에 침대에 누워 있다가 뭔가가 떠오르면 번뜩 일어나 창문을 열고 그 생각을 탁 트인 바깥 공기로 내뱉는 습관이 있었지요. 그런데 새 창문은 그가 예전처럼 쉽고 빠르게 열 수 없게 되어서 다소 불편해진 듯합니다."

---

* 고전 독일 철학과 문학의 중심인물들이 등장한 슈바벤 출신의 사상가들에게서 공통적으로 발견되는 철학적·형이상학적 경향성을 일컫는다. 이 지역 출신의 대표적인 인물로는 횔덜린, 셸링, 헤겔 등이 있다. 슈바벤적 사유는 존재에 대한 시적-형이상학적 사유, 자연과 정신의 결합, 변증법적 긴장 속의 통일 지향, 시와 철학의 경계 해체 등을 특징으로 하며 현대에는 마르틴 하이데거나 조르조 아감벤 등도 이 전통을 반성적으로 계승하고 있다.

가을, 구스타프 퀴네Gustav Kühne가 횔덜린을 방문하며 쓴 기록에서

"그가 살고 있는 집 문 앞에 도착하자마자 마치 섬뜩한 유령이라도 있는 듯한 두려움이 나를 압도했다. 주변 풍경이 눈에 들어왔다. 가엾은 시인이 네카강을 내다보던 창문도 보였다. 더 이상 멀리 나갈 수 없게 된 이후로 매일 거닐던 집 앞의 작은 마당도 보였다. 그를 직접 만날 필요가 없다고 생각했다. 폐위된 군주에게서 옛 위엄의 폐허를 보는 것은 슬픈 일이다…… 그때 내 친구 M이 낯선 사람의 손을 잡고 방으로 들어왔다. 친구 M이 말했다. '이분이 횔덜린 씨를 돌봐주시는 이 집의 주인이십니다'. 나는 전날, 30년 동안 불행한 시인의 보호자이자 후견인이며 친구인 착한 목수를 만나고 싶다고 말했었다……."

여기서 퀴네는 치머가 슈바벤 방언으로 한 말을 길게 옮겨 적었지만, 이미 알려진 내용 말고 새로운 것은 없었다. 이어서 그는 시인과의 만남을 이렇게 묘사한다. "'저기 오고 있습니다! 목수가 말했다. '오고 있습니다. 하지만 음악을 연주하고 싶어 하지 않을 겁니다. 기분이 좋지 않거든요. 그는 지혜의 샘은 오염되었고, 지식의 열매는 텅 빈 자루처럼 순전히 속임수라고 말합니다. 보이십니까? 자두나무 아래 앉아 말라버린 열매를 줍곤 합니다. 그의 혼란스러운 말 속에는 종종 깊은 의미가 담겨 있습니다'……."

우리가 서 있는 문 앞에 그 불행한 시인이 나타났다. 목수는 나를 스피넷을 조율하려는 악기 제작자라고 소개했다. "'필요 없습니다.' 횔덜린이 말했다. '그럴 필요 없습니다! 조율은 다른 방식으로 해야 합니다. 이대로 괜찮습니다, 괜찮습니다. 저는 오래전부터 알고 있었습니다. 당신의 위엄을 오래전부터 알고 있었습니다. 그리고 오늘 내가 모든 일에 실패한다 하더라도 유피테르는 충고를 해주실 것이고 그의 누이에게조차 자비를 베풀지 않을 것입니다. 위!'[*] 갑자기 그는 말을 멈추고 우리 앞에 조용히 서 있었다. 그의 얼굴에는 마치 전쟁터의 고요함 같은 것이 감돌았다…… 더 이상 그 광경을 견딜 수 없었다. 우리가 떠날 때 시인은 깊이 고개 숙여 인사하고 의례적인 말들을 중얼거렸다. '안녕히 계세요, 횔덜린 씨!' M이 말했다. '친애하는 M남작님, 저에게도 영광이었습니다'라는 대답이 돌아왔다."

11월 18일

에른스트 치머가 86세의 나이로 갑자기 세상을 떠난다. 이때 횔덜린이 어떤 반응을 보였는지는 알려지지 않았다. 이 이후로 그의 딸 로테 치머가 부르크 및 가족과의 서신 왕래

---

[*] 긍정의 '예'를 의미하는 프랑스어 'Oui'.

를 비롯하여 횔덜린을 돌보게 된다. 그녀는 시인과 오랫동안 특별히 친밀한 관계를 유지해왔다. 횔덜린은 그녀를 "가장 성스러운 처녀 로테"라고 불렀다.

1839

2월 4일 로테가 부르크에게 분기별 계산서와 함께 보낸 편지에서

"사서 선생님은 요즘 매우 불안해하고 있습니다. 폭풍우는 그에게 큰 영향을 미치고, 매일 기분이 달라지곤 합니다. 이따금 꽤 조용하고 차분하지만, 때로는 너무 불안해서 우리는 그의 기분 변화에 놀라지 않을 수 없습니다. 밤에는 침대에서 일어나 방 안을 거니는데, 입고 있는 스웨터는 벗지 않아서 정말 다행입니다."

4월 20일 로테가 부르크에게 보낸 편지에서

"횔덜린은 며칠간은 다소 불안정했지만, 지금은 아주 잘 지내고 있습니다. 날씨 변화가 그에게 큰 영향을 주는 것 같습니다. 휴일 동안 우리는 그의 방을 청소하고 다시 페인트칠도 했습니다. 그래서 열흘 동안 그를 학생들 방에 머물도록 했습니다. 모든 것이 새 단장될 때까지요. 그 방에 피아노가 있었는데, 그는 매우 기뻐하며 매일 몇 시간씩이나 연주했습니다. 매일 자신의 방을 보러 와서 언제 마무리가 되는지 물었고, 다시 들어갈 수 있게 되었을 때 그의 방이 그렇게 아름다워진 것에 만족하고 기뻐하며 우리에게 깊이 감사의 인사를 전했습니다."

4월 24일

원고의 날짜가 틀리지 않았다면 이날 횔덜린은 시 「봄 Der Frühling」을 짓는다. "태양은 빛나고 들판은 꽃으로 피어나네"로 시작하는 이 시는 1837년 이후 거의 모든 시와 마찬가지로 스카르다넬리라는 필명으로 서명되었다. 때때로 부오나로티라는 이름을 사용하기도 했는데, 이는 아마도 1761년 피사에서 태어나 1837년 9월 파리에서 사망한 혁명가 필리포 부오나로티 Filippo Buonarroti를 가리키는 것 같다. 필리포 부오나로티는 공동 소유와 평등주의의 매우 급진적인 이론가이면서도, 산업주의에 대한 비판가이기도 했다.

7월 12일 재봉사 루이스 그프뢰러의 청구서

치머 부인의 주문으로 뜨개질한 것:

양말 6켤레   1플로린

14.
'스카르다넬리'로 서명을 마친
「더 높은 삶」의 육필원고(1841?)

실값	1플로린
양말 수선	15크로이처
총액	2플로린 15크로이처

7월 29일

튀빙엔과 예나 시절의 절친한 친구였던 루트비히 노이퍼가 사망한다.

10월 15일 로테 치머가 부르크에게 보낸 편지에서

"횔덜린 씨의 셔츠 때문에 어려움을 겪고 있습니다. 약 1년 전에 보내주신 새 셔츠들이 너무 닳아서 더는 수선할 수 없을 정도입니다. 셔츠 세 벌에는 새 소매와 새 깃을 달아야 했습니다…… 믿기 어렵겠지만, 그의 셔츠는 육체노동을 하는 사람의 것보다 훨씬 더 빨리 닳아 해집니다. 그는 항상 소매에 손을 넣고 그 채로 연주를 합니다."

12월 19일 재단사 호프만의 청구서

셔츠 6벌   36크로이처 (각 3.36)[*]

---

[*] 1플로린은 60크로이처이다. 따라서 6벌×36크로이처는 총 216크로이처로 3플로린 36크로이처다.

실값	12크로이처
옷단	10크로이처
단추	9크로이처

12월

베티나 폰 아르님Bettina von Arnim은 크리스마스 선물로 횔덜린의 시집을 젊은 친구 율리우스 되링Julius Döring에게 보낸다. "젊은 친구에게 가장 소중한 책이 될 것입니다."

게오르그 헤르베그Georg Herwegh는 『사라진 사람Ein Verschollener』이라는 글을 횔덜린에게 헌정한다. "독일은 진정한 젊음의 시인에게 크나큰 빚을 지었다. 독일 때문에 그가 무너져버렸기 때문이다. 우리의 이 통탄할 현실에서, 우리의 수치심이 극에 달하기 전에, 우리보다 앞서 나아가 전투의 노래를 부르도록 부름 받았던 그가 이제 성스러운 광기의 밤으로 스스로를 구원했다…… '젊음이 믿는 것은 영원하다'라고 뵈르네Karl Ludwig Börne는 말했고, 이 말은 횔덜린에게서도 찾을 수 있는 진리이다…… 고대에 관심 있는 젊은이들에게 그는 그 어떤 문헌학자보다 훨씬 더 중요하다…… 횔덜린은 세상이 얼마나 위대한지를 알았고, 또 그것이 얼마나 초라해졌는지를 견딜 수 없어 했다."

1840

1월(추정) 어떤 무명의 인물에게 책의 헌사로 남긴 글

"삶의 현실에 대하여"

지식이 삶 속에 있다는 것을, 즉 인간에게 중요한 지식이 삶 속에 있다는 것을 깨달을 때, 우리는 비로소 삶에 목적이 있고, 삶의 유용성이 고루한 것이 아님을 말할 수 있다.

인간의 가장 고귀한 주장들은 그러한 보편성과 연결되어 있다. 인간의 내면은 다양한 소명으로 이루어져 있으며, 이러한 종류의 주장 또한 예외는 아니다. 인간은 인간 사회 속에 존재함으로써 더욱 고귀한 존재가 된다.

1729년 1월 25일 존경을 담아,
부아로티

문학 평론가 필라레트 샤슬Philarète Euphémon Chasles은 「횔덜

린, 혁명의 광인」이라는 글을 발표한다. 여기서 그는 시인의 광기는 그의 파리 여행 때문이라고 주장한다. "평화로운 몽상가였던 그를 파리는 미치게 만들었다…… 청소년 시절에는 노예가 된 유럽을 저주했고, 청년 시절에는 플라톤적 공화국의 평화를 꿈꿨으나, 파리를 본 그는 결국 미쳐버렸다. 문명화라는 괴물이 그를 질식시켰다."

베티나 폰 아르님은 서간체 소설 『귄데로데 *Günderode*』를 발표하는데, 여기에는 횔덜린에 대한 징클레어의 많은 증언이 포함되어 있다. 그는 작품 속에 생클레어 St. Clair라는 이름으로 등장한다. "생클레어는 이렇게 말했다…… 그의 말을 듣는 것은 마치 바람의 포효를 듣는 것과 같았다. 그는 항상 찬가처럼, 휘파람 소리처럼 속삭였고, 말을 멈출 때는 마치 바람이 방향을 바꾸는 것 같았다. 그 순간 더 깊은 의미에 다가간 것인지, 그때는 그가 미쳤다는 생각이 완전히 사라져버린다. 횔덜린은 모든 것이 리듬이라고 말한 적이 있다. 모든 인간의 운명도 하나의 천상의 리듬이고, 모든 예술 작품도 하나의 리듬이며, 모든 것이 신의 시적인 입술에서 흘러나온다고 말했다. 그리고 인간의 정신이 이에 순응할 때, 운명은 변형되고 그 안에서 천재성이 드러나며, 시를 쓰는 것은 진리를 향한 투쟁과 같다고 했다. 때로는 조각가처럼,

언어가 육체(시의 형태)를 붙잡는 유연하고 강인한 정신으로, 때로는 영적인 정신으로…… 그의 말은 나에게 마치 신탁과 같다. 그는 신의 제사장처럼 광기에 사로잡혀 신의 뜻을 말하지만, 분명 모든 세속적인 삶이야말로 광기이다. 세상이 그를 이해하지 못하니까 말이다."

11월 10일자 구두 수선공 포이히트의 계산서

횔덜레 씨께

8월 6일 신발 한 켤레 수선	12크로이처
11월 4일 신발 한 켤레 수선	8크로이처
총액	20크로이처

1841

1월 14일

1840년 가을부터 튀빙엔 신학교에 다니는 구스타프 슈바프의 아들 크리스토프 슈바프가 처음으로 횔덜린을 방문한다.

크리스토프 슈바프의 일기에서

"오늘 드디어 몇 번의 헛수고 끝에 횔덜린을 만날 수 있었다. 나는 그의 젊은 시절 이야기를 듣고 상상 속에서 만들어낸 아름다운 이미지가 깨질까 봐 괴로웠기 때문에 기대하지는 않았다. 이제 나는 알게 되었다. 두 이미지 사이의 간극이 너무 커서 그 둘이 서로를 손상하지 않고도 나란히 공존할 수 있다는 것을…… 내가 집 안으로 들어갔을 때 그는 피아노에 앉아 연주하고 있었지만, 바로 일어나 나에게 몇 마디 친절한 인사를 건넸다. 나도 예의를 갖춰 답했다. 그 집에 있던 소녀가, 그가 나를 보면 바로 방을 나갈 거라 했지만 다행히도 그는 그렇게 하지 않고 다시 앉아 연주했다. 그는 매우 아름다운 멜로디를 악보 없이 연주했다. 그는 한마디도 하지 않았고, 나도 30분 동안 피아노 옆에 서서 가만히 지켜만 보았다. 덕분에 그의 얼굴을 자세히 살펴볼 수 있었다. 처음에는 내가 상상했던 아름다운 젊은 시절의 이미지를 떨쳐낼 수 없어 혼란스러웠지만, 곧 마음을 가다듬고 그의 깊은 주름에 신경 쓰지 않기로 했다. 그의 이마는 높고 완벽하게 수직이며, 코는 매우 균형 잡혀 있고 다소 도드라졌으며 콧날은 반듯했다. 입은 작고 가늘며, 턱과 아래턱 전체가 매우 섬세한 인상을 주었다. 한 번씩, 그가 유별나게 아름다운 멜로디를 연주할 때는 나를 쳐다보았다. 그의 회색빛 눈은 흐릿하게 빛났지만 생기가 없었고, 흰자위는 하얀 밀랍처럼 너무나 창백해서 나를 두렵게 했다. 나는 감정이 북받쳐 눈에 눈물이 고였고, 울음을 참을 수 없었다. 내가 음악 때문에 감정이 격해졌다고 생각했는지, 그는 기뻐하며 아이처럼 순진한 표정으로 나를 몇 번이나 쳐다보았다. 나는 최대한 이성적인 눈빛을 유지하고 자연스러운 태도를 보이려고 노력했고, 그래서 아마도 그의 호감을 얻는 데 도움이 되었는지 모르겠다. 마침내 나는 용기를 내어 그의 방을 보여달라고 부탁했고, 그는 흔쾌히 문을 열고 '각하, 이쪽으로 오십시오'

라고 말했다. 방 안으로 들어가 창밖의 경치를 칭찬하자 그도 동의를 표했다. 그는 나를 유심히 살펴보더니 혼잣말로 '장군이시군요'라고 몇 번 중얼거렸다. 그러고는 다시 '옷을 잘 차려입으셨네요'라고 말했다. 그날 마침 실크 재킷을 입고 있었다…… 나는 그에게 학창 시절에 『히페리온』을 썼는지 물었고, 그는 몇 마디 횡설수설하더니 고개를 끄덕였다. 헤겔과 교류했는지 물었을 때도 그는 고개를 끄덕이며 '절대적인 것'이라는 단어를 포함하여 몇 마디 이해할 수 없는 말을 덧붙였다…… 나는 실러에 대해서도 물었지만, 마치 그런 존재가 있었냐 하는 반응이었다. 책꽂이에는 『히페리온』 2판이 있었다. 그래서 나는 내가 가장 좋아하는 구절들을 그에게 보여주었고, 그도 그렇다고 했다. 내 감탄이 그에게는 기쁜 일인 듯했다. 나는 그에게 한 구절을 읽어달라고 부탁했지만, 그는 횡설수설할 뿐이었고, '팔락쉬'라는 말을 자주 반복했는데, 그에게 '예'라는 뜻인 듯했다…… 그의 책들을 뒤적이다가 캄페Joachim Heinrich Campe의 『영혼의 이론 *Die Lehre von der Seele*』과 클롭슈토크, 자카리아에, 하게도른Friedrich von Hagedorn의 시집을 발견했다. 나는 그에게 건강이 어떤지를 물었고 그는 잘 지낸다고 대답했다. 내가 '이런 곳에서는 아플 수가 없겠네요.' 하고 말하자 그는 '이해합니다, 이해합니다'라고 대답했다."

1월 21일 크리스토프 슈바프의 일기에서

"1월 16일에 나는 횔덜린을 찾아갔다. 전날 밤부터 아침 내내 그는 기분이 좋지 않았다. 하지만 오후 2시경, 날씨가 조금 맑아진 틈을 타 다시 그를 방문했을 때 그는 비교적 차분했다. 그는 여러 번 나를 친근하게 바라보았지만, 종종 우울한 기분으로 되돌아갔다. 내가 웃으며 '당신은 참 변덕스럽고 고집도 세고 혼잣말도 잘 하시네요'라고 말하자 아무 대꾸 없이 그 말을 받아들였다. 나는 저 아래에서 멋지게 흐르는 강과 아름다운 저녁에 관해 이야기했다. 그러자 그는 '그럼 너도 나를 이해하겠구나' 하고 대답했다. 그 전에 그는 누구에게도 '너'라고 부르지 않았고, 그저 제 생각을 혼잣말로 중얼거렸다. 내가 그의 『히페리온』을 읽는 동안 그는 혼잣말로 '너무 깊이 들여다보지 마, 그건 식인과 같은 야만적인 것이야'라고 말했다. 내가 그에게 함께 소파에 앉자고 권하자 그는 '절대 안 돼, 위험해'라고 말하며 거절했다. 내가 그의 시집을 펼치자 그는 절대 그러지 말라고 부탁했고, 내가 빌란트의 시를 빌려주겠다고 제안했을 때도 단호하게 거절했다. 그가 일어나서 다시 방 안을 돌아다니며 나를 몇 번 쳐다보더니 '완전히 슬라브족 같은 얼굴을 하고 있군요'라고 말했고, 또 '남작은 잘생겼어요'라고 말했다…….

　나는 오늘 그가 쓴 시 몇 편을 받으러 다시 그를 찾아갔다. 시는 두 편이었고, 서명은 없었다. 치머의 딸은 나더러 '횔덜린'이라는 이름으로 서명해달라고 부탁해보라 했고, 내가 그렇게 하자 횔덜린은 화가 나서 방 안을 왔다 갔다 하고 의자를 이리저리 거칠게 옮기며 이해할 수 없는 말을 외쳤다. 그가 내뱉은 말 중에서 '내 이름은 스카르다넬리다'라는 말을 분명히 들었다. 결국 그는 자리에 앉아 시 아래에 '스카르다넬리'라는 이름을 거칠게 써 내렸다."

두 편의 시는 다음과 같다.

「더 높은 삶 Höheres Leben」
인간은 자신의 삶과 결정을 선택하고,
오류로부터 자유로운 그는 지혜와 생각을 알고,
세상에 가라앉은 기억을 떠올린다,
그 어떤 것도 그의 내면의 가치를 망칠 수 없다.

찬란한 자연이 그의 하루를 아름답게 하고,
그의 내면의 정신은 그에게 새로운 목표를 주고,
마음 한가운데서 때때로 진실을,
그리고 더 높은 감각과 수많은 귀한 질문을 존중하게 한다.

그러면 인간은 삶의 의미를 알 수 있게 되고,
자신의 목적을 가장 고귀한 것, 가장 훌륭한 것이라 부를 수
   있게 되며,
인간다움에 따라 삶의 세계를 바라보고,
더 높은 의미를 높은 삶으로 존중하게 된다.

「더 높은 인간다움 Höhere Menschheit」
인간에게는 의미가 내면 깊이 주어졌으니,
이를 인식하여 더 나은 선택을 하려 함이라,
그것이 목적이며 진정한 삶이니,
그것으로부터 삶의 연륜이 정신적으로 헤아려지네.

1월 24일 소피 슈바프가 케르너에게 보낸 편지에서

"우리 크리스토프가 횔덜린과 친해졌어요. 횔덜린이 크리스토프에게 진심으로 관심을 보이는 것 같았어요. 아니면 적어도 크리스토프가 다른 사람들보다 더 가까이 그에게 다가간 거 같아요. 크리스토프의 요청에 따라 횔덜린이 몇 편의 시를 썼고, 크리스토프는 그것들을 읽더니 횔덜린의 천재성이 여전히 빛나고 있다고 말했어요. 저도 빨리 그 시들을 읽고 싶어요…… 베티나 아르힘의 새 책 『귄데로데』를 읽어보셨나요? 거기에도 횔덜린에 대한 흥미로운 내용이 많더군요

…… 40년이라는 깊은 광기에도 불구하고 여전히 그의 영혼이 건재하고, 오랜 시간이 흐른 지금도 그 정신이 드러난다는 사실이 얼마나 놀라운지 덧붙이고 싶습니다."

1월 26일 크리스토프 슈바프의 일기에서

"오늘 다시 횔덜린을 찾아갔다…… 그에게 시가를 권하자, 그는 받아들였다. 우리는 함께 걸으며 담배를 피웠다. 그는 꽤 평온했고 말도 알아들을 수 있게 했다. 내가 말하는 것에 그는 보통 '그럴 수도 있습니다', '당신이 옳습니다'라고 대답했고, 한번은 '이것은 확실한 진리입니다'라고 말하기도 했다. 나는 방금 아테네에서 온 편지를 받았다고 말하자 그는 내 말을 매우 주의 깊게 들으며 내 의견에 동조했다. 나는 그에게 마티손을 사랑하는지 물었고, 그는 고개를 끄덕였다. 어렸을 때 마티손을 알았던 나는 그에 대해 더 물었지만, 그는 횡설수설했고 나는 그가 실제로는 나에 대해 이야기하고 있다는 것을 깨달았다. 오늘 그는 나를 '파터 Vater'라고 부르며, 한번은 '당신은 정말 유쾌한 사람입니다'라고 말했다…… 그의 손수건이 떨어졌고 내가 그것을 주워주자, 그는 놀라서 '오, 친절한 신사분'이라고 외쳤다."

1월 27일 코타가 카를 고크에게 보낸 편지에서

"저희 출판사는 실러의 시집과 동일한 형식으로 횔덜린의 시 전집을 출판할 계획임을 정중하게 알려드립니다. 이에 따라 귀하께서 원하시는 원고료가 얼마인지 여쭙고자 하며, 또한 고인[원본 편지의 표기 그대로]의 친구 중 어느 분이 시집 서문에 실을 만한 전기를 위해 필요한 자료와 정보를 제공해주실 있을지도 문의드립니다."

2월 12일

카를 고크는 이 편지에 대한 답장을 보낸다. 고크는 첫 번째 판과 동일한 인세를 원하며 간단히 전기를 써줄 만한 인물로 구스타프 슈바프를 추천하면서 다음과 같이 덧붙인다. "저와 다른 가족들은 바이블링거와 그 외 다른 젊은 엉터리 작가들[처음에는 '악당'이라고 썼다가 수정한 흔적이 있다]이 언론에 퍼뜨린 횔덜린의 과거에 대한 허위 보도들을 이번 기회에 전면으로 반박하고 싶습니다. 지금까지 저희는 불행한 횔덜린을 배려하기 위해 공개적인 논쟁은 피하고 싶어 이를 자제해왔습니다. 따라서 이번에는 횔덜린의 편지나 다른 확실한 출처에서 나온 정보만 제공할 생각입니다."

2월 25일 크리스토프 슈바프의 일기에서

"2월 12일 오후에 횔덜린에게 잠시 들러 그의 시집 한 권을 선물했다. 기존에 가지고 있던 시집이 없어졌다고 한다. 거기에는 새로 쓴 시 몇 편도 끼워져 있었는데…… 책을 보여주었더니 그는 제본을 매우 마음에 들어 했지만, 도무지 받으려 하지 않았다. 그래서 나는 그걸 도로 가져갈 수 없다고 강하게 말했다. 내가 떠나자, 그는 방에서 나와 늘 오후에 하던 것과는 달리 목수 아내의 방으로 들어갔다. 문 앞에서 딸이 그를 맞이했다. 그는 그녀에게 내가 준 책을 주면서 남작이 돌아오면 돌려주라고 부탁했다. 그녀가 알겠다고 그렇게 하겠다고 말하자 그 말이 안심되었는지 '그럼 믿겠습니다' 하고 대답했다. 오늘 다시 찾아갔더니 횔덜린이 그 책을 받지 않았다는 것을 알게 되었다. 그래서 나는 그에게 가서 빈 종이에 몇 줄 써달라고 부탁했고, 그는 그렇게 하겠다고 약속했다. 그는 나에게 시 몇 편을 이미 써주었다는 걸 기억했다…… 그때 받았던 시들 덕분에 그의 자필 시를 더 갖고 싶은 욕심이 생겼다고 하자 꽤 기뻐하는 눈치였다…… 나는 그에게 바이블링거의 작품집 1권에 있는 초상화를 보여주며 그를 아는지 묻자, 그는 고개를 끄덕였다. 나는 바이블링거가 죽기 전에 자주 그를 보러왔는지 묻자 그는 '그러면 그가 더는 살아 있지 않단 말입니까?' 하고 물었다…… 치머의 딸은 누군가 그에게 보여준 실러 작품의 새로운 석판 인쇄본이 그에게 큰 기쁨을 주었다고 말해줬다. 특히 그는 나 역시 최고라고 생각했던 『발렌슈타인 Wallenstein』*의 장면을 마음에 들어 하며, '그 사람은 비교 불가한 사람이다'라고 말했다고 했다. 대체적으로 그는 여전히 예술에 대한 많은 지성과 판단력을 가지고 있다. 그리고 내가 나가자마자 누군가 그에게 펜과 잉크를 가져다주었고 그는 책상에 앉아 무언가를 쓰기 시작했다."

2월 16일

"고크 의원이 형제인 사서 횔덜린 선생"을 대신하여 코타 출판사와 횔덜린의 시집 출간 계약을 체결한다. 책은 "우아한 포켓 에디션 형식"으로 출간될 예정이다.

4월 21일 고크가 슈바프에게 횔덜린의 전기 작성 자료와 함께 보내는 편지에서

"바이블링거를 비롯해 다른 이들이 남긴 피상적인 전기와 상충되는 내용을 다수 발견하셨으리라 생각합니다. 이에 저는 신뢰할 만한 서신을 통해 고귀한 횔덜린의 성품을 보다

---

*   실러가 독일의 30년 전쟁을 배경으로 쓴 희곡이다.

면밀히 살필 수 있도록 당신께 지금까지 제가 소중히 간직해온 서신 일부를 제 연구의 증거로 보내드리고자 합니다……(횔덜린이 저에게 보낸 편지들입니다)…… 저는 횔덜린의 사랑하는 친구 징클레어의 편지를 54번째 항에 포함시키는 것에 이의가 없습니다. 이 편지에는 횔덜린과 고인이 된 친구와의 관계를 유추할 수 있는 내용이 일부 담겨 있습니다. 당신이 이 안타까운 관계를 섬세하게 다뤄주실 거라 믿습니다. 횔덜린이 깊이 존경했던 그 친구, 그리고 그녀의 남은 가족들이 마땅히 받아야 할 존중을 보여주시길 바랍니다."

5월 13일

고크가 치머 가족에게 시집 출간으로 받은 인세 일부를 보내며 횔덜린을 위한 "간식" 비용에 보태줄 것을 제안한다. 그는 "불행한 횔덜린이 노년에는 평소 식사 외에도 추가적인 영양이 필요할 것"이라고 말하며 "아침과 점심 사이 그리고 저녁 식사 전에 하루에 한 번씩 간단한 간식과 좋은 빈티지 와인 한 잔을 곁들이는 것이 횔덜린의 나이에 무리가 없는지" 의사에게 확인해달라고 부탁한다.

5월 24일 로테 치머가 고크 부인에게 보낸 편지에서

"당신의 시동생께서 지난 2주 동안 몸이 좋지 않았습니다.

가래가 심했는데, 밤에 자주 맨발로 방을 나서다 보니 냉기가 든 것 같습니다. 그래서 제가 밤중에 일어나 차를 끓여주었더니 이제 다시 괜찮아졌습니다. 다만 밤에는 여전히 불안해해서, 제가 '진정하시고 조용히 주무셔야 한다'고, 그렇지 않으면 아무도 잠을 잘 수 없다고 말씀드려야 합니다. 요즘 서리가 내리고 날씨가 추운 탓인 것 같습니다.

지난번에 요청하신, 그멜린 교수가 작성한 소견서를 보내드립니다. 말씀하신 게 맞는지 모르겠습니다만, 그멜린 교수는 순수한 와인은 그에게 너무 독할 수 있으니 권하지 않는다고 하십니다…… 교수님은 식비를 올려야 하지 않겠냐고도 물으셨습니다. 저는 여러 차례 반대했지만, 소견서에도 그렇게 적으셨습니다…… 시동생께서 필요한 만큼 충분히 잘 드시고 있다는 걸 알아주셨음 합니다. 저희 어머니를 위해 특별식을 만들 때면 시동생께도 똑같이 대접해드리고 있답니다. 그래서 저희는 모든 걸 예전처럼 유지하고 싶어요. 다만 저녁에만 조금 더 챙겨드리려고 합니다…… 매일 아침과 점심으로는 집에서 직접 담근 주스와 와인을 각각 1:3 비율로 섞어서 드립니다. 집에서 만든 주스는 물을 섞지 않고 포도즙으로만 만들어서 아주 맛있고 깨끗합니다. 시동생분도 즐겨 마시고, 건강에도 좋답니다. 아침에는 따뜻한 음식을 만들어드리고, 오븐에서 갓 구운 빵도 드실 수 있게 해요.

그리고 가능할 때는 버터 바른 빵도 챙겨드리고 있답니다."

7월 18일

슈바프의 증언에 따르면 횔덜린은 다음과 같은 시를 썼다.

> **「정신의 생성은Des Geistes Werden」**
> 정신의 생성은 인간에게 숨겨져 있지 않으니,
> 그리고 인간이 스스로 찾은 삶이 그러하듯이,
> 그것은 삶의 낮이며, 삶의 아침이니,
> 정신의 귀한 시간은 얼마나 풍요로운가.
>
> 자연이 얼마나 경이로운지,
> 인간은 그런 기쁨을 바라다본다,
> 인간이 스스로에게, 삶에게 자신을 맡기는 것처럼,
> 인간이 정신과 유대를 맺는 것처럼.

7월 25일 마리 나투시우스Marie Nathusius의 일기에서

"필리프는 이곳에서 공부하고 있는 젊은 슈바프에게 우리를 횔덜린에게 데려가줄 수 있냐고 물었다…… 슈바프는 횔덜린과 같은 집에 사는 그의 친구 방으로 우리를 안내했다. 그 방은 횔덜린이 종종 피아노를 치는 곳이다. 우리는 초조하게 기다렸고, 마침내 그가 계단을 내려오는 소리가 들렸다. 문이 열리고 드디어 한 노인이 들어왔다. 이제는 칠십이 된 분이었다. 실내복 차림에, 가느다란 머리카락은 단정하게 빗어 넘겨져 있었다. 고개를 숙이고 계셨는데, 아파서라기보다는 내성적인 성격 때문인 것 같았다. 그는 깊이 허리를 숙여 인사했다. 슈바프는 우리가 그의 열렬한 추종자들이라고 말하며, 그에게 혹시 연주를 부탁해도 될지 물었다. 그는 '각하, 성하'와 같은 말을 반복하며 여러 번 고개 숙여 인사하더니 피아노에 앉아 연주하기 시작했다. 우리는 그의 가까이 서서 깊은 감동에 젖어 바라보았다. 그 모습은 슬프기 그지없었다. 한때 영감에 넘쳤던 젊은 시인은 이제 노쇠한 노인이 되었고, 한때 깊은 영적 통찰력이 오갔던 이마, 그리고 모든 아름다움을 황홀하게 바라보았던 눈은 이제 혼란스럽고 불안정해졌다. 이따금 그는 쓸쓸하고 우울해 보이기도 했지만, 많은 시간 다정하기도 했다. 그는 가끔 여전히 시를 쓰고, 깊고 멋진 생각을 쓰긴 하지만, 연결되지는 않는다."

8월 10일

부르크가 고령으로 사임을 하고, 횔덜린의 새로운 법적 후견인이 된 젤러가 고크에게 편지를 보낸다. "한때 그토록 큰 희망을 품었던 이 불행한 사람의 상태를 직접 확인해야 한다고 생각했습니다. 그의 비극적 처지를 그 누구도 외면할 수 없을 겁니다. 그가 살고 있는 숙소는 모든 면에서 편리하며 그가 전적으로 적절한 대우를 받고 있다는 것을 확인했습니다. 치머 부인의 보고에 따르면, 5월 22일부터 하루에 두 번 와인이나 따뜻한 차를 추가로 제공하기로 결정했으며, 이로 인해 8크로이처의 추가 비용이 발생합니다. 그의 생계를 위한 자금은 충분하기 때문에 이 결정을 승인하는 것은 당연하고, 더는 정신적 즐거움을 누릴 수 없는 환자에게 기쁨을 줄 수 있는 모든 것을 허락해야 한다고 판단합니다."

1841년부터 1843년까지 튀빙엔 대학교에 재학 중이던 요한 게오르크 피셔Johann Georg Fischer가 횔덜린을 여러 차례 방문했고, 그에 대해 일련의 증언을 작성하고 발표했는데, 그중 하나는 1841년 가을로 추정되는 횔덜린과의 첫 만남에 대한 회고이다. "바젤의 아우베를렌 교수와 함께했던 첫 방문이었다. 문 앞에 도착하자 우리는 피아노 앞에서 열정적으로 몰입해 있는 횔덜린의 모습을 보았다. 노크를 하자 쉰 목소리지만 크게 '들어오세요'라는 소리가 들렸다. 우리의 인사에 횔덜린은 고개 숙여 인사하며 앉으라고 손짓했다. 그는 다마스크 천으로 만든 실내복과 슬리퍼를 신고 있었다. 우리를 소개하는 것은 쓸모가 없었다. 왜냐하면 그는 우리 중 한 사람에게 '성하'라고, 다른 한 사람에게 '각하'라고 말했기 때문이다. 우리가 그를 '선생님'이라고 부르자 즉시 '사서'로 정정했다…… 그토록 비범한 정신이지만 비운 속에 파묻혀 이제는 다가갈 수 없는 사람과 마주한 순간, 우리의 대화는 어쩔 수 없이 어색하고 조심스러울 수밖에 없었다. 하지만 특정 질문이나 이름이 그의 마음을 건드릴 때면, 갑자기 얼굴이 환하게 밝아지는 모습은 잊을 수가 없다. 젊은 시절 친구였던 실러에 대한 이야기를 꺼내자, 마치 옛 친구를 떠올리는 듯 푸른 눈이 반짝이며 '아, 나의 실러, 나의 위대한 실러!'라고 외쳤다. 하지만 화제가 괴테로 옮겨가자 그는 갑자기 불편한 기색을 드러내며 '아, 그 괴테 씨!'라고만 짧게 말했다."

횔덜린은 시 「겨울Der Winter」을 쓰고 날짜를 12월 25일로 기입한다

나뭇잎 들판에 모두 사라지고 나면,
새하얀 눈 계곡에 내려앉네.
드높은 햇살로 하루 찬란하고,
도시의 성문마다 축제의 빛 번진다.

자연의 평화, 들판의 침묵은

인간의 정신과 같고, 더욱 고귀하게

차이들이 드러나니, 그리하여 높은 모습으로

자연은 봄의 온화함 대신 자신을 드러내네.

1841년 12월 25일

매우 겸손한

스카르다넬리

12월 1일 모피 상인 시거의 청구서

사서 횔덜린 씨에게:

녹색 천으로 된 실내모자 1개 1플로린 20크로이처

1842

1월 22일

후견인 젤러의 요청에 따라 그멜린 교수는 횔덜린이 여전히 정신질환 상태에 있음을 다음과 같이 증명한다.

"본인은 이곳에 거주하는 횔덜린 선생이 여전히 정신질환 상태에 있음을 증명합니다."

튀빙엔, 1842년 1월 22일
F. G. 그멜린 교수

1월

크리스토프 슈바프의 필사본에 있는 메모에 따르면, 횔덜린은 「겨울」이란 제목으로 또 다른 시를 짓는다.

들판은 헐벗고 먼 봉우리에 빛나는 것은
푸른 하늘뿐, 또한 오솔길이 이어지듯
자연은 늘 같은 모습으로 나타나고, 바람은
신선하고 자연은 빛으로 둘러싸여 있네.

대지의 시간이 하늘에서 뚜렷이 보이고
온종일 밝은 밤에 둘러싸여 있다,
높은 곳에 별이 무리지어 나타나면
넓게 뻗은 삶이 더욱 정신적으로 빛난다.

1월 18일 모리즈 카리에르Moriz Carrière가 코타에 보낸 편지에서

"귀 출판사에서 출간한 시인 한 분을 감히 추천하고자 합니다. 그의 작지만 열정적인 독자층이 더욱 넓어지기를 바라는 마음입니다. 그는 국가와 교회의 더 아름다운 미래를 노래하는 예언자이자 현존하는 가장 위대한 서정시인, 바로 횔덜린입니다. 그의 『소포클레스』는 『히페리온』 및 그의 다른 시편들과 함께 엮어 출간되어야 마땅하며, 최근 새로운 에디션으로 출간한 시집은 좀더 보완이 필요해보입니다. 노발리스Novalis의 시집 『밤의 찬가Hymnen an die Nacht』에 견줄 만한 그의 훌륭한 시가 아르님을 통해 베를린의 한 신문에 발표된 적도 있습니다. 이 불운한 시인, 특히 그의 대표작『히페리온』의 의미를 설명하는 서문이 꼭 필요합니다."

4월 19일 로테 치머가 후견인 젤러에게 보낸 편지에서

"당신의 피후견인께서 며칠간 몸이 안 좋았지만 지금은 좀 나아지셨습니다. 그멜린 교수님을 찾아갔으나, 별다른 처방을 주진 않았습니다. 심한 가래에 코피를 쏟기도 했는데, 교수님은 출혈이 있는 게 오히려 좋은 효과를 줬고, 먹는 것에 각별한 주의가 필요하다고 당부하셨습니다. 열도 있었기 때문에 와인 대신 레모네이드를 주었는데, 그게 효과가 있어서 하루에도 여러 번 주었습니다. 그에게 필요한 모든 것을 부족함 없이 드리고, 소홀함 없이 챙기고 있습니다. 그가 우리 곁을 떠나더라도, 후회하거나 죄책감을 느끼고 싶지 않습니다. 우리가 그 불행한 사람을 매몰차지 않게, 관대하고 아낌없이 대해줬다고 말할 수 있도록요. 안타깝게도 삶에서는 이런 일이 너무 자주 일어나지요. 그리고 침대 시트도 바꿔드려야 합니다."

6월 30일

크리스토프 슈바프의 친구인 루이제 켈러 Louise Keller는 횔덜린을 방문하여 연필로 그의 초상화를 그렸다. 횔덜린 시집의 표지에 실릴 예정이었다. 같은 날 저녁, 구스타프 슈바프의 집에서 열린 모임에서 다음과 같은 대화가 오갔다. "크리스토프 슈바프 덕분에, 루이제 켈러가 병든 횔덜린의 집에 가 그의 초상을 그릴 수 있었다. 그 그림이 유일하게 남아 있는 횔덜린의 초상화다. 우리는 그림을 돌려가며 감상했다. 레나우Nikolaus Lenau가 그림을 오랫동안 응시하던 모습이 아직도 기억난다…… 그날 저녁, 횔덜린의 마지막 나날들에 대한 다른 이야기도 들었다. 횔덜린을 기분 상하지 않게 하려고 그를 '사서님'이라고 불러야 했던 일, 그가 자주 '각하'라고 말했던 일, 그의 끔찍하게 부서진 문장들 속에 '테클라Thekla'라는 이름과 프랑스어 단어들이 섞여 나왔던 일 등등 …… 마지막 몇 주 동안, 울란트는 횔덜린에게 꽃이 든 화병을 보내자 횔덜린은 기뻐하며 '이 꽃들은 멋진 아시아 꽃이군요!' 하고 감탄했다."

7월 13일 신학을 공부하는 페르디난트 심프스의 증언에서

"목수 치머의 집에 하버마스라는 학생이 살았는데, 그가 나와 내 친구 켈러에게 정신 나간 시인 횔덜린을 만나 이야기할 기회를 만들어주었다. 하버마스는 어느 오후 횔덜린을 자기 방으로 초대하여 우리와 함께 커피를 마시게 했다. 그때 불행한 시인은 우리의 요청에 즉석으로 시를 써주었다. 우리가 그의 이름을 부르면, 그는 그 이름을 거부하고 '당신은 로제티 씨와 이야기하고 계십니다'라고 대답했다. 그는 지나칠 정도로 공손하고 예를 차렸다."

「가을 Der Herbst」

자연의 광채는 더 높은 등장,
그곳에서 하루는 수많은 기쁨으로 마무리된다.
열매가 기쁜 광채와 하나로 어우러지고,
그곳에서 한 해가 찬란하게 완성된다.

대지는 이토록 아름답게 꾸며지고, 소리는 드물게
열린 들판을 가로지르며 울리네, 태양은 부드럽게
가을날을 데우고, 들판은
멀리 뻗은 풍경처럼 펼쳐져 있네, 바람은

가지와 잎사귀 사이로 기쁘게 바스락거리며 불고
비록 들판은 텅 비어 쓸쓸함으로 뒤바뀌지만,
밝은 모습의 온전한 의미는 살아 있네,
황금빛 화려함이 감싸안는 그림처럼.

7월 20일 로테 치머가 젤러에게 보낸 편지에서

"며칠 전 휠덜린은 창문이 너무 세게 닫히는 바람에 화가 나

15.
노년의 횔덜린.
루이제 켈러의 연필화(1842년)

있었습니다. 상심한 표정으로 제게 와서 망가진 부분을 확인해달라고 했습니다. 제가 그에게 당신이 그랬냐고 묻자, 그는 확실히 말할 수 없다고 대답했습니다. 바람이 그랬을 수도 있다고 했는데, 그가 부인하는 모습에 저는 웃음이 나왔습니다. 창문이 수리되자, 그는 '당신은 저에게 정말 친절하시군요'라고 말했습니다. 그가 무언가를 망가뜨릴 때 거기에 얼마나 마음을 쓰는지, 그 일로 얼마나 화를 내는지 보면 재밌으면서도 안쓰럽습니다……"

그해 여름, 아마도 7월 28일에 의사이자 철학자인 하인리히 촐베 Heinrich Czolbe가 횔덜린을 방문했다. 그는 "학생 시절부터 『히페리온』의 시인에게 깊은 공감을 했다"고 한다. 한 전기 작가는 다음과 같이 증언했다. "횔덜린과의 대화는 촐베에게 깊은 감동을 주었고, 그의 영혼에 오래도록 인상을 남겼다. 아름다운 네카 계곡을 거닐며 그는 시인의 이상을 실현하고, 더욱 조화로운 삶의 형태를 이루며, 평온한 자연의 종교가 냉혹한 광신주의의 헛된 이미지를 몰아낼 수 있도록 온 힘을 다할 것을 결심했다."

횔덜린은 아마도 촐베를 위해 「인간 Der Mensch」을 쓴 것으로 보인다.

인간이 스스로의 힘으로 살아가고 그 자취가 드러날 때,
그것은 하루가 다른 하루와 구별되는 것과 같다.
그렇게 인간은 그 자취를 향해 기울고,
자연과 분리되어 부러울 것이 없네.

그는 이 광활한 삶 속에서 얼마나 외로운가,
사방에 봄은 온통 푸르른데 여름은 다정하게 머문다.
가을이 되어 해가 서둘러 내려갈 때까지,
구름은 늘 우리 주위를 맴돈다.

1842년 7월 28일
존경의 마음을 담아
스카르다넬리

9월 30일 구스타프 슈바프가 코타에게 보낸 편지에서
"횔덜린의 시와 전기 초안의 최종 교정쇄를 보내드리게 되어 기쁩니다…… 제 아들은 횔덜린을 위해 전기가 포함되지 않은 책을 별도로 한 권 제본해달라는 뜻을 저에게 전해왔습니다." 시집의 제2판은 10월 24일에 인쇄되었다.

11월 7일
횔덜린은 또 다른 「겨울」이라는 시를 쓴다.

보이지 않다가 이제야 지나간

계절의 모습들, 그러면 겨울이 찾아온다.

들판은 헐벗고 시야는 더 온화해 보이며,

폭풍은 사방에 불고 소나기가 내린다.

휴식의 날처럼, 그렇게 한 해의 끝은,

질문하듯이, 이것이 완성되기를.

그리고 봄의 새로운 도래가 열리고

그렇게 대지의 찬란함으로 자연은 빛나네.

1349년 4월 24일

존경의 마음을 담아

스카르다넬리

11월 27일

횔덜린의 후견인이 젤러에서 에시히 박사로 교체되었다. 카를 로젠크란츠Karl Rosenkranz에 따르면, 횔덜린이 헤겔의 방명록에 썼던 '헨카이판'*이라는 문장은 "오늘날에도 튀빙엔에 있는 그의 옥탑방 벽에 크게 걸려 있다"고 한다.

---

* 그리스어로 ἓν καὶ πᾶν. 신은 만물을 자기 안에 품고 있으므로 하나이면서 전체라고 생각하는 범신론의 사상을 나타내는 말이다. 본디 하나이면서 동시에 전부라는 뜻으로, 그리스 철학자 크세노파네스가 처음으로 썼다.

12월 2일 재단사 포이히트의 청구서

사서 휠덜레 씨께,

안감 있는 바지	54크로이처
단추	12크로이처
리넨 천	55크로이처
실내용 가운 수선	10크로이처
총액	2플로린 17크로이처

1843

1월 24일경

울란트와 독문학자 켈러Adelbert Keller는 크리스토프 슈바프와 함께 횔덜린을 방문했다. 그들은 시인이 "기쁘고 평온해" 보였지만, 그의 "모습은 경외심을 불러일으켰다"고 전한다. 횔덜린은 그들을 위해 "아름다운 이미지와 사유'를 담은 "겨울에 관한 시"를 썼지만, 그 시에 "논리적 연결은 없었다"고 한다. 추정컨대 이 시는 아마도 「겨울Der Winter」이라는 제목의 두 편의 시 중 하나였을 것이다. 두 시는 각각 1676년 1월 24일과 1743년 1월 24일로 날짜가 표기되어 있다.

「겨울」

세월이 바뀌고 찬란한 자연의
희미한 빛이 사라지면, 계절의

화려함은 더 빠르게 서두르네. 그러면
천천히 머물던 날들도 서둘러 흘러가네.

생명의 정신은 살아 있는 자연의 시간 안에서
서로 다르고, 서로 다른 날들이 화려함을
펼치네. 그리고 항상 새로운 존재는
인간에게 올바르고, 탁월하고 선택된 것으로 나타나네.

1676년 1월 24일
존경의 마음을 담아
스카르다넬리

「겨울」

한 해의 낮이 저물면
사방의 들판과 산이 함께 침묵할 때,
하늘의 푸른빛이 성좌처럼 밝은 고원에
우뚝 솟아오른 나날들에서 반짝인다.

변화와 화려함은 덜 펼쳐져 있고
저기 강물이 아래로 유유히 미끄러져 내려가는 곳,
그러나 평온의 정신은 이 시간들 속에
화려한 자연과 깊이 연결되어 있네.

1743년 1월 24일
존경의 마음을 담아
스카르다넬리

1월 27일(혹은 1842년 12월 초)

두 번째 시집 출간 직후, 요한 게오르크 피셔가 다시 횔덜린을 방문했다.

"우리에게 깊은 인상을 남긴 다음 방문은 횔덜린 시집의 소형판이 출간된 직후였다. 아우베를렌, 크리스토프 슈바프와 동행했다. 슈바프는 구스타프 슈바프의 아들로 훗날 슈투트가르트에서 교수직을 맡고, 코타 출판사 횔덜린 전집의 편집인이 된다. 그는 횔덜린에게 이 시집을 한 권 건넸고, 횔덜린은 책을 빠르게 훑어보며 고개를 끄덕이더니 감사를 표했다. 그런 다음 다시 한번 제목을 보며 이렇게 말했다. '맞습니다, 시들은 진짜고, 제가 쓴 것이 맞아요. 하지만 이름은 잘못됐습니다. 저는 살면서 한 번도 횔덜린이라고 불린 적이 없습니다. 저는 스카르다넬리이거나 스칼리게르 로자이거나 혹은 다른 무엇입니다. 아우베를렌이 '사서 선생님, 소포클레스 작품도 번역하셨죠?'라고 묻자, 그는 '오이디푸스를 번역하려 했는데, 출판사가 말입니다……' 하더니 반복해 욕설을 내뱉었다. 그래서 나는 그에게 이렇게 말했다. '하지만 선생님의 『히페리온』은 성공했고, 존경하는 디오티마는 숭고한 창조였습니다.' 그러자 그는 밝은 표정으로 손가락을 꼽으며 대답했습니다. '아! 나의 디오티마! 나의 디오티마에 대해서는 말하지 마세요. 그녀는 나에게 자식을 열세 명이나 낳아주었습니다. 한 명은 교황이 되었고, 다른 한 명은 술탄이 되었으며, 세 번째는 러시아 황제가 되었지요.' 그리고 곧바로 슈바벤 방언으로 덧붙였다. '그리고 아시나요, 그녀가 어떻게 됐는지? 미쳤어요, 미쳤어, 미쳤어, 미쳤어.' 그는 마지막 단어를 몸짓과 함께 격렬하게 반복했다. 우리는 더 이상 그의 고통을 견딜 수 없어 작별 인사를 하고 자리를 떴다. 그는 언제나처럼 '매우 예를 갖춰' 인사했다."

(여기서 횔덜린이 보여준 표준 독일어에서 슈바벤 방언으로의 언어 전환은 그의 광기가 의도적인, 어쩌면 연기된 것일 수도 있음을 암시한다.)

1월 30일 로테 치머가 에시히 박사에게 보낸 편지에서

"……재단사가 아직 작업을 마치지 못해서…… 실내용 가운에 대한 영수증은 첨부하지 못했습니다. 당신의 피후견인은 현재 매우 잘 지내고 있습니다. 이번 겨울은 아주 잘 보내고 있습니다……"

2월 6일 뫼리케가 빌헬름 하르트라우프Wilhelm Hartlaub에게 보낸 편지에서

"뉘르팅엔에 있는 횔덜린의 누이인 브로인린을 방문했는데, 매우 수다스러운 여성입니다…… 그녀는 제게 횔덜린의 여러 초상화를 보여주었는데, 그중에는 그녀의 결혼식 때 횔덜린이 보낸 자신의 큰 파스텔화도 있었습니다. 그리고 그녀는 횔덜린의 원고로 가득 찬 큰 바구니를 저에게 건네주었습니다…… 제가 조용히 원고를 살펴볼 수 있도록, 그녀는 위층에 있는 작은 방을 따뜻하게 데워주었습니다. 그 방에는 매우 오래된 가구와 가족 초상화들이 있었습니다. 제가 그 방에 있는 동안 가끔 소녀가 뜨개질감을 가지고 왔습니다. 덕분에 분위기를 환기할 수 있었지요. 그렇지 않았다면 그런 엄청난 양의 잔해 더미 앞에서 정신을 놓았을지도 모릅니다.

그 안에서 저는 눈여겨볼 만한 시의 초고들을 발견했는데, 대부분은 이미 출간된 것들로 수많은 수정이 가해진 것들이었고, 같은 시의 다양한 판본과 필사본도 눈에 띄었습니다. 이 중 일부에는 슈바프의 필적이 남아 있는데, 그 흔적으로 보아 꽤 섬세하게 원고를 다룬 것 같습니다. 일부 출판된 소포클레스, 에우리피데스, 핀다로스의 번역본도 있었습니다. 그리고 극작에 관한 글들, 지크프리트 슈미트와 노이퍼 같은 중요하지 않은 친구들의 편지들, 심지어 그의 자필 편지 몇 통과, 내 추측으로는 우리가 디오티마라고 알고 있는 여성의 흔적, 마치 갓 인쇄된 것처럼 보이는 『히페리온』 초판의 인쇄지들도 있었습니다. 특히 뭉클했던 것은 홈부르크와 예나 시절의 빛바랜 자잘한 메모장들이었어요. 그것들은 그의 현재의 슬픈 삶이 시작된 그때로 나를 순간 이동시키는 듯했습니다."

**3월 아르놀트 룽게Arnold Runge가
카를 마르크스Karl Marx에게 보낸 편지에서**

"'가혹한 말이지만, 진실이기 때문에 말하지 않을 수 없습니다. 독일처럼 분열된 민족은 없습니다. 기술 장인은 있지만 사람은 없고, 사상가들은 있지만 사람은 없고, 귀족과 하인, 젊은이와 노인은 있지만 사람은 없습니다. 그렇다면 여기는 전쟁터가 아니고 무엇입니까? 손과 팔, 그리고 온몸의 지체들이 서로 분리되어 흩어져 있고, 생명의 피가 모래 속으로 흘러가는 그런 전장 말입니다.' 횔덜린의 『히페리온』에서 가져온 문장입니다. 이것이 제 심정을 대변하는 말이며, 안타깝게도 새삼스럽지도 않은 말이기도 합니다."

일부 학자들에 따르면, 횔덜린은 그의 생일인 3월 20일 무렵에 시 「봄」을 썼다고 한다.

「봄」

깊은 곳에서 봄이 삶 속으로 스며올 때,
인간은 경이로워하고, 새로운 말들이
정신에서 솟아나오며, 기쁨이 다시 돌아오고
합창과 노래들이 축제처럼 울려 퍼지네.

삶은 계절의 조화 속에서 발견되고,
자연과 정신이 언제나 의미를 이끄네.
그리고 완전함은 정신 속에서 하나이니,
그리하여 많은 것이 드러나고, 대부분이 자연에서 오네.

1758년 5월 24일
존경의 마음을 담아
스카르다넬리

4월

피셔는 횔덜린을 마지막으로 방문했다. "1843년 4월, 함께 신학 공부를 했던 브란다우어와 오스터탁과 함께 횔덜린을 찾아갔다. 나는 횔덜린에게 튀빙엔을 떠나야 해서 작별 인사를 하러 왔다고 말했고, 그는 이를 못마땅해했다. 예전에 나와 내 친구들이 그를 찾아왔던 것을 기억하는지는 확실치 않았다. 그는 항상 냉담하게 우리를 맞이했고, 그의 얼굴

에서는 과거의 만남을 떠올리는 어떤 표정도 보이지 않았기 때문이다. 마지막 방문 때 나는 그에게 이렇게 말했다. '사서 선생님, 제게 작별 선물에 시 두어 연을 써주시면 정말 기쁠 것 같습니다.' 그의 대답은 이랬다. '각하께서 명하시는 대로! 그리스에 관해 써드릴까요, 봄에 관해 써드릴까요, 아니면 시대정신에 관해 써드릴까요?' 친구들이 '시대정신!'이라고 귓속말로 속삭였고, 그래서 그렇게 요청했다.

평소에는 항상 구부정했던 그가 책상 앞에 똑바로 앉아 종이와 깃털 펜을 챙겨 글을 쓰기 시작했다. 나는 그 순간 그의 빛나는 얼굴을 평생 잊지 못할 것이다. 그의 눈과 이마는 그토록 심한 정신적 혼란을 한 번도 겪어본 적이 없는 듯 환하게 빛났다. 그는 글을 쓰며 왼손으로 한 행 한 행 시구를 짚어가며, 매 행이 끝날 때마다 만족스러운 듯 '흠!' 하는 소리를 내뱉었다. 다 쓰고 나서는 깊이 고개를 숙여 인사하며 내게 종이를 건네며 말했다. '각하께서 받아주시겠습니까?' 나는 악수로 마지막 감사를 표했다. 이날 이후로 그를 다시 볼 수는 없었다. 나는 5월에 튀빙엔을 떠났고, 그는 6월에 세상을 떠났다. 그가 나에게 준 시는 훗날 탐욕스러운 자필 수집가에게 빼앗겼지만, 내용은 이랬다.

「시대정신 Der Zeitgeist」

인간은 삶을 위해 이 세상에 존재한다,
세월이 흐르고 시대가 더 높이 솟아오르듯,
변화가 그러하듯, 많은 진실이 남아 있으니,
영속성이 서로 다른 세월로 들어서네,
완전함은 이 삶에서 그렇게 하나가 되어,
인간의 고귀한 열망이 이것에 순응하네.

1748년 5월 24일
존경의 마음을 담아
스카르다넬리

6월 초

횔덜린은 그의 마지막 시로 여겨지는 시를 썼다.

「전망 Die Aussicht」

인간의 거주하는 삶이 저 멀리 사라져버리고,
포도 넝쿨의 시간이 저 멀리서 빛날 때,
여름의 텅 빈 들판도 그곳에 함께 있고,
숲은 어두운 모습으로 나타나네.

자연은 시간의 모습을 메꾸고,

자연은 머물고, 시간은 스쳐 지나간다,
완전함에서 비롯되니, 하늘의 드높음이 인간에게 빛나네,
마치 나무들이 꽃으로 치장한 것처럼.

1748년 5월 24일
존경의 마음을 담아
스카르다넬리

6월 7일 로테 치머가 카를 고크에게 보낸 편지에서

"존경하는 의원님께, 사랑하는 형제께서 세상을 떠나셨다는 슬픈 소식을 전하게 되어 참으로 비통한 마음입니다. 며칠 전부터 감기로 몸이 약해지신 것 같아 그멜린 교수님을 찾아가 약을 처방받았습니다. 그날 저녁에도 그는 피아노를 연주하고 저희 방에서 함께 저녁 식사를 했습니다. 밤에 잠자리에 들었지만, 곧 불안감에 잠을 이루지 못하고 일어났습니다. 저는 그의 곁에 머물며 이야기를 나누었고, 몇 분 후 다시 약을 드셨지만, 불안은 더욱 심해졌습니다. 집에 머물던 다른 손님도 함께 곁을 지켰고, 또 다른 손님도 깨워 그의 마지막을 함께했습니다. 그리고 그는 고통 없이 평온하게 숨을 거두셨습니다. 다른 손님도 곁에 계셨지만, 아무도 그의 죽음을 예상하지 못했습니다. 슬픔이 너무 커서 눈물조차 나오지 않지만, 고통 없이 돌아가셨음에 하늘에 감사해야 합니

다. 이렇게 평온하게 죽음을 맞이하는 사람도 극히 드물 것입니다."

크리스토프 슈바프는 자신이 쓴 횔덜린의 전기에서 그의 죽음을 이렇게 묘사한다

"갑자기 저녁에 몸이 안 좋아져서 안정을 취하려고 창문을 열고 아름다운 보름달을 한참이나 바라보았다. 이윽고 진정되는 듯했다. 그러나 점점 몸이 처지더니 침대에 누웠다. 곧 죽음이 다가오는 것을 느꼈다……."

튀빙엔 신학교 교회 기록에는 다음과 같이 적혀 있다

프리드리히 횔덜린, 사서, 시인, 약 40년간 정신 이상 상태
부모: +하인리히 프리드리히 횔덜린(행정관),
　　　+요하나 크리스티아나(결혼 전 성: 헤인)
출생일 및 나이: 1770년 3월 29일, 향년 73세
사인: 폐질환
사망일: 6월 7일 밤 10시 45분, 6월 10일 오전 10시 안장

6월 11일 그멜린 교수가 카를 고크에게 보낸 편지에서

"친구들을 위해서라도 시신을 부검하는 것이 중요하다고 생각했고, 당신의 의견도 듣고 싶었습니다. 하지만 아무런 소

16.
스카르다넬리로 서명한 횔덜린의 육필원고
(1826년 크리스토프 슈바프 발행)

식을 듣지 못해 제 아들과 라프 박사가 참석한 가운데 부검을 진행했고 흥미로운 결과를 얻었습니다. 뇌는 전반적으로 상태가 좋았지만, 뇌실 한 부분이 뇌척수액 과다로 확장되어 있었고, 벽은 두껍고 경화되어 있었습니다. 뇌량, 뇌궁, 측벽도 마찬가지였습니다. 이외의 별다른 이상은 없었기 때문에, 이 병변이 뇌의 가장 중요한 부분을 압박했고, 그가 40년에 걸쳐 앓아온 병의 원인으로 사료됩니다. 양쪽 폐는 물로 가득 차 있었는데, 이것이 직접적인 사인으로 보입니다. 흉막삼출과는 달리 매우 빠르고 조용히 진행된 듯합니다. 이 늦깎이 순례자를 이렇게 온화하고 고통 없이 데려가신 신께 감사드립니다.

추신: 장례식은 매우 성대했고 많은 학생들이 참석했습니다."

안장식은 6월 10일 오전 10시 튀빙엔 묘지에서 진행되었다. 치머의 집에 살던 학생들이 관을 운구했고, 백여 명의 학생들이 그 뒤를 따랐다. 크리스토프 슈바프는 "그와 가까웠던 사람들은 형제를 잃은 듯 슬퍼했다…… 커다란 월계관이 고인의 머리를 장식했다"라고 기록했다. 크리스토프 슈바프가 추도사를 낭독했다. "관이 내려지자 흐렸던 하늘이 맑아졌고 태양이 열린 무덤 위로 따스한 빛을 비추었습니다." 참석자 중에 교수는 아무도 없었다. 울란트와 구스타프 슈바프조차 참석하지 못했고, 시인의 형제와 자매도 자리에 없었다. 그들은 시인으로부터 12,259플로린을 유산으로 상속받았다.

에필로그

'거주하는 삶'이란 무엇일까? 습관과 관습에 따라 사는 삶이라고 할 수 있을 것이다. '거주하다, 살다, 머무르다'를 의미하는 독일어 동사 'wohnen'은 '사랑하다, 갈망하다'를 뜻하는 인도유럽어의 어근 'ven'에서 유래했다. 독일어 'Wahn(희망, 환상, 망상)'은 '기쁨'을 의미하는 'Wonne' 뿐만 아니라 라틴어 '베누스venus'와도 관련이 있다. 베누스는 로마의 여신 베누스 그 자체를 의미하기도 하지만, 여신 베누스의 속성을 드러내는 사랑, 아름다움, 매력, 욕망, 번영, 다산을 뜻하는 일반 명사로도 사용된다. 이는 독일어의 'Gewohnheit' 즉 습관이나 관습, 일상적인 것이 즐거움, 기쁨과 관련 있음을 의미한다. 그리고 언어학자들은 'Wonne'와 'Gewohnheit'를 구분하려는 경향이 있지만, 이는 '환상Wahn'과 '광기Wahnsinn'와도 연관되어 있다.

'wohnen' 동사는 횔덜린의 시에서 이러한 여러 의미를 담은 채 사용되며, 그의 시에서 특히 '인간이 지상에서 살아가는 삶'을 가장 탁월하게 표현해준다. 물론 별도 "영원히 살고"(「평화」 마지막 60행), 독수리도 "어둠 속에 살고"(「파트모스-홈부르크 방백에게 바침」 5~6행), 아름다움도 "대지에 기꺼이 머물고"(「그리스-세 번째 착상」 43행)도, 신도 "빛 위에 머물며"(「귀향-근친들에게」 2연 3행) 역시 지상에 거주하지만, 바로 이 지점이 이러한 존재들을 인간의 거처에 가깝게 한다. "인간은 이 지상에서 시적으로 거주한다Dicherisch wohnet der Mensch auf dieser Erde." 바이블링거가 자신의 소설 『파에톤』에 옮겨 적었다고 증언하고 하이데거가 상세히 해석한 횔덜린의 명제다. 이 문장은 루터 성경의 「요한복음」 1장 14절 "말씀이 육신이 되어 우리 가운데 거하시다"라는 구절의 메아리로 이해될 수 있다. 신은 육신이 됨으로써 인간들 사이에, 인간들과 함께 '거주한다'는 존재의 방식을 공유하는 것이다.

라틴어 동사 'habito'는 이탈리아어 'abitare(거주하다)'의 어원으로, 이는 독일어 wohnen에 대응한다. habito는 'habeo(가지다)'의 반복 동사로 되풀이되고 강화되는 행위를 나타낸다. 이 동사는 완료수동분사의 –to 어간에서 파생되는데, 시제나 태에 구애받지 않는 동사의 한 활용 형태다. 에밀 벵베니스트Émile Benveniste는 「수피눔supinum」이라는 논문에서 라틴어 'supinus'는 그리스어 'yptios'를 번역한 것으로, '등을 대고 누운'을 의미한다고 하였다.**47** 즉 등을 대고 편안하게 누워 있는 사람의 자세에 비유한 것이다. 따라서 '거주한다'는 것은 특정한 존재 양식을 반복적이고 강화된 방식으로 '가지고 있는' 삶, 즉 습관과 관습에 따라 살아가는 삶이다.

한편 이렇게 반복되고 습관화된 행위들 사이를 연결해주는 연속성과 연결성은 어떻게 이해할 수 있을까? '거주하는 삶' 혹은 '습관적인 삶'은 자기 자신과 세계 전체와의 관계 안에서 고유한 방식의 연속성과 응집성을 지닌 삶일 것이다. (실제로 슈미트는 한 논평에서 "습관적인 삶이란 전체와 더 약하고 멀어진 관계를 맺는 삶이다"라고 언급된 바 있다.) 우리가 파악해야 하는 점은 바로 '삶의 연속성이 갖는 특별한 방식'인 것이다.

습관에서 쟁점이 되는 행위의 방식은 무엇일까? 4세기 후반에 활동했던 라틴어 문법학자 카리시우스는 동사를 세 가지 유형으로 나누었다. 첫째는 '능동형'으로 주체가 어떤 행위를 하는 경우이고, 둘째는 '수동형'으로 주체가 어떤 행위를 겪는 경우다. 셋째는 그가 'habitivum(거주형 또는 습관형)'이라 부른 유형으로, 행위의 주체와 객체가 일치한다. 독일 고전문헌 학자 카를 바르비크Carl Barwick의 말을 빌리면 "무언가가 저절로 일어나거나 그 자체로 존재하는 것처럼 보이는" 경우다.**48**

카리시우스를 이어받은 5~6세기에 활동한 라틴어 문법학자 포카스는 그리스어 문법에서 '중간태'라 불리는 이 세 번째 유형의 예시로 'gaudeo(기뻐하다)', 'soleo(~하는 습관이 있다)', 'fio(~이 되다)'를 들며, 이 동사들을 두고 일부 문법학자들은 '무심코 누워 있는'을 뜻하는 '수동태supini'로 불렀다고 전한다. 왜 이제 카리시우스가 '습관형habitivi'이라 하고, 또 일부가 '수동태'라 했는지 이해할 수 있겠다.

이는 아리스토텔레스의 hexis(습관, 성향) 개념과 유사한데, 이러한 동사들은 의지적 결단이나 외부 행위의 결과와는 무관한 어떤 상태, 과정 또는 디아테시스diathesis를 나타낸다. 디아테시스는 '배치', '배열', '성향'을 의미하는데, 언어학에서 '-태' '-어태'라고 할 때의 바로 그 용어다. 이러한 동사들에서 주체는 과정 내부에 위치한다. 그리고 사건이 일어나는 바로 그 자리 자체가 된다. 주체는 행위하면서 동시에 사건을 겪는 존재다. 즉, '무심코 누워 있는 사람'처럼 현대 언어학자들은 이를 '피영향성Affiziertheit, Affectedness'이라고 부른다. 이는 주체가 그 자체로 영향을 받는 상태로, 단순히 행위자도 아니고 객체도 아닌 상태다. 오히려 주체는 자기 자신에 의해 영향을 받기에 두 위치를 동시에 점유한다. 고대 그리스 문법학자들을 이를 설명하기 위해 '함께 떨어짐'을 의미하는 'synemptosis'라는 용어를 사용하기도 한다. 교황 그레고리우스 1세는 수도원 제도의 창시자 중 한 명인 누르시아의 베네딕토의 삶을 묘사하기 위해 '자기 안에 거주하다', '자기와 함께 거주하다'를 의미하는 라틴어 'secum habitare'라는 표현을 썼다. 이러한 의미에서 모든 거주는 'secum habitare'다. 즉 특정 장소에 특정 방식으로 거주하는 행위 자체에서 자기 자신에게 영향을 받는 것이다. 인간은 스스로를 단순히 존재하게 하거나 소유할 수 없다. 오직 자기 안에 거주할 수 있을 뿐이다.

이러한 관점에서 주목할 점은, '피영향성'이라는 용어를 처음 제안한 언어학자 델브뤼크Berthold Delbrück가 '기뻐하다'와 '부끄러워하다vergognarsi'와 함께 그리스어 동사 mainomai, 즉 '미치다'를 예로 들었다는 점이다.[49] '미치다'는 태어나다 gignomai, nascor와 마찬가지로 가장 전형적인 습관태 동사로, 습관과 그 습관의 고유한 연속성을 형성하는 바로 세 번째 유형의 행위 방식에 속한다.

『오이디푸스 왕에 대한 주석』의 마지막인 신과 인간 사이의 가장 극단적인 관계가 논의되는 장면에서 횔덜린은 다음과 같은 말로 인간의 조건을 설명한다. "고통의 극한에서는 시간이나 공간의 조건 외에 더는 아무것도 존재하지 않는다In der äußersten Grenze des Leidens bestehet nämlich nichts mehr, als die Bedingungen der Zeit oder des Raums."[50] 횔덜린의 이 문장에서 시간과 공간을 감성의 조건으로 보는 칸트의 관점이 분명히 드러난다. 그러나 이 칸트적 참조는 실러의 『인간의 미적 교육에 관한 편지 Über die ästhetische Erziehung des Menschen』에 나타난 한 구절을 매개로 한다. 실러는 이 구절에서 인간 정신의 '순수한 피수용성', 즉 '순수한 규정 가능성'의 단계를 정의하려고 했다. "감각적 인상에 의해 어떤 영향을 받기 이전의 인간 정신의 단계는 무한한 수용이 가능한 **피수용성**의 상태이다. 이 상태에서 무한한 공간과 시간은 **자유롭게 활용**될 수 있도록 상상력에 주어지며, 우리의 전제에 따르면, 이 가능성의 영역에서는 어떤 것에 영향받지도, 배제되지도 않는다. 그러므로 이 영향을 받지 않은 상태(비결정성Bestimmungslosigkeit)를 텅 빈 무한이라고 부를 수 있다. 하지만 이를 무한한 공허와 혼동해서는 안 된다."[51] 실러에 따르면, 이 단계의 수동성은 어떤 면에서 능동적이다. "유한한 정신은 **고통을 통해서**durch Leiden만 작동한다."[52] 그리고 다음 편지에서는 이 상태를 '**자발성을 동반한 고통**Leiden mit Selbsttätigkeit'이라고 정의하며 다음과 같이 덧붙인다. "그러므로 자발적으로 고통을 겪고, 수동적인 영향을 능동적인 것으로 전환하기 위해서는 모든 영향으로부터 일시적으로 벗어나 순수한 피수용성의 상태를 경험하는 순간이 있어야 한다."[53]

횔덜린이 사유하고 실천하고자 했던 '거주하는 삶' 혹은 '습관적인 삶'은 그가 실러의 사유를 확장하면서 도달한 바로 '고통의 극한'이다. 여기서는 시간과 공간의 조건 외에는 아무것도 존재하지 않는다. 이는 순수한 피영향성의 상태, 즉 영향을 받을 수 있는 순전한 능력으로, 같은 시기 메인 드 비랑Maine de Biran이 『사유의 해체를 위한 회고록』에서 '순수한 정감적(정동적) 상태'라 했던 것과 유사하다. 그는 이 상태를 '독특한 수동성의 관계'로 정의하며, 이는 모든 의식적인 지각 이전이나 이후에, 말하자면 비인격적인 존재 방식을 구성할 수 있으면서도,[54] 그 자체로 긍정적이고 완전한 존재 방식으로 간주되는 순수 피영향성의 상태이다.[55] 거주하는 삶은 이런 피영향성의 한 양태로, 외부로부터 영향을 받더라도 그것들을 의식적인 지각으로 전환하지 않고 더 높은 차원의 응집성 속으로 흘려보낸다. 이 과정에서 그것들은 어떤 식별 가능한 주체에 귀속되지 않는다. 바로 이 때문에 횔덜린에게서 자아는 피히테와 초기 셸링에서처럼 스스로를 설정하는 절대적 주체의 형태를 가질 수 없으며, 오히려 습관 또는 버릇처럼 유동적이고 전유 불가능한 형태를 띤다.

친구와 방문객들의 증언에서 보면 횔덜린의 사유와 말 속에서 **연결성의 부재**Zusammenhanglosigkeit라는 개념이 자주 등장한다. 시인이 쓰는 개별 문장들은 이성적이지만, 문장 사이의 연결성은 없다. 바이블링거는 그의 전기에서 이를 다음과 같이 기록한다. "횔덜린은 하나의 생각에 집중하고, 그것을 명확히 하고, 발전시키고, 유사한 다른 생각들과 연결하고, 외견상 가장 멀리 있는 것들을 일관된 흐름 속에 녹여내는 능력을 상실했다." 이러한 경향은 그의 시에서도 어느 시점부터 명확히 드러난다. 로만 야콥슨Roman Jakobson과 아도르노Theodor W. Adorno가 강조했듯이, 그리고 이미 헬링라트의 '거친 연결' 개념에 내포되어 있듯이, 횔덜린의 후기 작품은 극단적인 병렬 구조와 모든 종속적 구조의 의도적 부재로 특징지어진다. 하마허Werner Hamacher는 횔덜린의 후기 언어에 나타나는 삽입 구조, 즉 쉼표 외에도 문장들이 삽입되는 구조에 주목했다.[56] 연결성의 부재가 점차 시적 구성의 원리로 자리 잡은 것처럼 보인다. 이는 송가에서도 마찬가지인데, 인상적인 아포리즘들이 일관성 없이 연이어 개별적으로 등장한다. 후기 운문시에서도 자연의 이미지들이 연속적으로 펼쳐지지만 외견상 비논리적으로 보인다.

저널 『이두나Iduna』에 기고하려고 쓴 것으로 추정되는 1799년의 단편 「엠페도클레스에 대한 근거」를 보면 횔덜린이 단어와 문장 사이의 단순한 논리적 연결을 넘어서려는 시도를 이미 오래전부터 의식적으로 구상해왔음을 알 수 있다. 횔덜린은 다음과 같이 쓴다. "한 문장 내에서 단어들이 도치될 수 있듯이, 문장 자체의 도치가 더욱 광범위하고 더욱 강력한 효과를 낳는다. 그러니까 문장들의 논리적 배열—문장의 기본이 되는 근거Grund가 먼저 오고, 그다음에 생성Werden, 그다음에 목표Ziel, 마지막으로 목적Zweck이 뒤따르며, 종속절은 항상 그리고 오직 주절에만 연결되는 것—은 시인에게는 결코 적합하지 않다."[57]

여기서 사용된 명백한 철학적 용어들—근거, 생성, 목표, 목적—은 이 원리가 단순히 시학의 차원에 머무르지 않고, 논리적이고 존재론적 특성을 띤다는 점을 시사한다. 마치 횔덜린이 사유 사이를 연결하는 또 다른 방식, 즉 '비논리적인 연결 방식'을 모색하고 있는 듯하다. 어쨌든 분명한 것은 병렬구를 단지 통사적-문법적 관점으로만 접근해서는 이 현상의 복잡성을 설명하기에 턱없이 부족하다는 점이다. 횔덜린이 문제 삼는 것은 단순한 연결의 부재가 아니라 그보다 더 높은 차원의 결속력이며, 그는 그것을 '보다 무한한 연결unendlichere Zusammenhang' 또는 '무한한 통일unendliche Einheit'이라 불렀다.

장문의 미완성 논고 「시적 정신의 작동 방식에 대하여」를 읽어보면 횔덜린이 이 문제에 얼마나 집요하게 집착했는지 알 수 있다. 여기서 그 문제는 '조화로운 통일harmonische Einigkeit'과 '조화로운 교체harmonische Wechsel', 즉 시적 정신의 통일성과 동일성, 그리고 시적 정신이 분화되는 다양한 대립 사이의 관계로 나타난다. 시적 정신은 이 분열을 통해 자신의 통일성과 전체성을 잃고 고립된 순간들의 공허한 무한성으로 해체될 수 있다.

"만약 시적 정신이 조화로운 통일성, 의미와 에너지, 일반적인 조화의 정신, 조화로운 교환도 모두 결여되지 않는 지점에 도달했더라도, 여전히 몇 가지 위험이 존재한다. **통일된 것**das Einige이 **분화될 수 없는 것**Ununterscheidbares으로서 스스로를 소멸하여 **공허한 무한성**leere Unendlichkeit으로 변모하거나 혹은 아무리 조화롭더라도 대립되는 것들 사이의 교체로 자신의 동일성을 상실하고 더 이상 **전체적이고 통일된 것**Ganzes und Einiges이 되지 못한 채, 고립된 순간들의 무한한 집합—마치 일련의 원자들처럼—으로 해체될 가능성도 존재한다. 그렇게 되지 않도록 하기 위해서, 나는 시적 정신이 그 통일성과 조화로운 전개 속에서 **무한한 관점**을 스스로에게 부여해야 한다고 말하는 것이다. 그 작용 속에서 조화롭게 전진하고 교대해나가는 가운데 자기 자신에게 하나의 통일성을 부여해야 한다. 이 통일성과의 지속적인 고유의 관계를 통해 대립의 교대 속에서도 '연결성과 동일성Zusammenhang und Identität'을 이뤄야 한다. 이는 단지 외부 관찰자에게만 객관적으로 나타나는 것이 아니라, 실제로 느껴지고 감각되어야 한다. 시적 정신의 궁극적 과제는 조화로운 교대 속에서 하나의 실마리, 하나의 순간을 보존하는 데 있다. 그리하여 정신이 어느 한순간에만 머무는 것이 아니라, 서로 다른 **정서적 음조**Stimmungen 속에서, 각각의 순간 속에서 지속적으로 자기 자신에게 현존할 수 있게 된다. 마치 정신이 **무한한 통일성** 안에서 완전히 자기 자신에게 현존하듯 말이다. 이 무한한 통일성은 그 자체로 '통합의 지점'인 동시에 '분리의 지점'이며, 결국 이 두 가지 모두를 동시에 포함하는 것이 된다. 그 안에서 조화롭게 대립되는 것은 통일된 것 안에서의 대립으로도, 대립 안에서의 통일로도 인식되지 않고, 오히려 그 둘 모두로서 하나 안에서 동시에 통일되고 분리될 수 없는 대립으로 감각되고, 그렇게 감각되는 만큼 그것은 사유된다."**⁵⁸**

긴 호흡으로 쓰인 횔덜린의 이 글에서 다루어지는 점은 다름 아닌 시적 정신이 분열되어 나오는 다양한 대립과 통일성 사이의 두 대립적 요소가 어떻게 일치하는지 그 가능성을 사유하는 것이다. 이러한 일치는 헤겔식의 변증법적 종합이 아니라 벤야민의 **정지 상태**Stilstand의 변증법처럼 두

계기가 서로 분리되지 않은 방식으로 유지된다. 횔덜린에 따르면 시적 개체성은 단순한 동일성도, 대립도 아니며 대립하고 교차하는 것들의 단순한 관계나 결합도 아니다. 그 안에서 대립과 결합은 결코 분리될 수 없다.[59] 그리고 횔덜린의 주된 관심사는 「판단과 존재 Urteil und Sein」라는 논고에서 밝혔듯이 상반된 것들을 성찰을 통해 조화시키는 피히테식 모델을 무력화하는 것이다. 이는 역시 「시적 정신의 작동 방식에 대하여」에도 나타난다. "만약 무한한 통일 속에서 결합과 대립이 불가분하게 연결되어 있고, 또 그것이 하나이자 동일한 것이라면, 그것은 성찰에 의해 대립 가능한 통일로도, 화해 가능한 대립으로도 나타날 수 없고, 따라서 전혀 나타날 수 없거나, 어떤 긍정적인 무無, 무한한 정지라는 특징으로만 나타날 수 있다."[60]

여기서 문제시되는 것은 연속성과 연결성의 형태다. 이는 횔덜린이 「시적 정신의 작동 방식에 대하여」에서 사용한 표현—'연결성과 동일성', '무한히 단일적이며 생동하는 통일성'—뿐 아니라 다른 텍스트들에서도 분명히 드러난다. 예를 들어 「종교에 대하여」라는 단편에서는 '더 높고 무한한 연결'을 중점적으로 다루고, 핀다로스에 대한 단편 「무한한 것」에서는 두 개념이 '연속적인 관계'에서 '무한히 연결된다'

고 언급된다.**61** 횔덜린이 '더 무한한'이라는 수식을 반복해 사용한 것도 주목할 만하다. 이는 두 가지 다른 무한성—하나는 살아 있는 무한성이고 다른 하나는 공허한, 더 나아가 죽어 있고, 죽음을 불러일으키는 무한성—을 역설적으로 대립시키려는 의도로 보인다. 횔덜린은 공허한 무한성을 '일련의 원자들'처럼 고립된 무한한 요소들로 이뤄진 것으로 정의하고, 이를 '총체적이고 통일된' 또 다른 무한성과 대립시킴으로써, 게오르크 칸토어Georg Cantor의 정리를 선취한 것처럼 보인다. 칸토어는 임의의 두 원소 사이에 항상 다른 원소가 존재하는 가산/조밀 연속체를 그보다 더 높은 차원의 연속체, 즉 초월적 무한성과 구별하면서 '연속체의 크기는 가산 집합의 그것보다 크다'고 주장한다. 칸토어의 연속체에서와 마찬가지로 횔덜린의 연속체에서도 요소들은 무한히 연결되어 있어 그 사이에 유사한 다른 요소를 삽입하는 것이 불가능하다. 즉 분리와 통일, 대립과 동일성은 완벽하게 일치하며, 서로의 안으로 수렴되어 결국 하나가 된다.

셀 수 없는 이러한 연속성이야말로 횔덜린의 거주하는 삶과 그의 후기 시에 나타나는 극단적인 병렬 구문의 성격을 드러내준다. 삶의 순간들 사이에는, 그리고 시인의 분절된 사유와 시구 사이에는 논리적 연결이 존재하지 않는다.

왜냐하면 그것들은 '더욱 무한히 연결되어' 있기 때문이다. '논리적 배열'에 따라서가 아니라 정지 상태에서 병치되고 응집되어 있다. 횔덜린의 시에서 자주 등장하는 '그러나aber'는 이러한 정지를 표시하는 요소로, 대립을 의미하는 역접의 접속사가 아니다. 이것은 조정의 한 형태라 볼 수 있지만, 여기서는 단지 사유와 시구들이 논리적으로 연결될 수 없는 채로 멈춰 서 있는 정체의 상태를 가리킬 뿐이다. 헬링라트가 '거친 연결'이란 표현으로 지적했듯이, 여기서 결정적인 것은 질서 정연한 문장의 의미론적 담론이 아니라, 때로는 문장, 극단적인 경우 단어 하나가 그 자체로 의미 없이 고립되어 있다는 점이다. 이렇게 중단되거나 정지된 변증법의 관점에서 우리는 횔덜린이 『오이디푸스 왕에 대한 주석』에서 전개한 휴지休止 이론을 이해해야 한다. "운율학에서 말하는 휴지, 순수한 단어, 반리듬적 중단이 필요하게 된다. 시구와 이미지의 끊임없는 교체가 극에 달했을 때, 그 흐름에 맞서기 위해, 표상의 교체가 아니라 표상 그 자체가 나타나도록 하기 위해서이다."[62] 즉, 병렬 구조의 의도는 휴지법에서 절정에 달하며, 이러한 반리듬적 중단에서 드러나는 것은 의미의 흐름이 아니라 언어 그 자체이다. 이러한 이유에서 횔덜린은 다소 과감한 방식으로 휴지법, 곧 담론의 중단을 '순수한 말das reine Wort'이라 정의한다. 그것은 더 이상 언어

내재적 담론이 아니라 언어 그 자체가 드러나는 '휴지'의 장소이기 때문이다.

    횔덜린의 후기 시들은 정지 상태에 놓인 언어 덩어리이기 때문에, 그것들은 하나의 고정된 판본이 아닌 여러 버전으로 존재한다. 문헌학자들이 하나의 비평 텍스트를 제시하는 것을 포기하고 모든 필사본을 있는 그대로 재현한 이유도 여기에 있다. 이 다양한 판본은 실수로 누락된 것을 발견하고 어떤 궁극적 형태나 의미에 다가가기 위한 미완의 시도들이 아니다. 오히려 그것들은 자기 자신으로부터 멀어짐과 동시에 자기 자신에게 되돌아감으로써만 존재할 수 있는 잠재적인 무한 운동 속에서의 시적 일탈이다. '시행verso'이 어원적으로 '스스로 돌아오는 말si volge'에서 유래했다면, 다시 말해 자기 자신으로부터 멀어지면서 자기 자신에게 되돌아오는 것을 의미한다면, 후기의 횔덜린은 시적 언어의 '회귀적 성격'을 극한까지 몰아붙인다. 이러한 특징은 여러 판본으로 존재하지만 각각의 버전이 동시에 존재하는 것처럼 읽어야 하는 횔덜린의 찬가에서 분명히 드러난다. 이와 같은 방식은 이른바 '탑의 시편'들에서도 마찬가지이다. "그리스에 관해 써드릴까요, 봄에 관해 써드릴까요, 아니면 시대정신에 관해 써드릴까요?" 하고 시인은 탑을 찾은 방문객들에게 되묻는다. 각각의 시편들이 외견상 반복적인 것처럼 보이지만, 실은 하나의 주제를 다양한 방식으로 변주한 것들이다. 이러한 시들에서도, 시인의 삶에서처럼, 습관과 일상을 붙잡으려는 시도가 쟁점이 된다. 이 시들 역시 말하자면 "거주하는 시"이다. 그리고 이것이 바로 『오이디푸스 왕에 대한 주석』에서 횔덜린이 선언한 시인의 유일무이한 경고이다. "현대 시는 특히 학습과 기술이 결여되어 있다. 즉 그 절차가 계산 가능하고 학습될 수 있으며 한번 익힌 뒤에는 정확히 반복할 수 있어야 하는데, 그런 과정이 부족하다."[63]

이런 맥락으로 볼 때, 횔덜린이 자신에게 여러 이름—스카르다넬리나 스카르타넬리, 킬랄루시메노, 스칼리게르 로자, 살바토르 로자, 부아로티 혹은 부오나로티, 로세티 등—을 부여하기 시작한 것은 그의 후기 시 세계에서 드러나는 복잡하고 문제적인 정체성의 맥락 안에서 이해되어야 한다. 특히 1837년 또는 1838년부터 작품에 서명할 때 사용한 '스카르다넬리'라는 이름에 대해서는 여러 해석이 제기되었지만, 그 어떤 설명도 완전한 설득력을 얻지 못했다. 다만 확실한 것은 이 이름이 주로 그의 시와 관련하여 등장한다는 점이다. 크리스토프 슈바프의 회상에 따르면, 그가 횔덜린에게 선물받은 시 아래에 '횔덜린'이라는 이름을 써달라 했더니

화를 내며 "내 이름은 스카르다넬리입니다"라고 소리쳤다. 피셔 또한 횔덜린에게 두 번째 시집 판본을 보여주자, 이렇게 말했다고 한다. "시는 진짜지만 이름은 위조되었네요. 나는 횔덜린이 아니라 스카르다넬리 또는 스칼리게르 또는 살바토르 로자 등으로 불립니다." 이후의 증언에서 피셔는 이렇게 정정한다. "나는 평생 횔덜린이란 이름으로 불린 적이 없습니다. 내 이름은 스카르다넬리 또는 스칼리게르 로자입니다." 하지만 이미 1837년에 구스타프 슐레지어는 횔덜린 가족의 집에서 '스카르다넬리'라는 이름으로 서명된 시를 발견했다고 기록하고 있다. "그는 자기가 더 이상 횔덜린이 아니라 스카르타넬리 또는 부아로티라고 믿고 있었습니다."

로만 야콥슨은 독일어로 딱총나무를 뜻하는 'Holder(홀더)'가 'Hölderlin(횔덜린)'의 축소형인 것과 마찬가지로 'Scardanelli(스카르다넬리)'라는 이름도 일종의 축소형으로 보았다. 그는 이 두 이름이 순서는 다르지만, 동일한 알파벳(-lderlin, -rdanelli)으로 이루어졌다고 지적한다. 자틀러Dietrich Eberhard Sattler는 스카르다넬리를 그리스어 'katharsis(카타르시스)' 철자의 순서를 바꾼 것으로 보기도 했는데, 이는 다소 설득력이 부족해 보인다. 소쉬르Ferdinand de Saussure가 고대 로마의 '사투르누스의 시'에서 어구전철Anagram을 찾아내려 했던 사례를 스타로빈스키Jean Starobinski가 분석하며 지적했듯이 어구전철은 완전하지 않을 경우, 사실상 어떤 이름이든 애너그램적으로 해석할 수 있기 때문이다.

이보다 더 자의적인 해석은 미하엘 크나우프Michael Knaupp가 제안한 것으로, 그는 'Scaliger Rosa(스칼리게르 로자)'에서 'Sacrileg'ossa(신성모독의 뼈)'라는 애너그램을 읽어내고, 이를 시인이 주제테 공타르의 죽음에 대해 느꼈을 죄책감으로 간주했다. 보다 개연성 있는 해석은 역시 크나우프가 제안한 것으로, 그는 '스카르다넬리'를 고대 그리스어 'skardamysso(눈을 깜빡이다)'와 연관 지었다.[64] 이 단어는 에우리피데스의 『키클롭스』에 등장하며, 실제로 횔덜린의 책장에 에우리피데스 작품집이 있었다.

'스카르다넬리'라는 이름이 르네상스 철학자인 지롤라모 카르다노Girolamo Cardano의 이름과 유사하다는 점도 여러 차례 언급된 바 있다. '스칼리게르'라는 이름 역시 인문주의자이며 문헌학자인 율리우스 카이사르 스칼리게르Julius Caesar Scaliger를 연상시키는데, 그 이름은 분명 횔덜린에게도 친숙했을 것이다. 특히 스칼리게르는 카르다노의 『미묘함에 대하여De subtilitate』*를 신랄하게 비판한 『외적 성찰 15권

---

* 지롤라모 카르다노의 논문으로, 초판은 1550년에 발간되었다. 중세의 미신과 염원이 공존하는 16세기의 지식이 담긴 총 21권의 책으로, 일종의 백과사전이다.

Exotericarum exercitationum liber XV』을 썼고, 전설에 따르면 카르다노가 이 책을 읽고 상심하여 사망하였다고 한다. 하지만 이런 모든 연관성 중 어느 것도 우연 이상의 것을 의미하지 않는다. 1831년에 프라시넬리Frassinelli란 이름의 학생이 치머의 집에서 하숙했다는 사실도 전적으로 우연인 것처럼 말이다.

결정적인 것은 횔덜린이 자신의 작가적 위치를 증명해야 할 때마다 가명이 문제된다는 점이다. 이러한 의미에서 횔덜린의 다음 말은 중요한 진술이다. "시는 진짜이고 내 것이지만 이름은 위조되었다." 그리고 이 말 다음에는 하나가 아니라 서로 다른 세 개 이름을 나열한다. 여기서 분열되고 변조된 것은 작가의 정체성이 아니다. 다시 말해 정신분열증 환자들이 흔히 말하듯 "내가 쓴 게 아니라 다른 사람이 썼다"라고 말하는 것과는 다르다. 문학 비평가 루이지 레이타니Luigi Reitani가 시인이 의식적으로든 무의식적으로든 새로운 정체성을 갖기 위해 여러 이름을 사용한 것이 아니라고 지적한 것은 일리가 있다.[65] 문제는 오직 이름일 뿐이며, 이 이름은 여러 가지 버전으로 나타나지만 흥미롭게도 이름들이 다 이탈리아식이라는 점은 특이하다. 아리스토텔레스가 『시학』에서 희극적 작명법과 비극적 작명법을 구분하면서 이런 말을 썼다. "희극 시인들은 이야기를 구성한 후 자의적으로 이름을 붙인다······ 반면에 비극에서는 역사적 이름이 반복적으로 등장한다."**66** 비극에서 이름은 인간과 그의 행동 사이의 운명적 연결을 표현하기 때문에 특정된 이름을 계속해서 사용하지만, 희극에서는 등장인물의 운명에 죄책감을 가질 필요가 없기 때문에 무작위로 이름을 사용하고, 그 이름은 임의로 붙여진 별칭일 뿐 결코 진짜 이름이 아니다. 이와 마찬가지로 횔덜린의 시들이 여러 버전으로 존재한다고 해서 그것이 '보다 무한한 응집력'이나 작품의 통일성을 해치는 것이 아니듯이, 작가의 이름 또한 복수적 양상을 띠지만, 그럼에도 하나의 중심을 둘러싼 무한한 응집 속에 존재한다.

파격구문anacoluto은 문자 그대로 '연결되지 않은', '단절된'을 의미한다. 이런 의미에서 광기의 시기에 쓰인 횔덜린의 모든 작품은 일종의 파격구문이라고 할 수 있다. 하지만 횔덜린은 이러한 문법적, 통사론적 단절뿐 아니라 다른 형태의 단절, 즉 '연극적 단절'을 더한다. 고대 아테네 희극에 주제를 이야기하는 파레크바시스parekbasis라는 장면이 있다. 이는 문자 그대로 '옆으로 나아감·벗어남'을 의미한다. 배우들이 무대에서 퇴장한 뒤, 합창대(코러스)가 연기를 펼치는 무대 프로스케니온proskenion에서 그보다 높은 무대 역할을 하는 로게이온logeion로 이동하면서 가면을 벗고 관객들에게 직접 말을 거는 순간을 말한다. 로게이온은 문자 그대로 해석하면 '말하는 장소'이다. 프리드리히 슐레겔은 이 독특한 형식에 여러 번 주목하며, 이를 고대 희극의 본질이자 낭만주의 문학의 핵심으로 보았다. 슐레겔은 이에 대해 다음과 같이 설명한다. "형식적인 측면에서 고대 희극은 비극과 매우 유사하다. 희극에도 코러스와 대사 중심의 극적 대화, 그리고 독창이 있다. 유일한 차이는 파레크바시스, 즉 극 중간에 코러스가 시인을 대신하여 관객에게 직접 말을 거는 부분이다. 이는 극의 완전한 중단이자 폐지이며, 이 부분에서는 최대한의 자유로움이 허용된다. 코러스는 무대 전면으로까지 나와 관객에게 가장 노골적인 이야기까지 서슴지 않고 털어놓는다. 이러한 '밖으로 나아감'에서 파레크바시스라는 용어가 유래했다."[67]

슐레겔에 따르면, 횔덜린은 고대 그리스 희극에서 사용한 파레크바시스의 기법을 통해 정과 반의 변증법에서 벗어난다. 이 둘이 반성적 통합이라는 '합'으로 마무리되는 대신, 횔덜린은 두 순간의 화해 불가능한 분리를 아이러니하게 드러낸다. 이렇게 만들어진 작품은 형식이 아니라 '궁극적인 반-형식antiform 혹은 자연시Naturpoesie'가 된다.[68] 이러한 의미에서 횔덜린은 극단적인 형태의 연극적 **파레크바시스**를 끊임없이 구사한다고 말할 수 있다. 시인으로서 그는 시인의 모습을 하나의 통일된 정체성으로 구성하려 하지 않고, 오히려 희극적으로 분열된 상태 그대로 드러낸다. 횔덜린은 자신을 찾아온 방문객들 앞에서 끊임없이 시인의 역할 안팎을 넘나들며, 매번 그가 시인 안에 있는지 밖에 있는지 판단하기 어렵게 만든다. 여기서 '낭만적 아이러니'는 극단으로 치닫고 동시에 해체된다. 그리고 이 아이러니의 기묘한 교차점에서 우리는 질문 하나를 마주한다. "그리스에 관해 써 드릴까요, 봄에 관해 써드릴까요, 아니면 시대정신에 관해 써드릴까요?" 이 질문을 하는 '나'는 누구인지조차 알 수 없게 된다.

시의 운율적 움직임은 또한 낯선 것으로부터 고향 혹은 조국으로의 회귀이기도 하다. 이는 뷜렌도르프에게 보낸 편지에서 『안티고네에 대한 주석』에 이르기까지 횔덜린의 후기 사상을 관통하는 가장 깊은 의도다. 즉 진정한 근원은 자신의 나약함에서만 드러날 수 있기에, 우리는 그것에 도달하기 위해서는 반드시 낯선 것을 경험하고 와야만 한다. 근원을 향해 나아가는 것은 오직 '되돌아가는 방식'으로만 가능하다. 본래 그곳에 실재해본 적은 없지만, 우리는 그저 그곳을 향해 되돌아갈 수 있을 뿐이다. 바꾸어 말하면 자기 것을 자유롭게 사용하는 것이 가장 어렵다. 왜냐하면 자기 것은 한번 소유하면 영원히 내 것이 되는 고정된 실체가 아니라 언제나 약점과 결핍으로서만 체험되기 때문이다. 그래서 그것은 반드시 습관이나 익숙함, 거주의 형태를 띨 수밖에 없다. 횔덜린에게 친숙했을 법한 아리스토텔레스의 『형이상학』에서 한 구절을 인용하자면, '습관hexis'은 'echein'에서 유래한 것으로 '가지다haben'라는 뜻을 지닌다. 마치 '있다sein'에서 '본질Wesen'이라는 추상명사가 만들어진 것처럼 '가지다'라는 행위에서 '습관'이라는 지속적인 상태가 형성된다. 그런데 이 '가짐'은 결핍과의 관계 속에 정의된다. 즉 습관이란 결핍, 즉 '가지고 있지 않음'을 전제로 한다. "습관을 가지는 것은 불가능하다. 그렇지 않으면 소유를 소유하는 무한의 연쇄가 생길 것이다."[69] 결국 근원의 소유는 오직 '거주'와 '습관', 혹은 '익숙함'의 방식으로만 가능하다. 이는 소유할 수 있는 것이 아니라 오히려 익숙해지는 것일 뿐이다. 요컨대 소유는 궁극적으로 오직 하나의 존재 방식이며, 삶의 한 방식일 뿐이다.

에밀 벵베니스트는 그의 명저에서 인도유럽어에서 '행위'를 나타내는 명사가 형성되는 두 가지 방식을 구분했다. 하나는 인도이란어의 –tu, 그리스어 –tys, 라틴어의 -tus와 같이 가능성이나 태도를 표현하는 명사이고, 다른 하나는 인도이란어의 –ti, 그리스어의 –sis, 라틴어의 -tio와 같이 객관적으로 실행된 행위를 표현하는 명사이다. 예를 들어 actus는 누군가 또는 무언가가 움직이는 또는 움직일 수 있는 상태나 방식을 의미하며, actio는 객관화된 행위를 뜻한다. ductus는 무언가가 이끌리거나 이끌릴 수 있는 방식을 의미하며, ductio는 끌거나 이끄는 행위를 말한다. 그리고 gestus는 어떤 행동 방식이며, gestio는 그 행위가 완료된 것이다.[70] 이와 유사하게 –tu 어간에 기반을 둔 라틴어 supinum은 가능성을 나타내는데, 예컨데 'cubitum ire(잠자리에 들다)'는 완료된 행위가 아니라 잠재적 행위를 나타낸다.[71] 여기서 우리는 아리스토텔레스의 가능태와 현실태의 구분을 쉽게 떠올릴 수 있다. 하지만 동시에 벵베니스트의 고찰을 좀더 확장해나간다면, 이 두 범주 사이의 관계를 보다 잘 이해하는 데 도움이 되는 통찰을 얻을 수도 있다.

라틴어 'habitus'를 예로 들어보자. '-tus'로 끝나는 명사로서 'habitus'는 어떤 태도나 가능성, 좀더 정확히 말하면 하나의 가능성 또는 잠재력을 가지고 있는 방식을 나타내며, 객관적인 실행을 의미하지 않는다. 반면 그리스어 hexis, 또는 비교적 후대에 등장한 라틴어 habitio는 실제로 행해진 행동, 즉 현실태를 뜻한다. 그렇다면 이제 우리는 왜 아리스토텔레스가 hexis라는 개념을 통해 가능태와 현실태 사이의 중간 항을 사유하려 할 때, 쉽게 극복하기 어려운 난관에 부딪혔는지를 이해할 수 있다. 언어가 제시하는 방식에 따르면, 가능태는 현실태에 앞서는, 단순히 비현실적인 것이나 실현 이전의 상태가 아니다. 오히려 가능태는 우리가 행하는 것을 소유할 수 있는 유일한 방식이다. 즉, 우리는 행위를 우리에게 실제로 일어날 수 있는 것으로 여기는 한에서만, 행위를 '가질' 수 있다. 일단 행위가 실행으로 성립되면, 그 행위는 주체로부터 완전히 분리되어 결과적으로 주체는 원하든 원하지 않든 그 행위의 책임을 지게 된다. 바로 여기에 법과 비극의 기초가 되는 '죄책'이 생긴다. 우리가 정의하고자 하는 거주하는 삶 또는 습관은 가능태/현실태의 이분법을 무력화하고, 횔덜린의 사유에서 우리가 익히 보아왔듯이, 이 두 대립항을 떼려야 뗄 수 없는 결합 안에서 사유하도록 이끈다.

1838년, 횔덜린이 네카 강변의 탑에 거주하고 있을 무렵, 펠릭스 라베송Félix Ravaisson은 뮌헨에서 셸링의 강의를 들은 후 논문 「습관에 관하여De l'habitude」를 쓴다. 훗날 베르그송과 하이데거에게 깊은 인상을 주게 될, 이 어지러울 정도로 깊이 있는 글에서 라베송은 습관을 삶의 가장 깊은 비밀에 다가서는 열쇠로 접근한다. 25세의 철학자는 습관 안에서 의지가 어떻게 점차적으로 성향과 본능으로 이행하는지, 그리고 그 과정에서 노력과 의도가 어떻게 점진적으로 감소하는지 섬세하게 묘사한다. 그리고 휠덜린에서와 마찬가지로 그것이 수동적이면서 동시에 능동적인 과정이라는 것을 세밀하게 분석한다. "습관의 법칙은 수동적이면서 동시에 능동적인 자발성의 발전을 통해서만 설명될 수 있으며, 이는 기계적인 필연성과 성찰적 자유와는 완전히 다른 것이다."[72] 우리가 인간의 상위 기능으로 여기는 성찰과 의지의 영역에서는 목적이란 아직 존재하지 않는 관념이므로, 행위와 운동을 통해 실현되어야 한다. 그러나 습관의 영역에서 목적은 그것을 실현해야 하는 운동 자체와 혼동되어 사유의 주체와 객체가 점차 모호해진다. "지성이 표상하는 운동과 그것이 지향하는 목적 사이의 간격은 점차 줄어들고, 구분은 흐릿해진다. 관념이 야기한 경향성은 그 목적에 가까워지고 그것에 닿고 마침내 합쳐진다. 반대 항 사이의 거리와 대립의 범주를 횡단하고 측정하는 성찰은 점차 생각의 주체와 객체를 더는 분리하지 않는 즉각적인 지성으로 대체된다."[73] 여기서 작동하는 것은 일종의 '모호한 지성'이다. 이 지성에는 현실적인 것과 관념적인 것뿐만 아니라 의지와 본성조차 무한히 일치하는 경향이 있다. "습관은 말하자면 의지와 본성의 무한한 미분이며 역동적인 흐름이다."[74] 이것은 마치 이름과 정체성을 포기한 휠덜린의 거주하는 삶과도 공명한다. "습관의 진보는 의식으로 하여금 끊임없는 퇴화를 통해, 의지로부터 본능으로, 완결된 인격의 통일로부터 극단적인 비인격의 해체로 이끈다."[75]

라베송의 논문은 철학적 서사시에 가까운 탁월한 글로, 가장 놀라운 부분은 습관이야말로 삶의 가장 기본적인 기능을 이해하는 열쇠임이 드러나는 지점이다. "가장 원초적인 존재 형식, 가장 완벽한 조직을 지닌 그 형식은 습관의 극적 순간과도 같으며, 지각 가능한 형상 속에서 공간적으로 실현되고 구체화된다. 습관은 그 비밀을 꿰뚫고 우리에게 그 의미를 전달한다. 동식물의 다단한 생生 속에서도, 심지어는 유기물 결정체 안에서도 이러한 습관의 관점에서 사유와 행위의 빛줄기를 관찰할 수 있으며, 그 빛은 희미하고 불분명하지만 그 어떤 성찰도 닿지 않는 먼 곳에서 완전히 소멸하지 않고 어렴풋한 본능의 형식으로 남아 있다. 그러니까 모든 존재는 단 하나의 동일한 원리에서 비롯된 연속적인 힘의 진보에 불과하다. 그 힘은 생명의 형식이라는 위계 속에서 서로를 감싸안으며, 습관의 진보와는 반대 방향으로 전개된다. 가장 낮은 경계는 필연 또는 운명이라고 할 수 있지만 그것은 자연의 자발성 안에 있다. 가장 높은 경계는 지성의 자유이다. 습관은 이 둘 사이를 가로지르며 내려오고, 이 두 극단을 더 가까이하며, 가까워진 틈 속에서 존재의 내밀한 본질과 필연적인 연결을 드러낸다."[76]

이러한 관점에서 사랑 역시 습관과 유사하다. 둘 다 의지가 본성과 욕망에 자리를 내어주는 것이며, 우리가 이성적으로 파악할 수 없는 삶의 궁극적인 근거가 된다. "사랑은 우리 안의 신이다. 우리 자신 안의 가장 깊은 곳에 있는, 우리 자신의 내밀한 바탕에 숨겨져 있어 우리가 도달할 수 없는 신."[77] 마지막으로 이 책을 마무리하는 궁극의 존재론적 명제에서 라베송은 스피노자를 언급하며, 습관은 실체의 본질과 동일시된다고 언급한다. "습관을 구성하는 성향과 그것을 발생시키는 원리는 하나이다. 그것은 존재의 가장 근원적인 법칙이자 가장 보편적인 형식이며, 존재를 구성하는 그 행위 안에 머무르려는 경향이다."[78] 스피노자 철학의 핵심이기도 한 '코나투스conatus', 즉 인간을 포함한 모든 사물이 자신의 존재를 유지하려 애쓰는 긴장은 의지의 행위도, 주체의 임의적 혹은 자의적 결정도 될 수 없다. 그것은 오직 습관, 즉 거주하는 삶일 뿐이다.

이 시점에서 우리는 횔덜린의 사상에서 '습관적인 것', '거주하는 것', '거주 가능한 것' 사이의 연결고리를 더 명확히 규명해볼 수 있다. 횔덜린의 '거주하는 삶'은 '거주하는 존재로서의 삶'이다. 왜냐하면 그것은 일련의 자발적이고 책임을 물을 수 있는 행위들로 이루어진 것이 아니라, 오히려 자신의 습성과 습관들에 의해 매 순간 영향을 받는 일종의 삶의 형식이기 때문이다. 이런 까닭에 휠덜린은 어느 시점부터는 자신에게 붙여진 '광기'라는 꼬리표를 기꺼이 받아들이고, 심지어 의도적으로 과장하기까지 한 듯 보인다. 한 세기 후의 로베르트 발저Robert Walser*가 그랬던 것처럼 말이다. 광인은 법적으로 무능력한 상태로 간주되어 자신의 행동에 책임을 지지 않는다. 부르크, 젤러, 에시히는 차례로 광인의 후견인 역할을 맡아 휠덜린을 대신하여 치머와 그의 딸, 가족, 출판사와 경제적 조건과 그의 실질적인 삶의 세부 사항들을 협상한다. 이러한 점에서 그의 삶보다 더 사적인 것은 상상하기 어려울 것 같다. 그럼에도 그가 '도서관 사서'라고 불리는 데 집착하고 방문객들에게 '폐하', '각하', '전하'와 같은 칭호를 고집스레 사용했던 것을 보면 은둔의 생황 속에서도 일종의 공적 호명의 욕구가 남아 있음을 알 수 있다. 휠덜린의 '거주하는 삶'은 공적 영역과 사적 영역의 대립을 무력화하고, 이 둘을 어떤 합일도 없이 정지된 위치에 중첩시킨다. 아마도 이것이 시인이 자신의 철학에 남기고자 하는

---

* 로베르트 발저(1878~1956)는 스위스 작가로 생전에는 큰 주목을 받지 못하다가, 사후 재평가된 작가이다. 경제적인 어려움과 고독, 정신병으로 괴로워하다가 정신병원에 자발적으로 입원했고 병원에서도 계속 글을 쓰다가 사망하였다.

에필로그

정치적 유산일지도 모른다. 공과 사의 구별이 사라진 우리에게 그의 삶은 더욱 가깝게 다가온다. 그의 삶은 그의 시대가 제정신으로는 도저히 사유할 수 없었던 어떤 것을 향한 예언이다.

이런 삶은 비극이 아니다. 만약 비극이, 아리스토텔레스 『시학』의 정통적인 정의대로 주체의 결정적 행위를 전제로 한다면 말이다. "비극은 인간의 모방이 아니라 행위의 모방이다…… 인간은 성격을 모방하기 위해 행동하는 것이 아니라, 행동을 통해 성격을 획득한다."[79] 만약 비극이 책임을 물을 수 있는 행위의 영역이라면, 희극에서는 등장인물이 자신의 행위에 대한 모든 책임에서 자유로운 것처럼 보인다. 이 행위들은 결국 우스꽝스러운 농담이나 무의미한 몸짓일 뿐이며, 이는 시인이 탑에서 방문객들을 맞이해 벌이는 일종의 의례 및 의식과도 같다. 만약 횔덜린이 어느 시점에서 비극적 패러다임을 포기했다고 해서, 그것이 곧 희극적 형식을 선택했다는 뜻은 아니다. 오히려 그는 다시 비극과 희극 사이의 이분법적 대립을 중화하고 비극도 희극도 아닌, 아직 우리가 이름 붙이지 않은 언어의 형식을 향해 나아간다. 인간이 지상에서 거주하는 것은 비극도 희극도 아니다. 그것은 그저 단순하고 일상적이며 진부한 삶일 뿐이다. 말하고 몸짓하지만 그 어떤 행위나 담론에도 귀속시킬 수 없는, 익명적이고 비인칭적인 삶의 형식 말이다.

   이러한 의미에서 횔덜린의 삶은 우리 문화를 규정해온 범주적 대립들—능동/수동, 희극/비극, 공적/사적, 이성/광기, 가능성/현실성, 의미/무의미, 통합/분리 등—을 무력화하는 하나의 전형이다. 바로 이 점 때문에 횔덜린의 삶이 모호한 경계에 자리 잡고 있다는 점에서, 우리는 그의 삶을 쉽게 마주할 수도, 그로부터 하나의 모범을 도출해내기도 쉽지 않다. 더욱이 모든 정황으로 볼 때 횔덜린의 삶은 성공과 실패라는 이분법적 대립에서 벗어나 우리에게 도움이자 자원으로 전환된다. 실패는 마치 처음부터 예정되어 있었던 것처럼, 동시에 신의 부재가 그렇듯이 말이다. 횔덜린이 남긴 가르침은, 우리가 어떤 목적으로 창조되었든, 그것이 우리가 성공을 위해 만들어진 존재는 아니라는 점이다. 우리에게 부여된 운명은 실패하는 것이며, 모든 예술과 학문에서, 그리고 가장 본질적으로는 삶이라는 순수한 예술 안에서 실패하는 것이다. 그러나 바로 이 실패야말로, 우리가 그것을 받아들일 수만 있다면, 우리가 이룰 수 있는 최고의 성취다. 이런 의미에서 횔덜린의 명백한 패배야말로, 괴테의 성공적인 삶을 무효화하고 모든 정당성을 박탈한다.

에필로그

17.
횔덜린의 초상.
J. G. 슈라이너의 목탄 드로잉(1826년)

휠덜린에게 거주하는 삶은 "인간은 이 지상에서 시적으로 거주한다"라고 했던 것처럼 '시적dichterisch인 삶'이다. 독일어 동사 'dichten(시를 짓다)'은 어원적으로 라틴어 'dictare(받아쓰게 하다, 구술하다)'에서 유래하는데, 고전 작가들이 종종 필경사에게 자신의 작품을 구술하기 시작하며 점차 '시를 짓다' '문학 작품을 창작하다'라는 의미로 자리 잡았다. 시적인 삶, 즉 시적으로 거주하는 삶이란 하나의 '구술된 삶', 곧 우리가 스스로 결정하거나 통제할 수 없는 방식으로 살아지는 삶이다. 이는 하나의 습관, 하나의 주어짐에 따른 삶으로 우리는 그것을 소유할 수 없고, 다만 거주할 수 있을 뿐이다.

거의 1년 동안 나는 매일 휠덜린과 함께 살았다. 최근 몇 달은 내가 처하게 될 것이라고 상상도 못했던 고립된 상황에서 지냈다.* 이제 그에게서 떠나려고 보니, 그의 광기는 사회 전체가 깨닫지 못한 채 빠져든 광기에 비한다면 완전히 무해한 것처럼 느껴진다. 네카 강변의 탑에서 시인이 살았던 그 '거주하는 삶'에서 내가 포착해보고자 했던 정치적 교훈을 더듬어본다면, 나는 아마 당분간은 그저 "더듬거리고 더듬거릴" 수밖에 없을 것이다. 더는 독자는 없다. 수신자를

---

* 코로나19의 발병으로 몇 달간 외출과 이동이 제한되었던 팬데믹 기간을 말한다.

에필로그

잃은 언어만 있을 뿐이다. '시적으로 거주한다는 것은 무엇을 의미하는가?'라는 물음은 아직 답을 기다리고 있다.

    팔락쉬. 팔락쉬.

옮긴이의 글

아감벤은 왜 횔덜린으로 답하는가
―거주 불가능한 시대를 위한 거주의 철학

    조르조 아감벤은 『호모 사케르』 연작을 통해 동시대의 주권 권력과 생명정치를 분석해온 이탈리아 철학자다. 그의 생명정치 비판은 코로나 팬데믹 국면에서 국가가 생존을 명분으로 개인의 삶을 통제하는 예외 상태가 일상화되면서 첨예한 논쟁의 대상이 되었다. 아감벤에게 팬데믹은 인간의 삶을 생물학적 생존의 문제로 환원해 관리하는 '인류학적 기계'의 작동이 가장 폭력적으로 드러난 사건으로 간주된다. 그는 팬데믹 시기 동안의 개입을 『우리는 어디쯤인가』[*]로 풀어 내며 당대의 인문학적 담론을 촉발했으나, 이 시기를 통과하며 그가 제시한 최종적인 사유의 행보는 정치철학적 논평을 넘어서는 것이었다.

---

[*] 국내에는 『얼굴 없는 인간』(2021)과 『저항할 권리』(2022)란 제목으로 번역, 출간되었다.

그는 이탈리아 근대성의 알레고리인 『피노키오의 모험』에 대한 주해 작업과 근대성의 여명기에 '광인'으로 취급되었던 시인 횔덜린의 연대기 복원을 통해 '인간이란 무엇인가'라는 근본 물음에 답한다. 이 작업들에서 아감벤은 성공적으로 작동한다고 간주되었던 근대성의 시스템, 즉 '인류학적 기계'의 심각한 오작동을 지적하고, 인간이 세계에 '거주'하는 대신 그것을 '점령'해왔다고 비판한다.

그가 인간다움의 가능성을 회복할 대안적 영역으로 지시하는 곳은 다름 아닌 문학과 예술이다. 이러한 맥락에서, 근대성에 의해 내쳐진 횔덜린은 단순한 문학적 인물을 넘어 근대성 자체를 재고하게 만드는 '실패의 패러다임'이자 '시스템의 균열'로서 아감벤의 사유 안에서 결정적인 위상을 점하게 된다.

'거주'와 '습관'의 재발견: 중간태적 삶의 형식

아감벤은 '거주하는 삶이란 무엇인가'라는 질문에서 출발한다. 아감벤에게 '거주하는 삶'이란 단순히 한 장소에 물리적으로 머무는 것을 넘어 삶의 특정 방식을 사랑하고 기뻐하며 습관처럼 살아내는 깊은 차원의 행위이다. 그는 '거주하다wohnen'라는 독일어 동사가 '사랑하다' '욕망하다'라는 뜻을 지닌 인도유럽어의 어근 'ven'과 맞닿아서, '습관Gewohnheit'이 지루한 반복이 아닌 '기쁨Wonne'과 '욕망Venus', 심지어 '광기Wahnsinn'와도 연결됨을 설명한다. 즉, 거주란 어떤 존재 방식을 반복적으로 소유하고(라틴어 동사 'habeo'), 그에 따라 살아가는 삶을 의미한다.

이러한 '거주하는 삶'의 핵심을 설명하기 위해 아감벤은 고대 문법의 '중간태'라는 개념을 가져온다. 중간태는 주체가 어떤 행동을 직접 행하는 능동태와 주체가 외부로부터 어떤 행동을 당하는 수동태 이 둘과 구분되는 제3의 방식으로, 주체가 행위자인 동시에 그 행위의 대상이 되는 상태를 말한다. '기뻐하다', '부끄러워하다', '미치다'와 같은 동사들이 그렇다. 기쁨, 부끄러움, 광기는 외부의 힘에 의해 수동적으로 겪는 것도, 외부를 향해 능동적으로 행동을 가하는 것도 아니다. 그것은 주체 내부에서 일어나 주체 자신에게 직접적인 영향을 미치는 사건인 것이다. 이처럼 중간태적 상태에서 주체는 자기 자신에 의해 영향을 받는 존재, 즉 행위하면서 동시에 그 사건을 겪는 존재가 된다.

아감벤은 시인 횔덜린의 삶이야말로 이러한 '중간태적 삶'의 전형이라고 보았다. 횔덜린은 강한 의지를 통해 위대한 업적을 성취한 능동태적 영웅도, 시대에 의해 일방적으로 희생된 수동태적 피해자만도 아니었다. 그의 삶은 의지적 결단 이전에 존재하는 순수한 성향과 횔덜린만의 고유한 습관에 따라, 그 자신에 의해 끊임없이 영향을 받으며 '살아진' 삶에 가까웠다.

결론적으로 아감벤이 분석한 횔덜린의 '거주하는 삶'이란, 외부 세계를 정복하거나 의지를 관철하는 삶이 아니다. 오히려 그것은 자기 내면의 흐름과 성향에 몸을 맡기고, 그 안에서 스스로에게 영향을 받으며 기쁨과 광기까지 끌어안는 '중간태'적 실존 방식을 의미한다.

연결성의 부재와 '더 무한한 연결'의 역설

횔덜린의 말년의 삶과 후기 시를 접한 사람들은 종종 그가 정신착란에 빠졌다고 생각했다. 그의 말과 글은 개별 문장만 놓고 보면 이성적이었지만, 문장과 문장 사이의 논리적 연결고리가 끊어져 앞뒤가 맞지 않는 것처럼 보였기 때문이다. 아감벤은 횔덜린의 이러한 특징을 '연결성의 부재Zusammenhanglosigkeit'로 설명한다. 겉보기에는 횔덜린의 말과 글이 단어와 문장들의 의미 없는 나열처럼 보이지만, 아감벤은 이 '연결성의 부재'를 정신착란이 아닌 횔덜린의 의

도된 설계로 해석한다. 그에 따르면 횔덜린은 기존의 관습적인 논리 배열을 의식적으로 파괴함으로써, 그 너머에 있는 '더 높은 차원의 결속력', 즉 '보다 무한한 연결unendlichere Zusammenhang'을 드러내고자 했다.

이는 헤겔식 변증법적 종합과는 구별된다. 대립하는 두 항—통일/분열, 동일성/대립—은 화해 가능한 것으로 종합되는 것이 아니라, 벤야민의 '정지 상태의 변증법'처럼 분리되지 않은 채로 긴장을 유지한다. 횔덜린 후기 시의 극단적인 병렬 구조와 '거친 연결harte Fügung'은 이 때문이다. 문장과 시구들 사이에 논리적 연결이 부재하는 이유는 그것들이 이미 눈에 보이지 않는 더 깊은 차원에서 '무한히 연결되어 있기' 때문이다. 이는 밤하늘의 별자리와 같은 것이다. 별들은 물리적으로 따로따로 떨어져 있는 것처럼 보이지만 그러니까 연결성이 부재한 것 같지만, 우리는 마음속에서 그 선을 이어 거대한 이야기, 즉 무한한 연결을 만들어낸다.

따라서 횔덜린의 시에서 논리가 뚝 끊어지는 지점, 즉 '휴지'의 순간에 독자는 더 이상 이야기의 의미를 좇지 않게 된다. 그 대신, 모든 논리적 인과관계가 사라진 바로 그 자리에서 아무런 꾸밈없는 언어 그 자체, 즉 '순수한 말das reine Wort'과 마주하게 된다는 것이 아감벤의 해석이다.

패러다임으로서의 삶: 모든 이분법의 붕괴

아감벤에게 횔덜린의 삶은 하나의 '패러다임'이다. 그의 삶 속에서 서구 사유를 지탱해온 이성/광기, 성공/실패, 공/사, 비극/희극과 같은 이분법적 기둥들이 남김없이 무너져 내린다. 이것은 『피노키오의 모험』에서 '인간 만들기' 프로젝트로서의 '인류학적 기계'가 실패하고 고장 나는 모습과 정확히 조응한다. 아감벤에게 피노키오와 횔덜린은 이 기계가 성공적으로 포획하지 못한 채, 그 시스템의 균열과 공백을 드러내는 존재들이다. 팬데믹 시기, 인간을 생물학적 데이터로 환원하려 했던 바로 그 기계의 한계를 이 두 예술적 형상은 온몸으로 증명해보이는 것이다.

횔덜린의 광기는 법적으로 무능력한 상태, 즉 자신의 행위에 책임을 지지 않는 상태를 의미한다. 이는 주체의 행위가 운명을 결정짓는 '비극'의 패러다임을 벗어난다. 그렇다고 해서 책임에서 완전히 자유로운 '희극'도 아니다. 횔덜린은 비극도 희극도 아닌, 이름 붙일 수 없는 제3의 삶의 형식을 살아낸다. 마찬가지로 그는 스카르다넬리, 부아로티 등 여러 가명을 사용하며 작가로서의 단일한 정체성을 분열시키지만, 이는 정신분열적 자아의 해체가 아니라 하나의 중심을 둘러싼 '무한한 응집' 속에서 복수적으로 존재하는 방식이다. 그의 삶은 모든 경계선 위에서, 결정할 수 없는 문턱에서 이루어지는 것이다.

실패의 운명, 구술된 삶

아감벤은 우리에게 부여된 운명이 성공이 아니라 '실패'이며, 이 실패야말로 우리가 할 수 있는 최선이라고 단호하게 선언한다. 횔덜린의 삶이 바로 증거이다. 그의 명백한 패배는 성공이라는 이름 아래 감춰진 시대의 기만을 폭로하며 역설적인 정당성을 획득한다. 결국 횔덜린에게 '거주하는 삶'은 "인간은 이 지상에서 시적으로 거주한다"는 그의 명제처럼 '시적dichterisch'인 삶이다. 아감벤은 '시를 짓다dichten'의 어원이 라틴어 'dictare(받아쓰게 하다, 구술하다)'에 있음을 상기시킨다. 즉, 시적으로 거주하는 삶이란 우리가 주체적으로 구성하고 통제하는 삶이 아니라, 우리에게 주어지고 구술되는 대로 살아가는 삶인 것이다. 우리는 이 삶을 소유할 수 없으며, 단지 그 안에 '거주'할 수 있을 뿐이다.

아감벤은 이 긴 사유의 여정을 코로나 팬데믹으로 인한 고립된 상황 속에서 마무리하며, 횔덜린의 광기가 사회 전체의 광기에 비하면 무해하게 느껴진다고 고백한다. "더는 독자는 없다. 수신자를 잃은 언어만 있을 뿐이다"라는 그의 마지막 독백은 이 시대의 지식인이자 사상가로서 느끼는 깊은 고독과 절망을 드러낸다. 공과 사의 구분이 무너지고, 진정한 소통의 가능성이 사라진 시대. 아감벤이 횔덜린의 '거주하는 삶'에서 더듬거리며 찾고자 했던 '정치적 교훈'은 바로 여기에 있을 것이다.

'시적으로 거주한다는 것은 무엇을 의미하는가?'라는 물음은 여전히 우리 앞에 놓여 있다. 아감벤은 답을 제시하는 대신, 횔덜린의 삶이라는 패러다임을 통해 우리 사유의 근본 전제들을 뒤흔든다. 책의 마지막을 장식하는 "팔락쉬. 팔락쉬"라는 수수께끼 같은 외침처럼, 그의 글은 명쾌한 해답이 아닌 깊은 울림과 함께 우리를 각자의 사유 속으로 떠민다. 이 책이 독자 여러분께 '거주'의 의미를, 나아가 '삶'의 의미를 근본적으로 되물을 수 있는 계기가 되기를 바란다. 이 낯선 사유의 길을 함께 걸어준 가족들의 따뜻한 지지가 없었다면 이 책은 세상에 나올 수 없었을 것이다. 무엇보다 아감벤의 촘촘한 사유를 한 올 한 올 세심하게 직조해주신 현대문학 강연옥 팀장님의 노고에 깊이 감사드린다. 그럼에도 본 번역서에 남은 부족함이 있다면, 그것은 온전히 미숙한 역자의 몫으로 남을 것이다.

주

1 Gustav Seibt, *Anonimo romano. Scrivere storia alle soglie del Rinascimento* (Viella: Roma 2000), p. 13.

2 Gustav Seibt, p. 13.

3 Walter Benjamin, *Die Aufgabe des Übersetzers*, in Id., *Gesammelte Schriften*, b. IV, 1 (Suhrkamp: Frankfurt am Main, 1972), p. 21.

4 Michael Theunissen, *Pindar. Menschenlos und Wende der Zeit* (Beck: München, 2000), p. 959 ; Felix Christen, *Eine andere Sprache*, Engeler, Schupfart, s.d. p. 23.

5 Wolfgang Schadewaldt, *Hölderlins Übersetzung des Sophokles*, in aa.vv. *Über Hölderlin* (Insel: Frankfurt am Main, 1970), p. 244.

6 Wolfgang Schadewaldt, p. 243.

7 Norbert von Hellingrath, *Hölderlins Wahnsinn*, in Id., *Zwei Vorträge: Hölderlin und die Deutschen; Hölderlins Wahnsinn* (Bruckmann: München, 1922), p. 23.

8 Walter Benjamin, p. 21.

9 Wolfgang Schadewaldt, p. 247.

10 Jochen Schmidt, in F. Hölderlin, *Sämtliche Werke*, a cura di Jochen Schmidt, b. II (Deutscher Klassiker: Frankfurt am Main 1990), p. 1328.

11 Wolgang Binder, *Hölderlin und Sophokles* (Hölderlinturm: Tübingen, 1992), p. 21.

12 Walter Benjamin, p. 21.

13 Gianni Carchia, *Orfismo e tragedia* (Quodlibet: Macerata, 2019^2), p. 72.

14 Hannelore Hegel, *Isaac von Sinclair. Zwischen Fichte, Hölderlin und Hegel* (Klostermann: Frankfurt am Main, 1971), p. 30.

15 Hölderlin I, *Der Tod des Empedokles. Aufsätze*, a cura di F. Beissner, Kleiner Stuttgart Ausgabe, b. IV (Kolhammer: Stuttgart, 1962) p. 226.

16 Hölderlin I, p. 227.

17 Hannelore Hegel, p. 267.

18 Hannelore Hegel, p. 268.

19 Hannelore Hegel, p. 271.

20 Hannelore Hegel, pp. 268~269.

21 Hölderlin I, p. 263.

22 G. W. F. Hegel, *Estetica* (Einaudi: Torino, 1967), p. 1221.

23 Friedrich Schlegel, *Kritische Ausgabe*, b. II, *Charakteristiken und Kritiken* (Schöningh : München-Paderborn-Wien, 1967), p. 204.

24 Schiller I, F. Schiller *Über naive und sentimentale Dichtung*, in F. S. *Sämtliche Werke*, b. V (Hanser: München, 1962), p. 750.

25 Schiller I, p. 744.

26 Stephan Kraft, *Zum Ende der*

Komödie. *Eine Theoriengeschichte des Happyends* (Wallstein: Göttingen, 2012), p. 173.

27 Mariagrazia Portera, *Poesia vivente. Una lettura di Hölderlin*, Aesthetica Preprint (Supplementa: Palermo, 2010), p. 100.

28 Hölderlin I, p. 159.

29 Hölderlin I, p. 160.

30 Hölderlin I, p. 160.

31 Hölderlin I, pp. 163~164.

32 Hölderlin I, p. 294.

33 Hölderlin I, p. 293.

34 Hölderlin I, p. 295.

35 Hölderlin I, p. 291.

36 Emil Staiger, *Grundbegriffe der Poetik* (Atlantis Verlag: Zurich, 1946), p. 226.

37 Michael Franz, *1806*, in *Le pauvre Holterling, Blätter zur Frankfurter Ausgabe* (Rote Stern: Frankfurt, 1983), p. 46.

38 Schiller I, p. 725.

39 Wilhelm Waiblinger, F. *Hölderlins Leben, Dichtung und Wahnsinn* (Leipzig, 1831) p. 156 ; ora in F. H. *Sämtliche Werke, Kritische Textausgabe*, a cura di D. E. Sattler, b. IX (Luchterhand: Darmstadt, 1984) (trad. it. W. Waiblinger, Hölderlin, SE, Milano 1986), p. 32.

40 Gianni Carchia, p. 74.

41 Hölderlin II, F. H. *Übersetzungen*, b. V, Kleiner Stuttgart Ausgabe (Kohlhammer: Stuttgart, 1954), p. 220.

42 Hölderlin II, p. 296.

43 Hölderlin II, p. 296.

44 Hölderlin I, p. 300.

45 Hölderlin I, p. 301.

46 Hölderlin I, p. 301.

47 Émile Benveniste, *Supinum*, in *Revue philologique*, 1932, n. 58, pp. 136~37; Émile Benveniste, *Noms d'agent et noms d'action en indoeuropéen* (Maisonneuve: Paris, 1948), pp. 100~101.

48 Carl Barwick, *Flavii Sosipatri Charisii Artis gramaticae libri V*, a cura di C. Barwick (Leipzig, 1925), pp. 211~212.

49 Berthold Delbrück, *Vergleichende Syntax der indogermanischen Sprache*, b. II (Trübner: Strassburg, 1897), p. 422.

50 Hölderlin II, p. 220.

51 Schiller II, *Über die ästhetische Erziehung des Menschen in einer Reihe von Briefen*, in F. S. *Sämtliche Werke*, b. V (Hanser: München, 1962), p. 626.

52 Schiller II, p. 627.

53 Schiller II, p. 632.

54 Maine de Biran, *Mémoire sur la décomposition de la pensée*, in Id., *Oeuvres*, ed. F. Azouvi, t. III (Vrin: Paris, 1988), p. 370.

55 Maine de Biran, p. 389.

56 Werner Hamacher II, *Two studies of Hölderlin* (Stanford University Press: Stanford, 2020), p. 41.

57 Hölderlin I, p. 243.

58 Hölderlin I, pp. 261~262.

59 Hölderlin I, p. 262.

60 Hölderlin I, p. 263.

61 Hölderlin II, p. 311.

62 Hölderlin I, p. 214.

63 Hölderlin I, p. 213.

64 Michael Knaupp, *Scaliger Rosa*, in *Hölderlin Jahrbuch*, n. 25, 1986~87, p. 266.

65 Reitani, p. 81

66 Aristotele, 1451b, 19~20.

67 Friedrich Schlegel, p. 88.

68 Werner Hamacher II, *Two studies of Hölderlin* (Stanford University Press: Stanford, 2020), p. 223.

69 Aristotele, 1022b, 25.

70 Émile Benveniste, *Noms d'agent et noms d'action en indoeuropéen*, pp. 97~98.

71 Émile Benveniste, p. 100.

72 Félix Ravaisson, *De l'Habitude. Metaphysique et morale* (Presses Universitaire de France: Paris, 1999), p. 135.

73 Félix Ravaisson, p. 136.

74 Félix Ravaisson, p. 139.

75 Félix Ravaisson, p. 147.

76 Félix Ravaisson, pp. 148~149.

77 Félix Ravaisson, pp. 152~153.

78 Félix Ravaisson, p. 159.

79 Aristotele, 1450a, 16~22.

참고 문헌

횔덜린의 생애에 대한 기록은 일러두기에서 언급한 책들을 참고하길 바라며, 여기서는 본문에 등장하는 순서대로 인용된 책들의 서지 목록을 나열했다. 참고로 모든 출처를 다 명시하지 못했음을 밝힌다.

Per la cronaca della vita di Hölderlin, si rimanda ai volumi citati nell'avvertenza, senza menzionare ogni volta la fonte. Diamo qui la bibliografia dei libri citati, nell'ordine in cui compaiono nel testo.

Gustav Seibt, *Anonimo romano. Scrivere storia alle soglie del Rinascimento* (Viella: Roma, 2000).

C. T. Schwab, *Hölderlin's Leben, in F.H.'s Sämmtliche Werke* (Stuttgart-Tübingen, 1846).

Eine Vermuthung, erzählt von Moritz Hartmann, in Freya, *Illustrierte Familien-Blätter*, 1, 1861.

Norbert von Hellingrath, *Hölderlins Wahnsinn, in Id., Zwei Vorträge:Hölderlin und die Deutschen; Hölderlins Wahnsinn* (Bruckmann: München, 1922).

Pierre Bertaux, *Friedrich Hölderlin* (Suhrkamp: Frankfurt am Main, 2000).

Walter Benjamin, *Die Aufgabe des Übersetzers*, in Id., *Gesammelte Schriften*, b. IV, 1 (Suhrkamp: Frankfurt am Main, 1972).

Michael Theunissen, *Pindar. Menschenlos und Wende der Zeit* (Beck: München, 2000).

Felix Christen, *Eine andere Sprache*, Engeler, Schupfart, s.d.

Wolfgang Schadewaldt, *Hölderlins Übersetzung des Sophokles*, in aa.vv. *Über Hölderlin* (Insel: Frankfurt am Main, 1970).

Lawrence Venuti, *The translator invisibility. A History of translation* (Routledge: London-New York, 1995).

Jochen Schmidt, in F. Hölderlin, *Sämtliche Werke*, a cura di Jochen Schmidt, b. II (Deutscher Klassiker: Frankfurt am Main, 1990).

Wolgang Binder, *Hölderlin und Sophokles* (Hölderlinturm: Tübingen, 1992).

Gianni Carchia, *Orfismo e tragedia* (Quodlibet: Macerata, 2019^2)

Hannelore Hegel, *Isaac von Sinclair. Zwischen Fichte, Hölderlin und Hegel* (Klostermann: Frankfurt am Main, 1971).

Hölderlin I, *Der Tod des Empedokles. Aufsätze, a* cura di F. Beissner, Kleiner Stuttgart Ausgabe, b. IV (Kohlhammer: Stuttgart, 1962).

Wilhelm Waiblinger, *F. Hölderlins Leben, Dichtung und Wahnsinn* (Leipzig, 1831); ora in F. H. *Sämtliche Werke, Kritische Textausgabe*, a cura di D. E. Sattler, b. IX (Luchterhand: Darmstadt, 1984) (trad. it. W. Waiblinger, Hölderlin, SE, Milano 1986).

G. W. F. Hegel, *Estetica* (Einaudi: Torino, 1967).

Friedrich Schlegel, *Kritische Ausgabe, b. II, Charakteristiken und Kritiken* (Schöningh: München-Paderborn-Wien, 1967).

Schiller I, F. Schiller *Über naive und sentimentale Dichtung*, in F. S. *Sämtliche Werke*, b. V (Hanser: München, 1962).

Stephan Kraft, *Zum Ende der Komödie. Eine Theoriengeschichte des Happyends* (Wallstein: Göttingen, 2012).

Mariagrazia Portera, *Poesia vivente. Una lettura di Hölderlin*, Aesthetica Preprint (Supplementa: Palermo, 2010).

Hölderlin II, F. H. *Übersetzungen*, b. V, Kleiner Stuttgart Ausgabe (Kohlhammer: Stuttgart, 1954).

Emil Staiger, *Grundbegriffe der Poetik* (Atlantis Verlag: Zurich, 1946).

Michael Franz, *1806*, in *Le pauvre Holterling, Blätter zur Frankfurter Ausgabe* (Rote Stern: Frankfurt, 1983).

Michael Knaupp, *Scaliger Rosa*, in *Hölderlin Jahrbuch*, n. 25, 1986~87.

Friedrich Schlegel, *Kritische Ausgabe* cit., b. XI.

Werner Hamacher I, *Entferntes Verstehen* (Suhrkamp: Frankfurt am Main, 1998).

Émile Benveniste, *Supinum*, in *Revue philologique*, 1932, n. 58, pp. 136~37.

Émile Benveniste, *Noms d'agent et noms d'action en indoeuropéen* (Maisonneuve: Paris, 1948), pp. 100~101.

Carl Barwick, *Flavii Sosipatri Charisii Artis gramaticae libri V*, a cura di C. Barwick (Leipzig, 1925).

Berthold Delbrück, *Vergleichende Syntax der indogermanischen Sprache*, b. II (Trübner: Strassburg, 1897).

Schiller II, *Über die ästhetische Erziehung des Menschen in einer Reihe von Briefen*, in F. S. *Sämtliche Werke*, b. V (Hanser: München, 1962).

Maine de Biran, *Mémoire sur la décomposition de la pensée*, in Id., *Oeuvres*, ed. F. Azouvi, t. III (Vrin: Paris, 1988).

Werner Hamacher II, *Two studies of Hölderlin* (Stanford University Press: Stanford, 2020).

Félix Ravaisson, *De l'Habitude. Metaphysique et morale* (Presses Universitaire de France: Paris, 1999).

인물 설명

게오르크 요아힘 촐리코퍼 Georg Joachim Zollikofer(1730~1788): 스위스 출신의 독일 개신교 목사이자 찬송가 작가.

게오르크 칸토어 Georg Cantor(1845~1918): 집합론을 창시하고 현대 수학에 '무한'의 개념을 정립한 수학자이다.

게오르크 프리드리히 자르토리우스 Georg Friedrich Sartorius(1765~1828): 독일의 역사학자이자 경제학자로, 괴팅겐 대학교의 교수를 역임했다.

게오르크 헤르베그 Georg Herwegh(1817~1875): 청년독일운동의 일원이자 시인.

고트프리트 아우구스트 뷔르거 Gottfried August Bürger(1747~1794): 독일 발라드(담시) 문학에 기여한 시인이다.

구스타프 슈바브 Gustav Schwab(1792~1850): 독일의 시인이자 작가, 목사로 그리스 로마 신화를 독일어로 집대성한『그리스 로마 신화』와 독일 영웅 전설들을 엮어 독일 민족주의 문학에 기여한『독일 영웅 전설집』를 집필했다. 횔덜린의 친구이자 동료로 그의 초기 작품 활동을 지지했고, 횔덜린이 정신질환이 발병한 후에도 그의 작품을 보존하고 알리는 데 공헌한 인물이다.

구스타프 슐레지어 Gustav Schlesier(1812~1879): 청년독일파 운동에 참여하고, 자유주의적인 정치 견해를 가진 독일의 작가, 문화사가, 비평가이다.

구스타프 퀴네 Gustav Kühne(1806~1888): 19세기 독일의 작가, 문학 비평가, 저널리스트이다. 청년독일파 운동에 참여했다.

노발리스Novalis(1772~1801): 독일 낭만주의 시인이자 작가, 신비주의자. 본명은 게오르크 프리드리히 필리프 폰 하르덴베르크Georg Friedrich Philipp von Hardenberg이다.

니콜라우스 레나우 Nikolaus Lenau(1802~1850): 낭만주의 시대의 우울하고 고독한 감성을 표현하는 작품을 집필한 오스트리아 시인이다.

도미니크 비방 드농 Dominique Vivan Baron Denon(1747~1825): 나폴레옹 시대 프랑스의 예술가, 작가, 외교관, 고고학자로 예술 분야에서 큰 영향력을 행사했다.

디트리히 에버하르트 자틀러 Dietrich Eberhard Sattler(1939~2023): 독일의 저명한 출판인, 번역가이다. 프랑크푸르트 횔덜린 판본의 편집자로 유명하다.

라헬 파른하겐 Rahel Varnhagen(1771~1833): 독일의 작가이자 살롱 운영자. 본명은 라헬 레빈Rahel Levin이며, 결혼 후 남편의 성을 따라 라헬 파른하겐 폰 엔제Rahel Varnhagen von Ense로 불렸다.

레오 폰 제켄도르프 Leo von Seckendorf(1775~1809): 오스트리아 군대의 대위였으며 횔덜린의 친구였다.

로만 야콥슨 Roman Jakobson(1896~1982): 20세기 구조주의 언어학과 문학 이론 발전에 기여한 러시아 언어학자이자 문학 이론가이다.

로지네 슈토이트린 Rosine Stäudlin(1792~1860): 독일의 목사이자 시인이자 편집자인 고트홀트 프리드리히 슈토이트린의 딸이다. 괴팅엔에서 횔덜린과 함께 공부했다.

루트비히 고트하르트 코제가르텐 Ludwig Gotthard Kosegarten(1758~1818): 종교와 자연, 애국을 주제로 시를 쓴 작가이자 목사이다.

루트비히 요아힘 폰 아르님 Ludwig Joachim von Arnim(1781~1831): 독일 낭만주의를 대표하는 소설가이자 시인으로 클레멘스 브렌타노와 함께 독일 민요집 『소년의 마법 뿔피리』를 편찬하였다. 또한 브렌타노의 누이인 베티나 폰 아르님Bettina von Arnim과 결혼했다.

루트비히 울란트 Ludwig Uhland(1787~1862): 독일의 시인이자 문헌학자, 문학사가, 법률가, 정치인으로, 독일 낭만주의 운동의 중요한 인물로 꼽힌다. 특히 민요풍의 시와 민족주의적 주제를 다룬 시를 집필했다.

루트비히 티크 Ludwig Tieck(1773~1853): 독일의 시인, 소설가, 번역가, 비평가로 초기 독일 낭만주의 운동의 주도적인 인물이었다.

마리 나투시우스 Marie Nathusius(1817~1857): 독일의 작가이자 작곡가.

메인 드 비랑 Maine de Biran(1766~1824): 프랑스의 철학자, 심리학자, 정치인. 관념학파에 속했다가 이후 그들과 결별하고 독자적인 철학 체계를 구축한 인물로, 프랑스 유심론의 선구자로 평가받는다.

모리즈 카리에르 Moriz Carrière(1817~1895): 헤겔의 제자로서 독일 철학자, 작가, 미술사가이다.

모리츠 하르트만 Moritz Hartmann(1821~1872): 보헤미아 출신의 오스트리아 시인, 소설가, 언론인이다.

미셸 네 Michel Ney(1769~1815): 나폴레옹 전쟁기에 활약한 프랑스의 장군이자 나폴레옹이 임명한 26명의 원수 중 한명이다.

베르너 키르히너 Werner Kirchner(1895~1961): 독일의 횔덜린 연구자이다.

베르너 하마허 Werner Hamacher(1948~2017): 해체이론과 낭만주의, 폴 드 만과 데리다의 영향을 받은 독일의 철학자, 문학 이론가, 번역가이다.

베르톨트 델브뤼크 Berthold Delbrück(1842~1922): 비교언어학과 역사언어학, 특히 인도유럽어족 언어의 통사론 연구에 업적을 남긴 독일의 언어학자이다. 이 책에서 아감벤이 인용하는 책은 1897년에 출판된 『인도유럽어 비교 통사론』이다.

베른트 하인리히 빌헬름 폰 클라이스트 Bernd Heinrich Wilhelm von Kleist(1777~1811): 독일의 극작가, 소설가, 시인으로 낭만주의와 고전주의의 경계에 있는 작가로 평가받는다. 불안과 갈등, 폭력을 작품에서 주로 다루었다. 말년에 경제적 어려움과 작품에 대한 몰이해, 정치적 좌절로 절망에 빠져 자살로 생을 마감하였다.

베른하르트 고틀리프 덴첼 Bernhard Gottlieb Denzel(1773~1838): 독일의 교육자이자 작가. 괴테의 친구이자 동료였던 유스티누스 케르너의 사촌이다.

벵자맹 직스 Benjamin Zix(1772~1811): 프랑스의 화가이자 판화가로, 특히 나폴레옹 시대의 역사적 사건과 인물을 묘사한 작품들로 유명하다.

빌헬름 바이블링거 Wilhelm Waiblinger(1804~1830): 독일의 낭만주의 시인이자 작가로, 횔덜린과 에두아르트 뫼리케와의 친분으로 잘 알려져 있다. 바이블링거는 횔덜린의 전기 『프리드리히 횔덜린의 삶, 시, 그리고 광기』를 집필하여 횔덜린 후기 삶에 중요한 기록을 남겼다.

빌헬름 크리스토프 귄터 Wilhelm Christoph Günther(1755~1826): 독일의 목사이자 작가였으며, 바이마르 경찰 당국의 일원이자 바이마르 교도소 및 병원 관리 감독관, 대공 고등고적위원회 위원장으로 괴테와 헤르더의 절친한 친구였다.

살로몬 게스너 Salomon Gessner(1730~1788): 스위스의 시인이자 화가로 주로 목가적인 시와 그림으로 유명하다.

샤를로테 폰 슈타인 Charlotte von Stein(1742~1827): 괴테의 절친한 친구이자 후원자.

샤를로테 폰 실러 Charlotte von Schiller(1766~1826): 프리드리히 실러의 아내. 남편을 통해 괴테와도 교류했다. 결혼 전 이름은 샤를로테 폰 렝게펠트Charlotte von Lengefeld이다.

샤를모리스 드 탈레랑 Charles-Maurice de Talleyrand(1754~1838): 프랑스 혁명, 나폴레옹 시대에 활동한 정치인, 외교관이다.

샬로테 폰 칼브 Charlotte von Kalb(1761~ 1843): 귀족이자 작가. 하인리히 율리우스 알렉산더 폰 칼브 남작과 결혼했다. 실러, 괴테, 횔덜린과 같은 독일 문학의 거장들과 교류하며 문학적 영감을 주고받았다.

세스티우스 알렉상드르 프랑수아 드 미올리스 Sextius Alexandre François de Miollis(1759~1828): 프랑스 혁명 전쟁과 나폴레옹 전쟁에 참여한 프랑스의 장군이다.

솔름스-라우바흐 백작 Friedrich Ludwig Christian Graf zu Solms-Laubach(1769~1822): 괴테의 후원자이자 친구.

아돌프 베크 Adolph Beck(1906~1981): 독일의 독문학자이자 횔덜린 연구가.

아돌프 프리드리히 폰 샤크 Adolf Friedrich von Schack(1815~ 1894): 독일의 시인, 문학사가, 미술사가, 번역가, 그리고 예술 수집가로 스페인과 동양 문학 연구 및 번역으로 유명하다.

아르놀트 룽게 Arnold Runge(1802~1880): 독일의 철학자이자 정치 작가이다.

안 장 마리 르네 사바리 Anne Jean Marie René Savary(1774~1833): 나폴레옹 휘하에서 활동했던 프랑스의 군인이자 정치인이다.

에두아르트 뫼리케 Eduard Mörike(1804~1875): 독일의 시인. 낭만주의와 사실주의 중간에 위치하며 괴테 이후 가장 중요한 독일 시인 가운데 하나로 꼽힌다.

에듬 마리오트 Edme Mariotte(1620?~1684): 프랑스의 물리학자이자 사제. 기체에 관한 '보일-마리오트 법칙'으로 잘 알려져 있다.

에밀 벵베니스트Émile Benveniste(1902~1976): 인도유럽어 비교언어학, 일반언어이론, 그리고 언어인류학 분야에서 업적을 남긴 프랑스 언어학자이다.

에밀 슈타이거 Emil Staiger(1908~1987): 스위스의 문예학자이자 취리히 대학교수.

요아힘 하인리히 캄페 Joachim Heinrich Campe(1748~1818): 독일 계몽주의 시대의 작가이자 언어학자이자 교육자. 1789~1791년에 출간한 교육소설 『심리학』으로 유명하다.

요하네스 메를렌 Johannes Mährlen(1803~1871): 독일의 경제학자이자, 사업가, 그리고 사회 개혁가였다.

요하네스 슐체 Johannes Schulze(1786~1869): 19세기 독일의 고전 문헌학자, 교육자로, 프로이센의 교육 개혁과 문화 정책에 중요한 역할을 한 인물이다.

요하네스 폰 뮐러 Johannes von Müller(1752~1809): 스위스의 역사가, 언론인, 정치가로 괴테와 교류하였다. 프랑스에 협력한 점과 동성애적 성향으로 논란이 있었다.

요한 고트프리트 아이히호른 Johann Gottfried Eichhorn(1752~1827): 독일의 개신교 신학자, 성서학자, 동양학자.

요한 고트프리트 조이메 Johann Gottfried Seume(1763~1810): 18세기 말~19세기 초 독일의 작가, 시인, 여행가. 계몽주의와 질풍노도 시대의 경계에 있던 인물로, 사회 비판적인 작품과 방랑, 탈영 등의 파란만장한 삶으로 유명하다.

요한 다니엘 팔크 Johann Daniel Falk(1768~1826): 독일의 작가이자 신학자로, 가정과 청소년을 위한 다양한 사회사업의 창시자이다.

요한 빌헬름 루트비히 글라임 Johann Wilhelm Ludwig Gleim(1719~1803): 계몽주의 시대에 활동한 독일 시인으로, 아나크레온풍의 시와 우정시, 애국시로 유명하다.

요한 슈테판 쉬체 Johann Stephan Schütze(1771~1839): 독일의 작가이자 편집자로, 괴테와 동시대에 바이마르에서 활동했다.

요한 요아힘 빙켈만 Johann Joachim Winckelmann(1717~1768): 고대 그리스 예술을 이상적인 아름다움의 전형으로 제시하고 고전주의 미학을 확립한 독일의 고고학자이자 미술사학자이다.

요한 이작 게르닝 Johann Isaak Gerning(1767~1837): 독일의 작가, 수집가, 외교관으로 횔덜린의 친구인 이작 폰 싱클레어의 친구였다.

요한 카스파 라바터 Johann Caspar Lavater(1741~180): 스위스의 시인, 개신교 목사, 철학자, 관상학자.

요한 카스파르 퓌슬리 Johann Caspar Füssli(1706~1782): 스위스 취리히 출신의 화가, 미술사 연구자이다. 주로 초상화와 역사화를 그렸고, 예술가들에 대한 글을 썼다.

요한 페터 우츠 Johann Peter Uz(1720~1796): 고대 그리스 시인 아나크레온의 시풍을 모방한 아나크레온티시로 유명하며,

로코코풍의 시를 쓴 독일의
시인이다.

요한 하인리히 마이어 Johann Heinrich Meyer(1760~1832): 스위스 출신의 독일 화가이자 미술 평론가로 괴테의 절친한 친구이자 동료였다.

요한 하인리히 포스 Johann Heinrich Voss(1751~1826): 독일의 고전학자이자 시인, 번역가.

위그 베르나르 마레 Hugues-Bernard Maret(1763~1839): 나폴레옹 시대의 정치인이자 외교관이다.

유스투스 프리드리히 빌헬름 자카리아에 Justus Friedrich Wilhelm Zachariae (1726~1777): 독일 계몽주의 시대의 중요한 작가로, 풍자시, 서사시, 희곡 등 다양한 장르의 작품을 남겼다.

유스티누스 케르너 Justinus Kerner (1786~1862): 보툴리눔 독소증을 처음으로 발견한 독일의 의사이자 낭만파 시인. 의학을 공부했지만, 루트비히 울란트, 구스타프 슈바프 등과 함께 문학 활동에 적극 참여하며 시인으로도 이름을 알렸다.

율리우스 되링 Julius Döring(1818~1898): 독일계 발트인 화가이다.

율리우스 아우구스트 발터 폰 괴테 Julius August Walter von Goethe (1789~1830): 괴테의 외아들.

이스라엘 고트프리트 부르크 Israel Gottfried Burk(1760~1834): 독일의 루터교 목사이자 경건주의자. 횔덜린의 어머니가 사망하고 횔덜린의 후견인이 된다.

이작 폰 싱클레어 Isaac von Sinclair (1775~1815): 독일 외교관이자 작가로 횔덜린의 친구이며 후원자였다. 나폴레옹 전쟁 기간 동안 헤센-홈부르크 공국에서 외교관으로 활동했다.

자크 루이 다비드 Jacques-Louis David(1748~1825): 신고전주의 양식을 대표하는 프랑스 화가이다.

자크 피에르 브리소 Jacques Pierre Brissot(1754~1793): 프랑스 혁명기 지롱드파의 지도자로, 결국 자코뱅파가 권력을 장악하면서 1793년 단두대에서 처형당했다.

잔니 카르키아 Gianni Carchia 1947~2000): 이탈리아의 철학자이자 미학 이론가. 횔덜린의 철학과 미학에 대한 연구로 잘 알려져 있으며, 횔덜린이 전통적인 비극 개념에서 벗어나 새로운 미학적 가능성을 추구했다고 주장했다.

장 파울 Jean Paul(1763~1825): 본명은 요한 파울 프리드리히 리히터Johann Paul Friedrich Richter이다. 독일의 소설가로, 낭만주의 문학에 큰 영향을 미쳤다.

장드디외 술트 Jean-de-Dieu Soult (1769~1851): 프랑스 군인이자 정치인. 나폴레옹은 술트를 "유럽에서 제일가는 책사"라고 평가했다.

장 스타로빈스키 Jean Starobinski (1920~ 2019): 스위스의 문학 비평가, 사상가, 그리고 정신과 의사이다.

장자크레지즈 드 캉바세레스 Jean-Jacques-Régis de Cambacérès (1753~1824): 프랑스 혁명기와 나폴레옹 시대의 정치가로 근대법의 기초가 된 1804년 나폴레옹 법전의 기초를 마련하는 데 공헌을 한 인물로 알려져 있다.

장폴 마라 Jean-Paul Marat
(1743~1793): 프랑스 혁명 자코뱅파의
핵심지도자로 공포정치를 옹호했다.
횔덜린이 마라의 죽음에 기뻐했다는
것은 그가 자코뱅파의 급진적인
성향보다 온건한 지롱드파에 더
가까웠음을 시사한다.

조아생 뮈라 Gioacchino Murat
(1767~1815): 프랑스 혁명 전쟁과
나폴레옹 전쟁에서 활약한 프랑스의
장군이자 정치가이다. 나폴레옹
보나파르트의 매형이기도 했던 그는
나폴리 왕국의 왕(1808~1815)을
역임했다.

조제프 나폴레옹 보나파르트 Joseph-
Napoléon Bonaparte(1768~1844):
나폴레옹 보나파르트의 형이다.
나폴리와 시칠리아 그리고 스페인
국왕이었다.

주제테 공타르 Susette Gontard(1769~
1802): 독일의 은행가의 아내이자
프리드리히 횔덜린의 연인이었다.
횔덜린의 시와 서신에서 '디오티마'
라로 호명된다. 특히 횔덜린의 소설
『히페리온』에서 그녀는 이상적인
여성으로 묘사되었다.

지크프리트 아우구스트 말만 Siegfried
August Mahlmann(1771~1826):
독일의 시인이자 편집자.

카롤리네 폰 볼초겐 Karoline von
Wolzogen(1763~1823): 독일의 작가.
프리드리히 실러의 처제이자 그의
전기를 쓴 작가로 알려져 있다.

카를 로젠크란츠 Karl Rosenkranz
(1805~1879): 독일의 철학자이자
교육학자이며 헤겔학파.

카를 루트비히 뵈르네 Karl Ludwig
Börne(1786~1837): 청년독일파의
일원으로 독일의 저널리스트이자
문학, 연극 비평가이다.

카를 루트비히 카츠 Carl Ludwig
Kaaz(1773~1810): 독일의 화가.
풍경화로 유명하며 1805년 괴테와의
친분을 시작으로 이후 실러와도
교류했다.

카를 빌헬름 람러 Karl Wilhelm
Ramler(1725~1798): 독일의
계몽주의 시대의 시인이자 작가.

**카를 빌헬름 프리드리히 폰
슐레겔**Karl Wilhelm Friedrich von
Schlegel(1772~1829): 독일의 시인,
평론가, 학자이다.

**카를 아우구스트 파른하겐 폰
엔제**Karl August Varnhagen von
Ense(1785~1858): 나폴레옹 전쟁기에
프로이센 군대에 복무했고 이후
외교관, 작가, 평론가, 전기 작가로
활동했다.

카를 아우구스트 Karl August(1757~
1828): 작센바이마르아이제나흐의
대공작으로, 괴테를 총리로
지명했다.

카를 칠러 Karl Ziller(1801~?):
횔덜린의 생애와 관련된 기록에
등장하는 인물이지만, 그의 전체
생애나 직업 등에 대해서는
불분명하다.

카를 필립 콘츠 Karl Philipp Conz
(1762~1827): 독일의 시인이자
번역가.

카시미르 울리히 뵐렌도르프 Casimir
Ulrich Boehlendorff(1775~1825):
횔덜린의 절친한 친구이자 동료다.
시인이자 외교관으로도 활동했으며
횔덜린의 정신 세계에 큰 영향을
주었다.

크리스토프 마르틴 빌란트 Christoph Martin Wieland(1733~1813): 독일 계몽주의 시대를 대표하는 시인이자 번역가.

크리스토프 아우구스트 티제 Christoph August Tiedge(1752~1841): 도덕적, 종교적 교훈이 담긴 감상주의 경향의 독일 시인이다.

크리스토프 테오도어 슈바프 Christoph Theodor Schwab(1821~1883): 구스타프 슈바프의 아들. 아버지의 뒤를 이어 문학 역사가이자 출판인으로 활동했다. 특히 횔덜린의 편집자이자 전기 작가로 알려져 있다.

크리스티아네 불피우스 Christiane Vulpius(1765~1816): 1788년 괴테와 처음 만났다. 괴테의 오랜 연인이자 아내이다.

크리스티안 고틀로프 폰 포크트 Christian Gottlob von Voigt (1743~1819): 괴테와 동시대 인물로, 바이마르 공국의 고위 관료이자 정치가였다. 괴테의 친구이자 후원자로 괴테가 예나 대학에서 교수로 재직할 수 있도록 지원했고, 헤겔에게도 재정적 지원을 제공하는 등 바이마르 공국의 문화 예술 분야에 대한 후원을 아끼지 않았다. 괴테의 편지에서 언급된 "포크트 장관의 칙령"은 바로 헤겔에게 급여를 지급하도록 하는 내용을 담고 있다.

크리스티안 루트비히 노이퍼 Christian Ludwig Neuffer(1769~1839): 독일의 루터교 신학자이다. 슈투트가르트에서 태어나 튀빙엔 대학교에서 공부했으며, 그곳에서 횔덜린과 친구가 되었다.

크리스티안 프리드리히 부름 Christian Friedrich Wurm(1803~1859): 독일의 역사학자이자 정치가.

클레멘스 브렌타노 Clemens Brentano (1778~1842): 독일 낭만주의 시인이자 소설가.

테오도어 아도르노 Theodor W. Adorno(1903~1969): 프랑크푸르트 학파를 대표하는 독일의 철학자, 사회학자, 음악학자, 비평가이다.

테오도어 피셔 Theodor Vischer (1807~1887): 슈바벤 학파에 속하는 독일의 소설가이자 미학 이론가이다.

프리드리히 고틀리프 클롭슈토크 Friedrich Gottlieb Klopstock (1724~1803): 독일 문학에서 감성주의 시대를 대표하는 시인 중 하나이다.

프리드리히 노르베르트 테오도어 폰 헬링라트 Friedrich Norbert Theodor von Hellingrath(1888~1916): 독일의 문헌학자이자 시인으로, 횔덜린의 작품을 재발견한 학자로 유명하다. 횔덜린의 전집을 최초로 출간했다.

프리드리히 드 라 모테 푸케 Friedrich de la Motte Fouqué(1777~1843): 독일의 낭만주의 작가.

프리드리히 바이서 Friedrich Weisser (1761~1836): 독일의 작가이자 비평가.

프리드리히 바이스너 Friedrich Beißner(1905~1977): 독일의 문학사가, 독일어학자, 문헌학자로 횔덜린 전집의 판본을 편집하고 주석을 달았다.

프리드리히 빌헬름 3세 Friedrich Wilhelm III(1770~1840): 제5대 프로이센 국왕(재위 1797~1840)으로,

마지막 브란덴부르크
선제후(1806년까지)이다.

프리드리히 빌헬름 리머 Friedrich
Wilhelm Riemer(1774~1845): 독일의
학자이자 작가로, 괴테의 비서이자
친구였다. 괴테의 아들 아우구스트의
가정교사였고, 1814년부터
1821년까지 바이마르 도서관 사서로
일했다. 괴테의 작품 편집과 출판에
중요한 역할을 했으며, 괴테와의
대화를 기록한 책을 출판했다.

프리드리히 빌헬름 요제프 폰 셸링
Friedrich Wilhelm Joseph von
Schelling(1775~1854): 칸트, 피히테,
헤겔과 함께 독일 관념론 철학을
대표하는 인물 중 한 명이다. 셸링과
횔덜린은 튀빙엔 대학교 신학교에서
함께 공부하며 친구가 되었고,
헤겔도 이들과 함께 기숙사를
같이 사용하면서 셋은 절친한
친구가 되었다. 그러나 횔덜린의
정신질환으로 두 사람의 교류가 점차
줄어들었다.

프리드리히 슈탑스 Friedrich Staps
(1792~ 1809): 독일 나움부르크
출신의 청년으로, 1809년 10월
13일 쇤브룬 궁전에서 나폴레옹
보나파르트를 암살하려다 실패하고
처형당한 인물이다.

프리드리히 실러 Friedrich Schiller
(1759~1805): 독일의 대표적인
극작가이자 시인, 철학가이다.
괴테와 함께 독일 고전주의 문학의
쌍두마차로 불리며, 독일 문학뿐
아니라 세계 문학사에서도 중요한
위치를 차지한다.

프리드리히 이마누엘 니트함머
Friedrich Immanuel Niethammer
(1766~1848): 독일의 철학자, 신학자,
교육 개혁가로 헤겔과 절친한
친구였으며, 괴테와도 교류했다.

프리드리히 카를 폰 사비니 Friedrich
Carl von Savigny(1779~1861): 19세기
독일의 법학자이자 역사학파 법학의
창시자이다.

프리드리히 폰 마티손 Friedrich von
Matthisson(1761~1831): 감상주의
경향의 독일 시인. 서정시와 풍경
묘사로 당대에 큰 인기를 누린 궁정
시인이기도 했다.

프리드리히 폰 하게도른 Friedrich von
Hagedorn(1708~1754): 독일의 시인.
계몽주의 시대와 로코코 시대 사이에
활동하며, 우아하고 쾌활한 시풍으로
유명했다.

프리드리히 하우크 Friedrich Haug
(1761~1829): 서정시, 풍자시를 쓴
독일의 시인이다.

피에르 다루 Pierre Daru(1767~1829):
나폴레옹 휘하에서 활동했던
프랑스의 정치가이자 행정가이다.

피에르 베르토 Pierre Bertaux(1907~
1986): 횔덜린 시와 철학을 분석하여
시인의 연구에 기여한 프랑스
지리학자이다 작가이다.

필라레트 외페몽 샤슬 Philarète
Euphémon Chasles(1798~1873):
프랑스의 저널리스트, 교수, 사서,
작가였다.

필리프 오토 룽게 Philipp Otto Runge
(1777~1810): 독일의 낭만주의 화가.

필립 프리드리히 실허 Philipp Friedrich
Silcher(1789~1860): 19세기 독일의
작곡가, 음악 교육자로 독일
민요풍의 합창곡과 가곡을 많이

작곡하여 '독일 민요의 아버지'라고 불린다.

하인리히 카를 아브라함 아이히슈테트 Heinrich Karl Abraham Eichstädt (1772~1848): 독일의 고전 문헌학자. 괴테가 언급한 편지에서 그는 당시 예나 대학교의 도서관장이자 문헌학 교수로 재직 중이었다.

하인리히 쾨스틀린 Heinrich Köstlin (1749~1807): 독일의 개신교 신학자이자 시인.

하인리히 페르디난트 아우텐리트 Johann Heinrich Ferdinand Autenrieth(1772~1835): 튀빙엔 대학교 의과대 교수로 해부학과 생리학을 가르쳤다. 피부과와 신경학 분야에 기여했다.

헤르만 쿠르츠 Hermann Kurz (1813~1873): 독일의 시인, 소설가, 번역가, 저널리스트.

도판 출처

1. Ritratto di Hölderlin a 16 anni, disegno a matita colorata, 1786. Stuttgart, Württembergische Landesbibliothek, Hölderlin Archive

2. Anonimo, Veduta della città di Tubinga, acquerello e tempera, metà del xviii secolo. Marbach am Neckar, Schiller- Nationalmuseum

3. Lasciapassare della polizia di Bordeaux, 1802. Stuttgart, Württembergische Landesbibliothek

4. La torre sul Neckar in una fotografia di Paul Sinner, 1868(Foto © Alamy/Ipa Agency)

5. Dedica dell'Iperione a Susette Gontard, 1799. Marbach am Neckar, Schiller-Nationalmuseum

6. Frontespizio da Die Trauerspiele des Sophocles, Frankfurt 1804

7. Favorin Lerebours, Ritratto di Isaac von Sinclair, olio su tela, 1808. Bad Homburg v. d. Höhe, Museum Gotisches Haus(Foto © The History Collection/Alamy/Ipa Agency)

8. Anonimo, silhouette di Hölderlin, 1795(Foto © Akg Images/Mondadori Portfolio)

9. Decreto di Napoleone che concede la Legion d'onore a Goethe, 12 ottobre 1808

10. Wilhelm Waiblinger, Autoritratto, disegno, 1825. Marbach am Neckar, Schiller-Nationalmuseum(Foto © Akg images/Mondadori Portfolio)

11. J. G. Schreiner e R. Lohbauer, Ritratto di Hölderlin, disegno, 1823. Marbach am Neckar, Schiller-Nationalmuseum(Foto © Akg Images/Mondadori Portfolio)

12. Copertina dell'edizione delle poesie del 1826

13. Stemma della famiglia Hölderlin(con un ramo di sambuco, ted. Holder)

14. Firma Scardanelli sotto una poesia (1841?). Marbach am Neckar, Schiller-Nationalmuseum

15. L. Keller, Ritratto di Hölderlin, disegno, 1842. Marbach am Neckar, Schiller-Nationalmuseum

16. Testo a firma Scardanelli nella copia di C. T. Schwab delle Poesie del 1826

17. Ritratto di Holderlin, incisione tratta dal disegno originale a carboncino di J. G. Schreiner (1826), 1890 circa(Foto © Akg Images / Mondadori Portfolio)

횔덜린의 광기
거주하는 삶의 연대기 1806-1843

초판 1쇄 펴낸날 2025년 7월 20일

지은이 조르조 아감벤
옮긴이 박문정
펴낸이 김영정

펴낸곳 (주) 현대문학
등록번호 제1- 452호
주소 06532 서울시 서초구 신반포로 321(잠원동, 미래엔)
전화 02-2017-0280
팩스 02-516-5433
홈페이지 www.hdmh.co.kr

ⓒ 2025, 현대문학

ISBN 979-11-6790-313-6 (03800)

* 책값은 뒤표지에 있습니다.
* 파본은 구입처에서 교환해드립니다.